國語國文學叢書 079

御製內訓

학자원

국어국문학총서 79

御製內訓

2018년 4월 10일 초판 1쇄 발행

편　자 : 仁粹大妃
펴낸이 : 김병환
펴낸곳 : 학자원
주　소 : 134-814 서울시 강동구 천호대로 1121
전　화 : 02) 6403-1000
팩　스 : 02) 6338-1001
E-mail : hakjaone@daum.net
등　록 : 2011년 3월 24일 제324-2011-14호

HAKJAONE Publishing Co.
1121 Cheonho-Daero Kangdong-Gu Seoul

ISBN : 979-11-6247-030-5 93190

값 60,000원

御製內訓 解題

洪 允 杓

內訓은 원래 仁粹大妃가 婦女子의 敎育에 필요한 대목을 小學, 烈女, 女敎, 明鑑의 네 책에서 뽑아 7장으로 나누어 편찬해서 1475年(成宗 6 年)에 간행한 책이다.

이 책에는 여러 異本이 있는데 1573年(宣祖 6年), 1611年(光海君 2年), 1656年(孝宗 7年)에 간행된 것들이 있다.

그 이후에 書名도 「內訓」에서 「御製內訓「으로 바꾸고, 諺解文의 語彙나 文體를 전혀 달리하여 간행한 책이 있다. 그 책이 곧 「御製內訓」이다.

御製內訓은 1737年(英祖 14年)에 3卷 3冊의 改鑄甲寅字로 간행된 책이다. 御製內訓小識의 끝에

歲丙辰菊秋上浣에 拜手謹識

라는 記錄이 있고, 또 서울대 古圖書 所藏本에 다음과 같은 內賜記가 있으므로 그러한 사실을 알 수 있다.

乾隆二年六月二十四日 內賜兵曹判書閔應洙 御製內訓一件

丙辰年은 1736年이고 乾隆 2年은 1737年이다. 아마도 1736年에 小識를 쓰고 刊行은 1737年에 한 것으로 보인다.

本文에는 漢文에 한글로 口訣을 달아 놓았고, 한 字 낮추어 諺解를 일일이 附記하였으며 人名 등 필요한 곳에 붙인 註는 小字 2行으로 한글을 사용하였다.

第一冊에 御製內訓序, 御製內訓小識, 內訓目錄, 御製內訓 卷第一이 들어 가 있고 第二冊에는 內訓 卷第二 가, 第三冊에는 內訓 卷第三과 跋文이 들어 있다. 그리고 卷一에는 言行章, 孝親章, 婚禮章이, 卷二에는 夫婦章이,그리고 卷三에는 母儀章, 敦睦章, 廉儉章이 들어 있다.

이 御製內訓은 이미 亞細亞文化社에서 影印한 적이 있어 많은 國語學者들이 자료로써 이용하고 있다. 특히 이 御製內訓은 여러 異本의 比較를 통하여 國語史를 연구하는데 매우 중요한 資料를 제공하여 준다.

이 內訓 및 御製內訓에 대해서는 지금까지 많은 소개와 연구가 이루어져 있어서 參考文獻을 제시하는 것으로 간략히 解題에 대신하도록 한다.

參考文獻

金智勇(1968), 內訓 解說, 影印本 內訓, 延世大出版部.

金智勇(1968), 內訓에 비춰진 李朝 女人像, 亞細亞女性硏究 7.

金智勇(1969), 日本에 있는 韓國의 古代 貴重文獻의 調査 硏究(二)---內訓 硏究---, 문교부 연구보고서.

申貞淑(1970), 韓國 傳統社會의 內訓에 대하여---士大夫家 內訓書(寫本) 五種을 中心으로---, 국어국문학 47.

安秉禧(1979), 中世語의 한글資料에 대한 綜合的 硏究, 奎章閣 3.

具錫龜(1975), 內訓과 御製內訓의 國語史的 比較, 성신여자사범대학 대학원 석사학위논문.(香蘭文學 5)

李基文(1987), 內訓에 대하여, 奎章閣 10.

李乙煥(1980), 內訓의 言語法道 硏究---言行狀을 中心으로---, 亞細亞女性硏究 19.

이정희(1969), 內訓 小考, 국어국문학(부산대) 9.

정용수(1982), 「內訓」의 音韻 考察, 睡蓮語文論集 9.

內訓 天

言行章
孝親章
[illegible]章

乾隆二年六月二十四日
内賜兵曹判書閔應洙
御製内訓一件
命除謝
恩

右承旨臣李[illegible]

御製內訓序

人稟天地之靈하며 含五常之德하니
理無玉石之殊호되 而有蘭艾之異는 何則고
在於其道를 盡與未盡矣라 周文之化
益廣於大姒之明하고 楚莊之霸ㅣ 多在於
樊姬之力하나 事君事夫ㅣ 孰勝於此ㅣ리오 余
ㅣ讀書而至於妲己之笑와 褒姒之寵과 驪
姬之泣과 飛燕之讒하야 未嘗不廢書寒心하노
라 由此觀之컨댄 治亂與亡이 雖關夫主之明
闇하나 亦繫婦人之臧否ㅣ라 不可不敎ㅣ니라 大

抵男子ᄂᆞᆫ 游心於浩然ᄒᆞ며 玩志乎衆妙ᄒᆞ야 自別是非ᄒᆞ야 可以持己어니 何待我教而後에 行也ㅣ리오 女子ᄂᆞᆫ 不然ᄒᆞ야 徒甘紡績之粗細ᄒᆞ고 不知德行之薄雲ᄒᆞ니 是余之日恨也ㅣ라 且人이 雖素清通ᄒᆞ야도 不見聖學ᄒᆞ고 而一朝遽貴ᄒᆞ면 則是沐猴而冠이며 面墻而立이라 固難立之於世며 語之於人이니 聖人謨訓이 可謂千金不償矣로다 且事有難易ᄒᆞ니 孟子ㅣ 曰挾太山ᄒᆞ야 以超北海를 語人曰我ㅣ 不能이라ᄒᆞ면 是ᄂᆞᆫ 誠不能也ㅣ어니와 為長者ᄒᆞ야 折枝를 語人曰

我ㅣ不能이라ᄒᆞ면 是는 不爲也ㅣ언뎡 非不能也
ㅣ시니라 爲長者ᄒᆞ야 折枝는 易ᄒᆞ고 挾太山超北
海는 難ᄒᆞ니 以此觀之컨대 修身之道는 非若等
의 所難也ㅣ라 堯舜은 天下大聖이샤되 而子有
丹朱商均ᄒᆞ니 嚴父敎訓之前에도 尙有不淑之
子ㅣ온 況余는 寡母ㅣ라 能見玉心之婦耶아 是
以로 小學烈女女敎明鑑이 至切且明호되 而
卷帙이 頗多ᄒᆞ야 未易可曉실ᄉᆡ 茲取四書之中
에 可要之言ᄒᆞ야 著爲七章ᄒᆞ야 以釐汝等ᄒᆞ노라
嗚呼ㅣ라 一身之敎ㅣ 盡在於斯ᄒᆞ니 一失其道

면ᄒᆞ 雖悔ᄃᆞᆯ 可追야 汝等이 銘神刻骨야ᄒᆞ 日期
於聖라ᄒᆞ 明鑑이 昭昭니ᄒᆞ 可不戒歟아
成化乙未孟冬有日

므릇사ᄅᆞᆷ의나미하ᄂᆞᆯ과ᄯᅡ의靈령ᄒᆞᆫ거
슬타、며다ᄉᆞᆺ덧덧ᄒᆞᆫ德덕을머구머다ᄉᆞᆺ덧덧
호德덕은아비와아ᄃᆞᆯ이親친홈이이시며님금과ᄯᅩ신下하ㅣ義의이시며지아
비와겨집이分분別별홈이이시며얼운과아ᄒᆡ次ᄎᆞ序셔ㅣ이시며벗이信신이
이쇼미라理리ㅣ玉옥과돌히달옴이업소되
난초와ᄡᅮᆨ의달옴이이심은엇디오몸닷
글道도ᄅᆞᆯ다ᄒᆞ며다ᄒᆞ디몯홈애잇ᄂᆞ니

라周쥬文문의敎교ㅣ더옥太태姒ᄉᆞ의
ᄇᆞᆰ음애넙으시고楚초莊장의霸패홈이
霸패ᄂᆞᆫ諸제侯후에웃듬되미라 만히樊번姬희의힘에
잇ᄂᆞ니님금셤기며지아비셤교미누이
에셔더으리오내글닑다가妲달己긔의
우음과褒포姒ᄉᆞ의고임과驪려姬희의
우름과飛비燕연의하리에니르러 紂듀ㅣ有
유蘇소氏시ᄅᆞᆯ틴대○有유蘇소氏시ᄂᆞᆫ나랏일홈이라○有유蘇소氏시라셔妲
달己긔로紂듀의게드려놀紂듀ㅣ惑혹ᄒᆞ야아니드를말이업서맛당히녀기ᄂᆞᆫ
사ᄅᆞᆷ으란貴귀히ᄒᆞ고아쳐ᄒᆞᄂᆞᆫ사ᄅᆞᆷ으란주기더니그ᄢᅢ예諸제侯후ㅣ叛반ᄒᆞ

리잇거ᄂᆞᆯ 妲달己긔 닐오ᄃᆡ 罰벌이 輕경
됴죽임을 적게ᄒᆞ면 威위嚴엄이 셔지 아
니ᄒᆞ리라ᄒᆞ야 紂듀ᄅᆞᆯ 달애여 重듕ᄒᆞᆫ 刑
형罰벌을 ᄒᆞ라ᄒᆞᆫ대 다리우리ᄅᆞᆯ 달우고
사ᄅᆞᆷ으로 들라ᄒᆞ니 손이 데여 ᄂᆞᆯ다시 구
리기동을 밍ᄀᆞ라 기름을 ᄇᆞᄅᆞ고 숫블우
ᄒᆡ세오고 죽을사ᄅᆞᆷ으로 ᄒᆞ여곰 긔동에
오ᄅᆞ라ᄒᆞ야 妲달己긔의 우음을 돕고 일
홈ᄒᆞ야 닐오ᄃᆡ 炮포烙락刑형罰벌이라
ᄒᆞ니라 ○幽유王왕이 褒포ᄅᆞᆯ 틴대 褒포
사ᄅᆞᆷ이 褒포姒ᄉᆞᄅᆞᆯ 드려ᄂᆞᆯ 王왕이 惑혹
ᄒᆞ더니 褒포姒ᄉᆞㅣ 虢괵石셕父부와 阿
아黨당ᄒᆞ야 申신后후와 太태子ᄌᆞ 宜의
白구ᄅᆞᆯ 한대 王왕이 申신后후와 宜의白
구ᄅᆞᆯ 廢폐ᄒᆞ고 褒포姒ᄉᆞ로 后후ᄅᆞᆯ 삼고
그 아ᄃᆞᆯ 伯ᄇᆡᆨ服복으로 太태子ᄌᆞᄅᆞᆯ 삼아
ᄂᆞᆯ 宜의白구ㅣ 申신나라ᄒᆡ 내텨갓더니
太태史ᄉᆞ伯ᄇᆡᆨ陽양이 닐오ᄃᆡ 災지禍화
ㅣ 일리라 엇지ᄒᆞ려뇨 ᄒᆞᆷ이 업스리로다
褒포姒ᄉᆞㅣ 우음을 즐기디 아니ᄒᆞ야 王

왕이여러가자로달애되짐즛웃디아니터니王왕이諸제侯후와期긔約약호ᄃᆡ
도적이오면烽봉火화롤들어信신을삼ᄋᆞ리니믄드軍군兵병가져와救구ᄒᆞ라
ᄒᆞ얏더니王왕이褒포姒ᄉᆞ롤우이고져ᄒᆞ야緣연故고업시烽봉火화롤드대諸
제侯후ㅣ다오니도적이업ᄉᆞᆫ디라褒포姒ᄉᆞㅣᄀᆞ장우으니라ᄯᅩ褒포姒ᄉᆞㅣ깁
ᄶᅵᄂᆞᆫ소리롤즐겨듯더니王왕이깁을내야ᄶᅵ야그ᄠᅳᆺ에맛게ᄒᆞ더니申신國국님
금이○申신國국님금은申신后후의아비라○犬견戎융과○犬견戎융은되나
라일홈이라○王왕을티거놀王왕이烽봉火화롤드러諸제侯후의軍군兵병을
브ᄅᆞ되軍군兵병이오디아니ᄒᆞ니犬견戎융이幽유王왕을죽이고褒포姒ᄉᆞ롤
자바가니라○晉진獻헌公공이驪려戎융을탄대驪려戎융이驪려姬희롤드려
놀도라와奚ᄒᆡ齊제롤나핫더니驪려姬희제아ᄃᆞᆯ을세오고져ᄒᆞ야太ᄐᆡ子ᄌᆞᄃᆞ

려 닐오ᄃᆡ 님금셔 에 그ᄃᆡ 어마님을 보시
니 섈리 가 祭제ᄒᆞ라 ᄒᆞ야ᄂᆞᆯ 太태子ᄌᆞㅣ
曲곡沃옥애 가 祭제ᄒᆞ고 膰번肉육을 보
내여ᄂᆞᆯ 公공이 마초아 山산行힝 갓더시
니 姬희 宮궁中듕에 엿쇄ᄅᆞᆯ 두더니 公공
이 오나시ᄂᆞᆯ 藥약을 녀허 밧ᄌᆞᆸ고 公공쎠
ᄉᆞᆯ오ᄃᆡ 밧긔셔 온 거ᄉᆞᆯ 그저 자시디 못ᄒᆞ
리라 ᄒᆞ야ᄂᆞᆯ 公공이 술을 ᄯᅡ희 브ᅀᅳ니 ᄯᅡ
히 부프러 오ᄅᆞ고 고기ᄅᆞᆯ 개ᄅᆞᆯ 주니 개 죽
고 小쇼臣신을 주니 小쇼臣신이 ᄯᅩ 죽거
ᄂᆞᆯ 驪려姬희 울며 닐오ᄃᆡ 賊적害해 홈이
太태子ᄌᆞ로브터 말미암도소이다 ᄒᆞ야
ᄂᆞᆯ 太태子ᄌᆞㅣ 曲곡沃옥에 ᄃᆞ라나 목ᄆᆡ
야 ᄃᆞ라 죽으니라 ○ 漢한成셩帝뎨 ᄀᆞ마
니 나ᄃᆞ니시다가 陽양阿아公공主쥬집
을 디나시더니 飛비燕연의 놀애 춤 잘홈
을 보시고 블러 宮궁中듕에 드리사 ᄀᆞ장
예엿비 너기시더니 飛비燕연의 아이 양
지 됴커늘 ᄯᅩ 블러 드리시니 左좌右우에
보ᄂᆞᆫ 사ᄅᆞᆷ이 다 혀 차 일ᄏᆞᆺ더라 兄형弟뎨

다婕첩好여벼슬ᄒᆞ니貴귀홈이後후宮
궁에웃듬이러니그제皇황后후와班반
婕첩好여ᄅᆞᆯ할오ᄃᆡ主듀上샹ᄋᆞᆯ비러업
게ᄒᆞ고져ᄒᆞᄂᆞ니이다ᄒᆞ야ᄂᆞᆯ皇황帝뎨
고ᄃᆡ들으샤皇황后후ᄅᆞᆯ廢폐ᄒᆞ
야昭쇼臺ᄃᆡ宮궁예보내시니라일즉글
을그치고ᄆᆞᄋᆞᆷ이서늘ᄒᆞ디아니티아니
ᄒᆞ노라일로브터보건댄다ᄉᆞᆯ며어즈러
우며니러나며亡망홈이비록지아비어
딜며사오나오매판계ᄒᆞ나ᄯᅩ겨집의용
ᄒᆞ며사오나오매돌련ᄂᆞᆫ디라可가히ᄀᆞ
ᄅᆞᆯ치디아니티못ᄒᆞ리라大대抵뎌ᄒᆞᆫ디
男남子ᄌᆞᄂᆞᆫᄆᆞᄋᆞᆷ을너른ᄃᆡ노로며ᄠᅳᆮ을

모든미묘ᄒᆞᆫ듸맛드려스스로是시非비
ᄅᆞᆯ끌히ᄒᆞ야可가히배몸을가질거시니엇
디내의ᄀᆞᄅᆞ치믈기드린後후에야行ᄒᆡᆼ
ᄒᆞ리오女녀子ᄌᆞ는그러티아니ᄒᆞ야ᄒᆞᆫ
갓질삼의굴그며ᄀᆞᄂᆞ로믈돌게녀기고
德덕行ᄒᆡᆼ의노픔을아디못ᄒᆞᄂᆞ니이내
의날로恨ᄒᆞᆫ홈이라또사ᄅᆞᆷ이비록본듸
淸쳥通통ᄒᆞ야도聖셩인의學ᄒᆞᆨ문을보
디못ᄒᆞ고ᄒᆞᄅᆞᆺ아ᄎᆞᆷ의믄득貴귀히되면이
는진납이ᄅᆞᆯ沐목浴욕ᄀᆞᆷ겨갓ᄉᆞ움이며ᄃᆞᆷ

애ᄂᆞᆺ듀어셤이라진실로세샹의셔며사
ᄅᆞᆷ의게말ᄉᆞᆷ홈이어려우니聖셩人인의
긔ᄅᆞᆺ치신말ᄉᆞᆷ이可가히千쳔金금으로
도갑디몯홀이라니ᄅᆞ리로다ᄯᅩ일이어
려우며쉬옴이잇ᄂᆞ니孟ᄆᆡᆼ子ᄌᆞㅣ니ᄅᆞ
샤ᄃᆡ太태山산을세고벼北븍海ᄒᆡ를건
너뛰믈사ᄅᆞᆷᄃᆞ려닐오ᄃᆡ내잘몯ᄒᆞ리로
다ᄒᆞ면이ᄂᆞᆫ진실로잘몯홈이어니와長
댱者쟈를爲위ᄒᆞ야가지것곰을사ᄅᆞᆷᄃᆞ
려닐러ᄀᆞᆯ오ᄃᆡ내잘몯ᄒᆞ리로다ᄒᆞ면이

ᄂᆞᆫᄒᆞ디아니ᄒᆞᆯᄲᅮᆫ이언뎡잘몯홈이아니
라ᄒᆞ시니長댱者쟈ᄅᆞᆯ爲위ᄒᆞ야가디것
금은쉽고太태山산을ᄭᅧ北븍海ᄒᆡᄅᆞᆯ건
너ᄢᅴ음은어려오니일로ᄡᅥ보건댄몸닷
ᄀᆞᆯ道도ᄂᆞᆫ너희ᄃᆞᆯ희어려위ᄒᆞᆯ배아니라
堯요와舜슌은天텬下하에큰聖셩人인
이샤ᄃᆡ아ᄃᆞᆯ이丹단朱쥬와商샹均균이
이시니嚴엄ᄒᆞᆫ아비브즈런이ᄀᆞᄅᆞ치시
ᄂᆞᆫ알ᄑᆡ도오히려어디디몯ᄒᆞᆫ子ᄌᆞ식이
잇곤ᄒᆞ믈며나ᄂᆞᆫᄒᆞᆯ어미라能능히玉옥

ᄀᆞᆺᄒᆞᆫ ᄆᆞ옴앳 며느리롤 보랴 이러모로 벼
小쇼學혹烈렬女녀女녀教교明명鑑감
이 지극히 졀당ᄒᆞ며 ᄯᅩ 명ᄇᆡᆨ호ᄃᆡ 卷권秩
딜이 ᄌᆞ못 만하 수이 可가히 아디 못ᄒᆞ릴
ᄉᆡ 이 네 가지 글월 中듕의 可가히 要요졀
ᄒᆞᆫ 말ᄉᆞᆷ을 取취ᄒᆞ야 ᄂᆞᆯ곱 章쟝을 ᄆᆡᆼᄀᆞ라
너희 돌흘 주노라 슬프다 ᄒᆞᆫ 몸에 ᄀᆞᄅᆞ칠
새 시다 이에 얻ᄂᆞ니 ᄒᆞᆫ번 그 道도롤 일흐
면 비록 뉘옷촌돌 可가히 맛츠랴 너희돌
히 ᄆᆞ옴애 사기며 써에 刻국ᄒᆞ야 날로 聖

訓蒙字會序 七

성人안에期긔약ᄒᆞ라ᄇᆞᆯᄀᆞᆫ거우리몯ᄀᆞ
며몰ᄀᆞ니미가히조심티아니ᄒᆞ랴

御製內訓小識

內訓七篇은 卽我

昭惠王后의 纂述垂訓之書而其序文도 亦

聖后의 所自製라 跋文中에

仁粹二字는

成廟時에 上

東朝之尊號也라 歲月이 寖久ᄒᆞ야 所傳者ㅣ

鮮矣러니 玆令芸閣으로 並與

皇明文皇后의 內訓ᄒᆞ야 刊印廣布케ᄒᆞ고 略記

其槩ᄒᆞ노니 是小子의 永世追慕ᄒᆞ야 以補風

化之意云爾라ㅣ니

歲丙辰菊秋上浣에拜手謹識

內니訓훈七칠篇편은곳우리

昭쇼惠혜王왕后후의纂찬述술ᄒᆞ샤ᄆᆞᄋᆞ

치시믈드리오신글이오그序서文문ᄋᆞᆫ

또ᄒᆞᆫ

聖셩后후의스ᄉᆞ로지으신배라跋발文문

가온대

仁인粹슈ᄃᆞ조ᄂᆞᆫ

成셩廟묘ᄢᅢ예

東동朝됴의올닌尊존號호ㅣ라歲셰月
월이졈졈오래야傳뎐ᄒᆞ는밧재적을싀
이에芸운閣각으로ᄒᆞ여곰아오로
皇황明명文문皇황后후의內ᄂᆡ訓훈으로
더부러刊간印인ᄒᆞ야廣광布포케ᄒᆞ고
낙간그대개를그록ᄒᆞ노니이小쇼子조
의永영世셰토록追츄慕모ᄒᆞ야ᄲᅧ風풍
化화를補보익게ᄒᆞ는ᄯᅳ지니라
歲셰丙병辰진菊국秋츄上샹浣완에拜
ᄇᆡ手슈ᄒᆞ고삼가긔록ᄒᆞ노라

內訓目錄

一卷

二卷

三卷

內訓目錄 終

御製內訓卷第一

言行章第一

李氏女戒예曰藏心이爲情이오出口ㅣ爲語ㅣ니言語者ᄂᆞᆫ榮辱之樞機며親疎之大節也ㅣ라亦能離堅合異ᄒᆞ며結怨興讐ᄒᆞᄂᆞ니大者則覆國亡家ᄒᆞ고小者도猶六親를離間ᄒᆞᄂᆞ니是以로賢女ㅣ謹口ᄂᆞᆫ恐招恥謗이니或在尊前커나或居閨處에未嘗觸應答之語ᄒᆞ며發諂諛之言ᄒᆞ며不出無稽之詞ᄒᆞ며不爲調戲之事ᄒᆞ며不涉穢濁ᄒᆞ며不處嫌疑니라

李니氏시女녀戒계예ᄀᆞᆯ오ᄃᆡᄆᆞᄋᆞᆷ에ᄀᆞᆷ
촌거시情정이오입에나ᄂᆞᆫ거시말이니
말은榮영화와辱욕의지두리와조각이
며親친ᄒᆞ며疎소홈의큰ᄆᆞᄃᆡ라ᄯᅩ能능
히구든거슬여희게ᄒᆞ며다른거슬못게
ᄒᆞ며원망을미ᄌᆞ며원슈를니르혀ᄂᆞ니
큰이ᄂᆞᆫ나라ᄒᆞᆯ업티며집을亡망ᄒᆞ고적
으니도오히려六뉵親친를離니間간케
ᄒᆞᄂᆞ니六뉵親친은아비와어미와兄형과아ᄋᆞ와겨집과子ᄌᆞ息식괘라
이럼으로ᄡᅥ賢현女녀ㅣ입을삼가ᄆᆞᆫ볏

그러옴과ᄉᆞ지람을브를가저홈이니或
혹尊존前젼에잇거나或혹한가ᄒᆞᆫ곳에
이죠매일즉應응答답ᄒᆞ논말을범촉ᄒᆞ
며아당저은말을내디아니ᄒᆞ며상고업
슨말을내디아니ᄒᆞ며희롱엣일을ᄒᆞ디
아니ᄒᆞ며더러운일에버므디아니ᄒᆞ며
嫌혐疑의예잇디아니ᄒᆞᄂᆞ니라
曲禮예曰共食에不飽ᄒᆞ며共飯에不澤手ᄒᆞ며
毋摶飯ᄒᆞ며毋放飯ᄒᆞ며毋流歠ᄒᆞ며毋咤食ᄒᆞ며毋
齧骨ᄒᆞ며毋反魚肉ᄒᆞ며毋投與狗骨ᄒᆞ며毋固獲

ᄒᆞ며 毋揚飯ᄒᆞ며 飯黍호ᄃᆡ 毋以箸ᄒᆞ며 毋嚃羹ᄒᆞ며 毋
絮羹ᄒᆞ며 毋刺齒ᄒᆞ며 毋歠醢니 客이 絮羹이어든
主人이 辭不能亨ᄒᆞ고 客이 歠醢이어든 主人이
辭以窶ᄒᆞ며 濡肉으란 齒決ᄒᆞ고 乾肉으란 不齒決ᄒᆞ며
毋嘬炙ㅣ니라

曲곡禮녜예 ᄀᆞᆯ오ᄃᆡ ᄒᆞᆫ가지로 음식 먹을
제 ᄇᆡ브르게 말며 ᄒᆞᆫ가지로 밥 먹을 제 손
에 ᄯᆞᆷ잇게 말며 밥 뭉킈디 말며 밥을 크게
ᄯᅳ디 말며 흘리 마시디 말며 음식에 혀 太
디 말며 ᄲᅧ를 너흐디 말며 먹던 고기를 도

로노티말며쌔를개게더뎌주디말며구
티여어더먹으려말며밥을헤젓디말며
기장밥을먹으되져로말며羹깅새리롤
입으로후려먹디말며羹깅을그르세셔
다시고ᄅᆞ디말며니를쑤시디말며젓국
마시디말롤써니손이羹깅을다시고ᄅᆞ
거든主쥬人인이잘슬히디몯홈을겸ᄉᆞ
ᄒᆞ고손이젓국을마시거든主쥬人인이
가난홈으로뻐겸ᄉᆞᄒᆞ며저즌고기란니
로굿고ᄆᆞ른고기란니로굿티말며炙적

을모도ᄡᅡ혀먹디말을서니라
○男女ㅣ不雜坐ᄒᆞ며不同椸枷ᄒᆞ며不同巾櫛ᄒᆞ
며不親授ᄒᆞ며嫂叔이不通問ᄒᆞ며諸母를不漱
裳ᄒᆞ며外言이不入於梱ᄒᆞ고內言이不出於梱
이니라女子ㅣ許嫁纓ᄒᆞ얀非有大故ㅣ어든不入
其門ᄒᆞ며姑姊妹와女子子ㅣ已嫁而反커든兄
弟弗與同席而坐ᄒᆞ며弗與同器而食이니라
ᄉᆞ나ᄒᆡ과계집이섯거안디말며옷거리
를ᄒᆞᆫ가지로말며슈건과빗과를ᄒᆞᆫ가지
로말며親친히주디말며嫂수와叔숙이

무롬을서르말며 嫂수ᄂᆞᆫ兄형弟뎨의안해오叔숙은지아비兄
형弟뎨라아비쳡을아랫옷샐리디말며밧긧
말ᄉᆞᆷ이문에들게말고안햇말ᄉᆞᆷ이문에
나게말올셔니라겨집이혼인을許허ᄒᆞ
야纓영을미야ᄂᆞᆫ큰연괴잇디아니커든
그門문의드디말며아ᄌᆞ미와ᄆᆞᆺ누의와
아ᄋᆞ누의와ᄯᆞᆯᄌᆞ식이임의婚혼姻인ᄒᆞ
야ᄃᆞ다가도라오나든兄형弟뎨ᄒᆞᆫ듸그안
디말며ᄒᆞᆫ그르세며디말올셔니라
○登城不指ᄒᆞ며城上不呼ᄒᆞ며將適舍ᄒᆞᆯ시求毋

固ᄒᆞ며 將上堂ᄒᆞᆯ시 聲必揚ᄒᆞ며 戶外예 有二屨ㅣ어
든 言聞則入ᄒᆞ고 言不聞則不入ᄒᆞ며 將入戶ᄒᆞᆯ시
視必下ᄒᆞ며 入戶ᄒᆞᆯ시 奉扃ᄒᆞ며 視瞻을 毋回ᄒᆞ며 戶
開어든 亦開ᄒᆞ고 戶闔이어든 亦闔호되 有後入者ㅣ어
든 闔而勿遂니라 毋踐屨ᄒᆞ며 毋踖席ᄒᆞ며 摳衣趨
隅ᄒᆞ야 必愼唯諾이니라
城셩의 올라 ᄀᆞᄅᆞ치디 말며 城셩우희셔
브르디 말며 쟝ᄎᆞᆺ 主쥬人인ᄒᆞᆫ 집의 갈시
求구홈을 구틔여 말며 쟝ᄎᆞᆺ 堂당의 오ᄅᆞᆯ
시 소리ᄅᆞᆯ 반ᄃᆞ시 놉히며 지게 밧긔 두신

이잇거든말ᄉᆞᆷ이들니거든들고말ᄉᆞᆷ이
들니디아니커든드디말며쟝ᄎᆞᆺ지게예
들ᄉᆡ봄을반ᄃᆞ시ᄂᆞ조기ᄒᆞ며지게예들
제문쎄ᄅᆞᆯ밧드ᄃᆞ시ᄒᆞ며보기ᄅᆞᆯ두로말
며지게여럿거든ᄯᅩᄒᆞᆫ열고지게다닷거
든ᄯᅩᄒᆞᆫ다ᄃᆞ되後후에들니잇거든다드
몰채ᄒᆞ디마ᄅᆞᆯ쎠니라ᄂᆞᆷ의신을ᄇᆞᆲ디말
며돗ᄭᅳᆯ넘어믄ᄇᆞᆲ디말며오ᄉᆞᆯ들고돗모
ᄒᆞ로ᄃᆞ라가반ᄃᆞ시ᄃᆡ답ᄒᆞᆷ을조심ᄒᆞᆯ쎠
니라

○凡視ㅣ上於面則敖고ᄒᆞ下於帶則憂고ᄒᆞ傾則姦ᄒᆞ니라

믈읫봄이ᄂᆞᆺ치오ᄅᆞ면敖ᄒᆞ고敖오ᄂᆞᆫ업슈이너김이라ᄂᆞ리면시름ᄒᆞᄂᆞᆫᄃᆞᆺᄒᆞ고기우로ᄒᆞ면姦간샤ᄒᆞ니라

○毋不敬ᄒᆞ야儼若思ᄒᆞ며安定辭ᄒᆞ면安民哉ᆫ뎌敖不可長이며欲不可從이며志不可滿이며樂不可極이니라賢者ᄂᆞᆫ狎而敬之ᄒᆞ며畏而愛之ᄒᆞ며愛而知其惡ᄒᆞ며憎而知其善ᄒᆞ며積而能散ᄒᆞ며安安而能遷ᄒᆞᄂᆞ니라臨財毋苟得ᄒᆞ며臨難毋苟

免ᄒᆞ며 狠毋求勝ᄒᆞ며 分毋求多ᄒᆞ며 疑事를 毋質
ᄒᆞ야 直而勿有ㅣ니라
공경티 아니티 말아 엄연히 ᄉᆡᆼ각ᄒᆞᄂᆞᆫ ᄃᆞᆺ
ᄒᆞ며 말ᄉᆞᆷ이 편안ᄒᆞ고 일뎡ᄒᆞ면 ᄇᆡᆨ셩을
편안케 ᄒᆞ린뎌 오만ᄒᆞᆷ을 가히 길오디 못
ᄒᆞᆯ 거시며 욕심을 가히 방죵히 못ᄒᆞᆯ 거
시며 ᄠᅳᆺ을 가히 ᄀᆞ득게 못ᄒᆞᆯ 거시며 즐
기믈 가히 극히 못ᄒᆞᆯ 거시니라 어딘 이
ᄂᆞᆫ 친압ᄒᆞ되 공경ᄒᆞ며 저허ᄒᆞ되 ᄉᆞ랑ᄒᆞ
며 ᄉᆞ랑ᄒᆞ되 그 사오나옴을 알며 믜여ᄒᆞ

딕그어디롬을알며싸하두딕能능히ᄒᆞ
트며편안ᄒᆞᆫ딕롤편안히녀교딕能능히
옮ᄂᆞ니라財지믈에臨님ᄒᆞ야셔구차히
어드러말며환란에臨님ᄒᆞ야셔구차히
免면호려말며싸호매이긔욤을求구티
말며ᄂᆞᆫ호매하기롤求구티말며의심된
일을질정티마라바로니롤만ᄒᆞ고올ᄒᆞᆫ
딕두디말올셔니라

少儀에 曰侍燕於君子則先飯而後已니毋
放飯ᄒᆞ며毋流歠ᄒᆞ며小飯而亟之ᄒᆞ며數噍ᄒᆞ야毋

爲口容이니라

少쇼儀의 예 ᄀᆞᆯ오ᄃᆡ 君군子ᄌᆞᄭᅴ 아ᄅᆞᆷ으로 뫼셔 실적이어든 몬져 밥 먹고 後후에 그칠셔니 밥을 크게 ᄯᅳ디 말며 흘리마시디 말며 젹젹 먹어 샐리 ᄉᆞᆷ세며 ᄌᆞ조 씨버 입노릇ᄒᆞ디 말올씨니라

○不窺窬ᄒᆞ며 不旁狎ᄒᆞ며 不道舊故ᄒᆞ며 不戲色ᄒᆞ며 毋拔來ᄒᆞ며 毋報往ᄒᆞ며 毋瀆神ᄒᆞ며 毋循枉ᄒᆞ며 毋測未至ᄒᆞ며 毋訾衣服成器ᄒᆞ며 毋身質言語ㅣ니라

二

그윽ᄒᆞᆫ듸ᄅᆞᆯ엿보디아니ᄒᆞ며셜압ᄒᆞᆫ듸
갓가이아니ᄒᆞ며버듸녜일을니ᄅᆞ디아
니ᄒᆞ며희롱엣빗ᄎᆞᆯ아니ᄒᆞ며과ᄀᆞ리ᄃᆞ
라오디말며과ᄀᆞ리도라가디말며귀神
신을셜만티말며굽은일을인슌티말며
니ᄅᆞ디못ᄒᆞᆫ일을혜아리디말며衣의服
복과인그르슬나ᄆᆞ라디말며말ᄉᆞᆷ을몸
소질정티말올셔니라
○執虛호ᄃᆡ如執盈ᄒᆞ며入虛호ᄃᆡ如有人이라ᄂᆞ
뷘거슬잡오ᄃᆡᄀᆞ득ᄒᆞᆫ것잡음ᄀᆞᆺ티ᄒᆞ며

뷘듸들오듸사ᄅᆞᆷ인ᄂᆞᆫ듸ᄀᆞᆺ티홀셔니라
論語에曰君이賜食이어시든必正席先嘗之ᄒᆞ시
고君이賜腥이어시든必熟而薦之ᄒᆞ시고君이賜
生이어시든必畜之러시다
論논語어에골오듸님금이밥을주어시
든반ᄃᆞ시돗골正정히ᄒᆞ고몬져맛보시
고님금이놀고기를주어시든반ᄃᆞ시니
겨薦쳔ᄒᆞ시고님금이산거슬주어시든
반ᄃᆞ시치더시다
○侍食於君ᄒᆞ실ᄉᆡ君祭어시든先飯이러시다

님금ᄭᅴ뫼셔밥먹으실제님금이祭제ᄒᆞ
거시든몬져자시더시다

曲禮예曰賜果於君前이어시든其有核者란懷
其核이니라

曲곡禮례예골오ᄃᆡ님금알ᄑᆡ셔실과ᄅᆞᆯ
주어시든그ᄡᅵ잇ᄂᆞᆫ거ᄉᆞ란그ᄡᅵᄅᆞᆯ품을
ᄯᅥ니라

○御食於君에君이賜餘ㅣ어시든器之漑者란
不寫ᄒᆞ고其餘ᄂᆞᆫ皆寫ㅣ니라

님금ᄭᅴ뫼와음식ᄒᆞᆷ애님금이나ᄆᆞᆫ거슬

주어시든그르시시술거스란밧디아니

ᄒᆞ고그나모거슨다밧들셔니라

禮記예曰君이賜車馬시어든乘以拜賜ᄒᆞ고衣

服이어든服以拜賜ᄒᆞ며君이未有命이시어든弗敢

即乘服也ㅣ니라

禮례記긔예ᄀᆞᆯ오ᄃᆡ님금이술의와몰을

주어시든타가뻐주샤몰절ᄒᆞ고오시어

든니버뻐주샤몰절ᄒᆞ며님금이命명이

잇디아니커시든감히즉시ᄐᆞ며닙디말

올셔니라

樂記예曰君子ㅣ姦聲亂色을不留聰明ᄒᆞ며
淫樂慝禮를不接心術ᄒᆞ며惰慢邪辟之氣를
不設於身體ᄒᆞ야使耳目鼻口心知百體로皆
由順正ᄒᆞ야以行其義니라

樂악記긔예ᄀᆞᆯ오ᄃᆡ君군子ᄌᆞㅣ간샤ᄒᆞᆫ
소리와어즈러온빗ᄎᆞᆯ귀눈에머믈오디
아니ᄒᆞ며淫음난ᄒᆞᆫ풍뉴와샤특ᄒᆞᆫ禮례
도ᄅᆞᆯᄆᆞᅀᆞᆷ애브티디아니ᄒᆞ며게어르고
프러디며샤곡ᄒᆞ고괴벽ᄒᆞᆫ긔운을몸애
베프디아니ᄒᆞ야귀와눈과코과입과ᄆᆞᅀᆞᆷ

몸의알옴과온갓얼굴로ᄒᆡ여곰다順슌
코正졍홈을말미아마뻐그義의로ᄂᆞᆫ義의맛
당ᄒᆞᆯ서라行힝ᄒᆞᆯ씨니라
范魯公質이戒從子詩에曰戒爾勿多言ᄒᆞ노
니多言이衆所忌라苟不愼樞機면灾厄이
從此始라是非毁譽間애適足爲身累라니
范범魯노公공質질이아ᄎᆞ아ᄃᆞᆯ경계ᄒᆞᆫ
詩시예ᄀᆞᆯ오ᄃᆡ너를말만히말라경계ᄒᆞ
노ᄆᆡ말만히홈이모ᄃᆞᆫ사ᄅᆞᆷ의쇠ᄂᆞᆫ배라
진실로지도리와조각을삼가디아니ᄒᆞ

면災재厄익이일로조차비릇ᄂᆞ니라외
니올ᄒᆞ니ᄒᆞ며헐ᄲᅳ리며기리ᄂᆞᆫ소이예
다만足족히몸의허믈이되ᄂᆞ니라

女教에云女有四行ᄒᆞ니一曰婦德이오二曰婦
言이오三曰婦容이오四曰婦功이니婦德은不必
才明絶異也ㅣ오婦言은不必辯口利辭也ㅣ오
婦容은不必顏色美麗也ㅣ오婦功은不必工
巧過人也ㅣ라清閑貞靜ᄒᆞ야守節整齊ᄒᆞ며行己
有恥ᄒᆞ며動靜有法이是謂婦德이오擇辭而說
ᄒᆞ야不道惡語ᄒᆞ며時然後에言ᄒᆞ야不厭於人이

是謂婦言이오 盥浣塵穢ᄒᆞ야 服飾鮮潔ᄒᆞ며 沐浴
以時ᄒᆞ야 身不垢辱이 是謂婦容이오 專心紡績
ᄒᆞ야 不好戲笑ᄒᆞ며 潔齊酒食ᄒᆞ야 以奉賓客이 是
謂婦功이니 此四者ㅣ 女人之大德而不可乏
者也ㅣ라 然이나 爲之甚易ᄒᆞ니 唯在存心耳라 古
人이 有言호ᄃᆡ 仁遠乎哉아 我欲仁이면 斯仁이
至矣라ᄒᆞ니 此之謂也ㅣ라
女녀敎교에 닐오ᄃᆡ 겨집의 네 가지 힝실
이 잇ᄂᆞ니 ᄒᆞᆫ나ᄒᆞᆫ 골온 겨집의 德덕이오
둘ᄒᆞᆫ 골온 겨집의 말이오 세ᄒᆞᆫ 골온 겨집

의얼굴이오네ᄒᆞᆫ골온겨집의功공이니
겨집의德덕은구틔여才지조와총명이
ᄀᆞ장ᄃᆞᆯ옴이아니오겨집의말ᄉᆞᆷ은구틔여
잘ᄒᆞᄂᆞᆫ말과놀래온말ᄉᆞᆷ이아니오겨집
의얼굴은구틔여顔안色ᄉᆡᆨ이고오며빗
남이아니오겨집의功공은구틔여工공
巧교ᄒᆞᆷ이사ᄅᆞᆷ의게넘으미아니라조ᄒᆞ
며ᄌᆞ녹ᄒᆞ며고ᄃᆞ며안졍ᄒᆞ야節졀을딕
희여整졍齊제ᄒᆞ며몸行ᄒᆡᆼᄒᆞ요매븟그
러오믈두며움ᄌᆞ기며ᄀᆞ마니이쇼매法

법이이쇼미이녈온겨집의德덕이오말ᄉᆞᆷ
을ᄀᆞᆯ히야녈러사오나온말을니ᄅᆞ디아
니ᄒᆞ며시졀인後후에야녈러사ᄅᆞᆷ의게
슬히여ᄒᆞ디아니홈이이녈온겨집의말
이오뒷ᄂᆞᆯ과더러운거슬시서옷과ᄆᆞ민
거시조츨ᄒᆞ며沐목浴욕을ᄢᅢ로ᄡᅥᄒᆞ야
몸을뼈무텨더럽게아니홈이이녈온겨
집의얼굴이오질삼애ᄆᆞ옴을專젼일히
ᄒᆞ야희롱과우움을즐기디아니ᄒᆞ며술
과밥을조히ᄒᆞ야손을이바ᄃᆞ미이녈온

겨집의功공이니이네히겨집의큰德덕
이오可가히업디몯홀거시라그러나ᄒᆞ
욤이甚심히쉬오니오직ᄆᆞ옴을두매잇
는디라녯사ᄅᆞᆷ이닐오ᄃᆡ어딜옴이먼야
내어딜고져ᄒᆞ면이어딜미니르리라ᄒᆞ
니이ᄅᆞᆯ닐옴이니라
劉忠定公이見溫公ᄒᆞ야問盡心行己之要ㅣ
可以終身行之者ᄒᆞᆫ대公이曰其誠乎ᅟᅵᆫ뎌劉公
이問行之何先이니잇고公이曰自不妄語로始
니라劉公이初甚易之러니及退而自隱括日之

所行과與凡所言이自相掣肘矛盾者ㅣ多
矣러니力行七年而後에成ᄒᆞ니自此로言行이
一致라表裏相應ᄒᆞ야遇事坦然ᄒᆞ야常有餘裕
ᄒᆞ더라
劉뉴忠튱定뎡公공 忠튱定뎡公공은시 호ㅣ니劉뉴器긔之
지라 이溫온公공을보ᄋᆞ와ᄆᆞᄋᆞᆷ을다ᄒᆞ며
몸을行힝ᄒᆞᆯ종요ㅣ可가히ᄡᅥ몸이ᄆᆞᆺ도
록行힝ᄒᆞᆯ거ᄉᆞᆯ믓ᄌᆞ온대公공이ᄀᆞᆯ오ᄃᆡ
그誠셩실ᄒᆞᆷ인뎌劉뉴公공이믓ᄌᆞ오ᄃᆡ
行힝ᄒᆞᆷ애므ᄉᆞᆯ몬져ᄒᆞ리잇고公공이

곰오되거즛말아니홈으로브터비르솔

셔니라劉뉴公공이처엄의甚심히수이

녀기더니밋믈러와스스로날마다行힝

훈는바와다뭇믈읏니루는바뭘槃은括

팔ᄒᆞ야보니 槃은括팔은구븐나모자바 바루게ᄒᆞ는거시니말과힝

실을서르맛초 와보단말이라 스스로서르掣털肘듀ᄒᆞ

며矛모盾슌홈이만터니 掣털은ᄡᅳ으단 말이오肘듀는

풀독이니掣털肘듀는풀홀움조기고져 호되사름이ᄡᅳ으면能능히움조기디못

흠이오矛모는槍창이오盾슌은防방牌패 팬니창으로사름을디르려ᄒᆞ거든방패

로막음이니서르어 귀옴을니곰이라 힘써行힝훈날곱힌

後후에야이니일로브터말ᄉᆞᆷ과ᄒᆡᇰ실이ᄒᆞᆫ가지라밧과안히서르應응ᄒᆞ야일을맛나매훤츌ᄒᆞ야샹해닙아녀녀홈이잇더라

劉寬이雖居倉卒ᄒᆞ나未嘗疾言遽色ᄒᆞ더니夫人이欲試寬令恚ᄒᆞ야伺當朝會ᄒᆞ야裝嚴已訖이어늘使侍婢로奉肉羹ᄒᆞ야翻汚朝服ᄒᆞ고婢遽收之러니寬이神色이不異ᄒᆞ야乃徐言曰羹爛汝手乎아ᄒᆞ니其性度ㅣ如此ᄒᆞ더라

劉뉴寬관 劉뉴寬관은東동漢한적사ᄅᆞᆷ이라 이비록밧븐

ᄃᆡ이셔도일즉ᄲᆞᄅᆞᆫ말이며과ᄀᆞᄅᆞᆫᄂᆞᆺ빗
츨아니ᄒᆞ더니夫부人인이寬관을試시
험ᄒᆞ야ᄒᆞ여곰怒노케ᄒᆞ고쟈ᄒᆞ야朝됴
會회예다ᄃᆞᄅᆞᆫ적을기ᄃᆞ려미ᄆᆞᆺ기ᄅᆞᆯ이
믜다ᄒᆞ엿거ᄂᆞᆯ侍시婢비로ᄒᆞ여곰고기
羹깅을밧드러업텨朝됴服복애더러이
고죵이급히거두더니寬관이神신色식
이다ᄅᆞ디아니ᄒᆞ야이에날회여닐러ᄀᆞᆯ
오ᄃᆡ羹깅이네손을더여냐ᄒᆞ니그性셩
度도ㅣ이ᄀᆞᆺ더라

孔子ㅣ曰言忠信ᄒᆞ며行篤敬이면雖蠻貊之邦이라도行矣어니와言不忠信ᄒᆞ며行不篤敬이면雖州里나行乎哉아

孔공子ᄌᆞㅣ ᄀᆞᄅᆞ샤ᄃᆡ 말ᄉᆞᆷ이 忠튱셩되고 밋브며 ᄒᆡᆼ실이 篤독실ᄒᆞ고 공경ᄒᆞ면 비록 蠻만貊ᄆᆡᆨ 나라히라도 蠻만은 南남녁 되오 貊ᄆᆡᆨ은 北븍녁 되라 ᄃᆞᆫ니려니와 말ᄉᆞᆷ이 튱셩되고 밋브디 아니ᄒᆞ며 ᄒᆡᆼ실이 독실ᄒᆞ고 공경티 아니ᄒᆞ면 비록 고올과 ᄆᆞ을히나 ᄃᆞᆫ니랴

論語에 曰孔子ㅣ於鄕黨에 恂恂如也ᄒᆞ샤 似

不能言者ㅣ러시다 其在宗廟朝廷ᄒᆞ샤ᄂᆞᆫ 便便言
ᄒᆞ샤되 唯謹爾이러시다 朝애 與下大夫言애 侃侃
如也ᄒᆞ시며 與上大夫言애 誾誾如也ㅣ러시다
論론語어에 골오ᄃᆡ 孔공子ᄌᆞㅣ 鄕향黨
당애 鄕향黨당은父부兄형宗종族족사ᄂᆞᆫᄃᆡ라 恂순恂순ᄐᆞᆺ
ᄒᆞ샤 恂순恂순은信신實실ᄒᆞᆫ톄라 能능히 말ᄉᆞᆷ 몯ᄒᆞᄂᆞᆫ
ᄃᆞᆺᄒᆞ더시다 그 宗종廟묘와 朝됴廷뎡에
겨샤ᄂᆞᆫ 便변便변히 말ᄉᆞᆷᄒᆞ샤다 便便변변은 조
세ᄒᆞᆫ뎨라 오직 삼가더시다 朝됴뎡의셔 下하
大대夫부로 더브러 말ᄉᆞᆷᄒᆞ시매 侃간侃

간툣ᄒᆞ시며 侃간侃간은 강딕ᄒᆞᆫ테라 上상大대夫부

로더브러말ᄉᆞᆷᄒᆞ시매 誾은誾은툣ᄒᆞ더

시다 誾誾은 和화悅열ᄒᆞᆫ테라

冠儀에 曰凡人之所以為人者ᄂᆞᆫ 禮義也니

禮義之始ᄂᆞᆫ 在於正容體ᄒᆞ며 齊顏色ᄒᆞ며 順辭

令이니 容體正ᄒᆞ며 顏色이 齊ᄒᆞ며 辭令이 順而後

에 禮義備ᄒᆞᄂᆞ니 以正君臣ᄒᆞ며 親父子ᄒᆞ며 和長

幼ㅣ니 君臣이 正ᄒᆞ며 父子ㅣ 親ᄒᆞ며 長幼ㅣ 和而

後에 禮義立이니라

冠관儀의 예ᄀᆞᆯ오ᄃᆡ 믈읫사ᄅᆞᆷ의 ᄡᅥ 사ᄅᆞᆷ

되온바ᄂᆞᆫ禮례와義의니禮례義의의비
로솜은몸을正정이ᄒᆞ며ᄂᆞᆺ빗촐ᄀᆞ조기
ᄒᆞ며말솜을順순히홈애잇ᄂᆞ니몸이正
정ᄒᆞ며ᄂᆞᆺ빗치ᄀᆞ죽ᄒᆞ며말솜이順순ᄒᆞᆫ
後후에禮례와義의곧ᄂᆞ니ᄡᅥ님금과신
하를正정히ᄒᆞ며아비와아ᄃᆞᆯ를親친히
ᄒᆞ며얼운과아ᄒᆡ를和화히홀셔니님금
과신하ㅣ正정ᄒᆞ며아비와아ᄃᆞᆯ이親친
ᄒᆞ며얼운과아ᄒᆡ和화ᄒᆞᆫ後후에禮례와
義의셔ᄂᆞ니라

孟子ㅣ曰人之有道也애飽食煖衣ᄒᆞ야逸居
而無敎ㅣ면則近於禽獸시ㅣ릴 聖人이有憂之
ᄒᆞ사使契爲司徒ᄒᆞ야敎以人倫ᄒᆞ시니父子ㅣ有
親ᄒᆞ며君臣이有義ᄒᆞ며夫婦ㅣ有別ᄒᆞ며長幼ㅣ
有序ᄒᆞ며朋友ㅣ有信이니라
孟밍子ᄌᆞㅣ골ᄋᆞ샤ᄃᆡ사ᄅᆞᆷ이道도ㅣ이
쇼매비브르게먹고더온옷닙어편안히
잇고ᄀᆞᄅᆞ침이업스면곳즘ᄉᆡᆼ에갓가올
릴ᄉᆡ聖셩人인이근심을두샤契셜로ᄒᆞ
여곰司ᄉᆞ徒도를ᄒᆞ이샤 司ᄉᆞ徒도ᄂᆞᆫ벼슬일홈이라

ᄀᆞᄅᆞ치되 人인倫륜으로ᄡᅥ ᄒᆞ시니 아비
와 아ᄃᆞᆯ이 親친홈이 이시며 님금과 신해
義의 이시며 지아비와 겨집이 ᄀᆞᆯᄒᆡ요미
이시며 얼운과 져므니 ᄎᆞ례 이시며 벗이
信신이 이심이니라

濂溪周先生이 曰仲由ᄂᆞᆫ 喜聞過ㅣ라 令名이
無窮焉ᄒᆞ니 今人은 有過ㅣ어든 不喜人規홈이
如護疾而忌醫ᄒᆞ야 寧滅其身而無悟也ᄒᆞ나니 噫
ㅣ라

濂렴溪계周쥬先션生ᄉᆡᆼ이 ᄀᆞᆯᄋᆞ샤ᄃᆡ 仲

듕由유ᄂᆞᆫ허믈듯기ᄅᆞᆯ깃거ᄒᆞᄂᆞᆫ디라어
딘일홈이無무窮궁ᄒᆞ더니이젯사ᄅᆞᆷ은
허믈이잇거든사ᄅᆞᆷ의規규간홈을깃거
아니홈이病병을둣덥고醫의원을써여
ᄎᆞᆯ하리그몸을죽여도ᄭᆡᄃᆞᄅᆞᆷ이업슴ᄀ
ᄐᆞ니슬프다
康節邵先生이戒子孫曰上品之人은不教
而善ᄒᆞ고中品之人은教而後善ᄒᆞ고下品之人
은教亦不善ᄒᆞᄂᆞ니不教而善이非聖而何ㅣ며
教而後善이非賢而何ㅣ며教亦不善이非愚

而何오 是知善也者ᄂᆞᆫ 吉之謂也오 不善也
者ᄂᆞᆫ 凶之謂也니라 吉也者ᄂᆞᆫ 目不觀非禮之
色ᄒᆞ며 耳不聽非禮之聲ᄒᆞ며 口不道非禮之言
ᄒᆞ며 足不踐非禮之地ᄒᆞ야 人非善이어든 不交ᄒᆞ며
物非義어든 不取ᄒᆞ며 親賢ᄒᆞ되 如就芝蘭ᄒᆞ며 避惡
ᄒᆞ되 如畏蛇蠍ᄒᆞᄂᆞ니 或曰不謂之吉人이라도 則
吾不信也호리라 凶也者ᄂᆞᆫ 語言에 詭譎ᄒᆞ며 動
止ㅣ 陰險ᄒᆞ며 好利飾非ᄒᆞ며 貪淫樂禍ᄒᆞ야 疾良
善ᄒᆞ되 如讎隙ᄒᆞ며 犯刑憲ᄒᆞ되 如飮食ᄒᆞ야 小則隕
身滅性ᄒᆞ고 大則覆宗絶嗣ᄒᆞᄂᆞ니 或曰不謂之

凶人이라도 則吾不信也호리라 傳에 有之ᄒᆞ니 曰
吉人은 為善ᄒᆞ되 惟日不足이어든 凶人은 為不
善ᄒᆞ되 亦惟日不足이니라 汝等은 欲為吉人乎
아 欲為凶人乎아

康강節절邵쇼先션生ᄉᆡᆼ이 子ᄌᆞ孫손을
경계ᄒᆞ야 ᄀᆞᆯ오되 上샹品품엣 사ᄅᆞᆷ은 ᄀᆞ
ᄅᆞ치디 아니ᄒᆞ야셔 어딜고 中듕品품엣
사ᄅᆞᆷ은 ᄀᆞᄅᆞ친 後후에 어딜고 下하品품
엣 사ᄅᆞᆷ은 ᄀᆞᄅᆞ쳐도 ᄯᅩ 어디디 몯ᄒᆞᄂᆞ니
ᄀᆞᄅᆞ치디 아니ᄒᆞ야셔 어디롬이 聖셩인

아니오므서시며 ᄀᆞᄅᆞ친 後후에 어디롬
이 賢현인 아니오므서시며 ᄀᆞᄅᆞ쳐도 ᄯᅩ
어디디 못ᄒᆞᆷ이 어린거시 아니오므스 것
고 이 어다롬이란 거슨 吉길ᄒᆞᆷ을 니옴이
오 어디디 못ᄒᆞᆷ이란 거슨 凶흉ᄒᆞᆷ을 닐옴
인 줄을 아ᄅᆞᆯ ᄯᅵ니라 吉길ᄒᆞᆫ이ᄂᆞᆫ 눈에 禮
례 아닌 비ᄎᆞᆯ 보디 아니ᄒᆞ며 귀예 禮례 아
닌 소리ᄅᆞᆯ 듣디 아니ᄒᆞ며 입에 禮례 아닌
말을 니ᄅᆞ디 아니ᄒᆞ며 발에 禮례 아닌 ᄯᅡ
ᄒᆞᆯ ᄇᆞᆲ디 아니ᄒᆞ야 사ᄅᆞᆷ이 어딘이 아니어

든사괴디아니ᄒᆞ며物믈이올ᄒᆞᆫ거시아
니어든가지디아니ᄒᆞ며어딘이ᄅᆞᆯ親친
히ᄒᆞ되芝지蘭난(芝지蘭난은향내나ᄂᆞᆫ플이라)애나아
감ᄀᆞ티ᄒᆞ며사오나오니ᄅᆞᆯ避피ᄒᆞ되蛇
샤蠍갈을저허홈ᄀᆞ티ᄒᆞᄂᆞ니或혹이골
오ᄃᆡ吉길ᄒᆞᆫ사ᄅᆞᆷ이라닐으디아니ᄒᆞ여
도곳나ᄂᆞᆫ밋디아니ᄒᆞ리라凶흉ᄒᆞᆫ의ᄂᆞᆫ
말ᄉᆞᆷ이詭궤譎휼ᄒᆞ며動동止지陰음險
험ᄒᆞ며利니ᄅᆞᆯ즐기고그ᄅᆞᆫ거ᄉᆞᆯ ᄭᅮ미고
음난ᄒᆞᆫ일을貪탐ᄒᆞ고화란을즐겨어딘

사ᄅᆞᆷ의위ᄒᆞ기ᄅᆞᆯ원슈마티ᄒᆞ며刑형벌
과법을犯범홈을飮음食식 티ᄒᆞ야져
그면몸을죽이며性셩을망멸ᄒᆞ고크면
宗종족을업티며ᄌᆞ손이ᄭᅳᆫ허디ᄂᆞ니或
혹골오ᄃᆡ凶흉ᄒᆞᆫ사ᄅᆞᆷ이라니ᄅᆞ디아니
ᄒᆞ야도곳나ᄂᆞᆫ밋디아니호리라녯글에
잇ᄂᆞ니골오ᄃᆡ吉길ᄒᆞᆫ사ᄅᆞᆷ은어딘일을
호ᄃᆡ오직날을不블足죡히녀겨ᄒᆞ거든
凶흉ᄒᆞᆫ사ᄅᆞᆷ은어디디아닌일을호ᄃᆡ쏘
오직날을不블足죡히녀겨ᄒᆞᆫ다ᄒᆞᄂᆞ니녀

희되ᄒᆞᆫ吉길ᄒᆞᆫ사ᄅᆞᆷ이되고져ᄒᆞᄂᆞ냐凶
흉ᄒᆞᆫ사ᄅᆞᆷ이되고져ᄒᆞᄂᆞ냐

張思叔의座右銘에曰凡語를必忠信ᄒᆞ며凡行을必篤敬ᄒᆞ며飮食을必愼節ᄒᆞ며字畫을必楷正ᄒᆞ며容貌를必端莊ᄒᆞ며衣冠을必肅整ᄒᆞ며步履를必安詳ᄒᆞ며居處를必正靜ᄒᆞ며作事를必謀始ᄒᆞ며出言을必顧行ᄒᆞ며常德을必固持ᄒᆞ며然諾을必重應ᄒᆞ며見善ᄒᆞ고如己出ᄒᆞ며見惡ᄒᆞ고如己病이니凡此十四者를我皆未深省ᄒᆞ야書此當座隅ᄒᆞ야朝夕視爲警ᄒᆞ노라

張댱思ᄉᆞ叔슉 (일흠은繹역이니程뎡伊이川쳔의弟뎨子ᄌᆞㅣ라)

의안ᄂᆞᆫ을ᄒᆞᆫ편銘명에ᄀᆞᆯ오ᄃᆡ (銘명은警경계ᄒᆞᆫ말이관)

믈읏말ᄉᆞᆷ을반ᄃᆞ시튱후ᄒᆞ고밋비ᄒᆞ

며믈읏ᄒᆡᆼ실을반ᄃᆞ시도타히ᄒᆞ고조심

ᄒᆞ며飮음食식을반ᄃᆞ시삼가고존절ᄒᆞ

며글ᄌᆞ그ᄉᆞᆯ반ᄃᆞ시고ᄅᆞ고正정히ᄒᆞ며

容용貌모ᄅᆞᆯ반ᄃᆞ시端단정ᄒᆞ고싁싁이

ᄒᆞ며衣의冠관을반ᄃᆞ시엄슉ᄒᆞ고졍졔

히ᄒᆞ며거르며ᄇᆞᆲ기ᄅᆞᆯ반ᄃᆞ시찬찬ᄒᆞ고詳

샹심히ᄒᆞ며잇ᄂᆞᆫ곧을반ᄃᆞ시正졍히ᄒᆞ

고고요히ᄒᆞ며일ᄒᆞ기ᄅᆞᆯ반ᄃᆞ시始시작
애혜아려ᄒᆞ며말ᄉᆞᆷ내요몰반ᄃᆞ시힝살
을도라보아ᄒᆞ며뎐뎐ᄒᆞᆫ德덕을반ᄃᆞ시
구디잡으며허락홈을반ᄃᆞ시되답을므
거이ᄒᆞ며어딘일보고내게셔나ᄂᆞᆫᄃᆞ시
ᄒᆞ며사오나온일보고내病병ᄀᆞ티홀셔
니믈읏이열네가지ᄅᆞᆯ내다깁히ᄉᆞᆯ피디
몯ᄒᆞᄂᆞᆫ디라이ᄅᆞᆯᄇᆡ안ᄂᆞᆫ모해當당ᄒᆞ야
아ᄎᆞᆷ나죄로보아경계홈을삼노라
呂正獻公이自少로講學ᄒᆞ되即以治心養性

으로 爲本야ᄒᆞ 寡嗜慾ᄒᆞ며 薄滋味ᄒᆞ며 無疾言遽色
ᄒᆞ며 無窘步ᄒᆞ며 無惰容ᄒᆞ며 凡嬉笑俚近之語ᄅᆞᆯ
未嘗出諸口ᄒᆞ며 於世利紛華聲伎遊宴과 以
至於博奕奇玩히 淡然無所好ᄒᆞ더라
呂녀正졍獻헌公공 일홈은 公공著뎌ㅣ니 宋송 적 졍승이라
이졈어셔브터 學ᄒᆞᆨ을 講강호ᄃᆡ 곳 ᄆᆞᄋᆞᆷ
을 다ᄉᆞ리며 性셩을 치기로 ᄡᅥ 本본을 삼
아 즐기ᄂᆞᆫ 거시며 욕심을 젹게 ᄒᆞ며 滋ᄌᆞ
味미 엿거ᄉᆞᆯ 엷게 ᄒᆞ며 색ᄅᆞᆫ 말ᄉᆞᆷ과 급거
ᄒᆞᆫ ᄂᆞᆺ빗치 업ᄉᆞ며 뵈앗븐 거름이 업ᄉᆞ며

게으른얼굴이업스며믈읏희롱엣우음
과야속고샹된말ᄉᆞᆷ을일즉입에내디아
니ᄒᆞ며世세간애利니와어즈러운빗난
것과풍뉴와노릇과노롬노리의잔치과
ᄲᅧ博박奕혁奇긔玩완애니르히博박은상뉵이
오奕혁은바독이오奇긔玩완은그특ᄒᆞᆫ보암죽ᄒᆞᆫ거시라淡담然연
히淡담은소담탄말이라즐기논배업더라
伊川先生의母侯夫人이七八歲時에誦古
詩曰女子ㅣ不夜出ᄒᆞᄂᆞ니夜出秉明燭이라ᄒᆞ고
自是로日暮則不復出房閤ᄒᆞ며既長ᄒᆞ야好

文ᄒᆞ되而不爲辭章ᄒᆞ며見世之婦女ㅣ以文章
筆札로傳於人者ᄒᆞ고則深以爲非ᄒᆞ더라
伊이川쳔先션生싱의어마님侯후夫부
人인이나히닐곱여듧인시절에녯글에
닐오되겨집이밤의나디아니ᄒᆞᄂᆞ니밤
의날적은블근燭쵹울잡으라호몰외오
고일로브터나리졈글어든다시방의나
디아니ᄒᆞ더니임의ᄌᆞ라글을됴히녀기
되글지음을아니ᄒᆞ며세샹겨집의글지
이와글쓰므로ᄂᆞᆷ의게傳뎐홈을보고깁

히버외오녀겨ᄒᆞ더라

李氏女戒에 曰貧者ᄂᆞᆫ 安其貧ᄒᆞ고 富者ᄂᆞᆫ 戒其富ㅣ니 貧不自安者ᄂᆞᆫ 恥貧而廣求ᄒᆞ니ᄂᆞ 求既不得ᄒᆞ면 怨由玆生ᄒᆞ야 室家ㅣ 相輕ᄒᆞ야 忽易情薄ᄒᆞ리라 富而不戒ᄒᆞ면 則夸勝之心이 生ᄒᆞᄂᆞ니 凌慢之容이 既彰ᄒᆞ면 和柔之色이 安在ᄒᆞ리오 棄和柔之色ᄒᆞ고 作嬌小之容ᄒᆞ면 是爲輕薄之婦人이니라

李니氏시女녀戒계예 ᄀᆞᆯ오ᄃᆡ 가난ᄒᆞ니ᄂᆞᆫ 가난홈을 편안히 녀기고 가ᄋᆞᆷ여니ᄂᆞᆫ

가ᄋᆞᆷ열믈경계ᄒᆞᆯ디니가난ᄒᆞᆷ을스스로
편안히녀기디아니ᄒᆞᄂᆞ니ᄂᆞᆫ가난을붓
그려녀비求구ᄒᆞᄂᆞ니求구ᄒᆞ다가임의
엇디못ᄒᆞ면怨원이일로말미암아나집
사ᄅᆞᆷ이서르가ᄇᆡ야이녀겨恩은이밧고
이며情정이薄박ᄒᆞ리라가ᄋᆞᆷ열고경계
아니ᄒᆞ면쟈랑ᄒᆞ며더은ᄆᆞᄋᆞᆷ이나ᄂᆞ니
업슈이녀기ᄂᆞᆫ얼굴이임의나타나면온
화ᄒᆞ며부드러운안셕이어듸이서리오
온화ᄒᆞ며부드러운안셕을ᄇᆞ리고아릿

다온얼굴을지으면이輕경薄박ᄒᆞᆫ婦부
人인이되ᄂᆞ니라
柳玭이嘗著書ᄒᆞ야戒其子弟曰壞名灾己ᄒᆞ며
辱先喪家ㅣ其失이尤大者ㅣ五ㅣ니宜深誌
之라니其一은自求安逸ᄒᆞ며靡甘澹泊ᄒᆞ야苟利
於己어든不恤人言이라ᄂᆞ니其二ᄂᆞᆫ不知儒術ᄒᆞ며
不悅古道ᄒᆞ야懵前經而不恥ᄒᆞ고論當世而解
頤ᄒᆞ야身既寡知오惡人有學이라ᄂᆞ니其三은勝
己者를厭之ᄒᆞ고佞己者를悅之ᄒᆞ야唯樂戲談
ᄒᆞ고莫思古道ᄒᆞ야聞人之善ᄒᆞ고嫉之ᄒᆞ며聞人之

惡ᄒᆞ고 揚之ᄒᆞ야 浸漬頗僻ᄒᆞ야 銷刻德義ᄒᆞ면 簪裾ㅣ 徒在ᄒᆞᆫᄃᆞᆫ 廝養何殊ㅣ리오 其四ᄂᆞᆫ 崇好優游ᄒᆞ며 耽嗜麴糱ᄒᆞ야 以銜盃로 爲高致ᄒᆞ고 以勤事로 爲俗流ᄒᆞᄂᆞ니 習之易荒이라 覺已難悔니라 其五ᄂᆞᆫ 急於名宦ᄒᆞ야 匿近權要ᄒᆞ야 一資半級을 雖或得之라도 衆怒羣猜ᄒᆞ야 鮮有存者ㅣ니라 余見名門右族이 莫不由祖先의 忠孝勤儉ᄒᆞ야 以成立之ᄒᆞ고 莫不由子孫의 頑率奢傲ᄒᆞ야 以覆墜之ᄒᆞᄂᆞ니 成立之難은 如升天ᄒᆞ고 覆墜之易ᄂᆞᆫ 如燎毛ㅣ라 言之痛心ᄒᆞ니 爾宜刻骨이니라

柳뉴玭변[唐당적 사ᄅᆞᆷ이라]이일즉글을지어그
子ᄌᆞ弟뎨ᄅᆞᆯ경계ᄒᆞ야ᄀᆞᆯ오ᄃᆡ일홈을믄
허ᄇᆞ리며몸을灾ᄌᆡ해ᄒᆞ며先션世셰를
辱욕ᄒᆞ이며집을일홈이그허믈이더옥
ᄒᆞ니다ᄉᆞ시니맛당히깁히긔디ᄒᆞᆯ꺼니
라그ᄒᆞ나흔ᄉᆞ스로편안홈을구ᄒᆞ며믉
고조홈을돌게녀기디아니ᄒᆞ야진실로
몸애利니ᄒᆞ거든사ᄅᆞᆷ의말을근심아니
홈이니라그둘재ᄂᆞᆫ션ᄇᆡ의術슐을아디
못ᄒᆞ며녯道도ᄅᆞᆯ깃거아니ᄒᆞ야녯經경

을아득호ᄃᆡ붓그리디아니ᄒᆞ고當당世
세옛일을의논홈애특을프러닐여몸이
임의아ᄂᆞᆫ거시젹고ᄂᆞᆷ의비홈이이ᄉᆞᆷ을
야쳐ᄒᆞᄂᆞ니라그셋재ᄂᆞᆫ제몸애나으니
ᄅᆞᆯ아쳐ᄒᆞ고제게아당ᄒᆞᄂᆞ니ᄅᆞᆯ깃거ᄒᆞ
야오직희롱엣말을즐기고녯道도리ᄅᆞᆯ
ᄉᆡᆼ각디아니ᄒᆞ야사ᄅᆞᆷ의어디롬으란듣
고믜여ᄒᆞ며사ᄅᆞᆷ의사오나옴으란듯고
베퍼내여기우러샤辟벽ᄒᆞᆫᄃᆡ좀기여젓
ᄃᆞᆺᄒᆞ야德덕義의ᄅᆞᆯᄉᆞᆷ와ᄇᆞ리면판복을

ᄒᆞᆫ갓두어신돌종놈과엇디다ᄅᆞ리오그
넷재ᄂᆞᆫ쇽졀업시노롬을崇슝샹ᄒᆞ야됴
히녀기며술을耽탐ᄒᆞ야즐겨잔머곰기
로벼노ᄅᆞᆫ일을삼고일브즈러니홈으로
벼용俗쇽ᄒᆞᆫ뉴ᄅᆞᆯ삼ᄂᆞ니習습셩이수이
거츠ᄂᆞᆫ디라셔ᄃᆞ라도임의뉘웃기어려
오니라그다ᄉᆞᆺ재ᄂᆞᆫ일홈난벼슬에急급
히녀겨權권셰와종요로온ᄃᆡᄀᆞ마니갓
가이ᄒᆞ야ᄒᆞᆫ가ᄌᆞ와半반품을비록혹어
더도모다怒노ᄒᆞ고모다ᄢᅴ여두어시리

젹으니라내보니일홈난가門문과노푼
겨레祖조先션의듕셩ᄒᆞ여효도ᄒᆞ여브
즈런ᄒᆞ며儉검박홈으로말믜아마ᄲᅥ成
셩立닙ᄒᆞ아니리업고子조孫손의명積
완ᄒᆞ며경率솔ᄒᆞ며奢샤치ᄒᆞ며傲오만
홈으로말미아마ᄲᅥ업터ᄇᆞ려ᄇᆞ리디아
니리업ᄂᆞ니成셩立닙ᄒᆞ기어려옴은하
놀애올옴ᄀᆞᆺ고업터ᄇᆞ려ᄇᆞ림이쉬옴은
터럭ᄉᆞ롬ᄀᆞᆺᄐᆞᆫ디라니ᄅᆞᆫ건대ᄆᆞ옴이알
프니녀희맛당히ᄲᅧ에사길디니라

漢昭烈이將終애勅後主曰勿以惡小而爲之ᄒᆞ며勿以善小而不爲ᄒᆞ라

漢한昭쇼烈렬이蜀쵹漢한님금이라 이장ᄎᆞᆺ업스실제後후主쥬昭쇼烈렬皇황帝뎨아ᄃᆞᆯ이라ᄅᆞᆯ경계ᄒᆞ야골ᄋᆞ샤ᄃᆡ사오나온거시젹다ᄒᆞ야ᄲᅥᄒᆞ디말며어딘거시젹다ᄒᆞ야ᄲᅥ아니ᄒᆞ디말라

范忠宣公이戒子弟曰人雖至愚라도責人則明ᄒᆞ고雖有聰明이라도恕己則昏ᄒᆞᄂᆞ니爾曹ᄂᆞᆫ但常以責人之心으로責己ᄒᆞ고恕己之心으로

恕人ᄒᆞ면不患不到聖賢地位也ㅣ라

范범忠튱宣션公공 일홈은純仁이니宋송적졍승이라

忠튱宣션은시회라 이子ᄌᆞ弟뎨ᄅᆞᆯ경계ᄒᆞ야골오

ᄃᆡ사ᄅᆞᆷ이비록지극히어려도사ᄅᆞᆷ칙망

ᄒᆞ기ᄂᆞᆫ볼키ᄒᆞ고비록聰총明명이이셔

도내몸졉어봄은아득ᄒᆞᄂᆞ니너희무리

ᄂᆞᆫ다만샹해사ᄅᆞᆷ칙망ᄒᆞᄂᆞᆫ모ᄋᆞᆷ으로버

몸을칙망ᄒᆞ고내몸졉어보ᄂᆞᆫ모ᄋᆞᆷ으로

버사ᄅᆞᆷ을졉어보면聖셩賢현地디位위

예니르디못ᄒᆞᆷ을근심티아니ᄒᆞ리라

孔戡이 於爲義예ᄂᆞᆫ 若嗜慾ᄒᆞ야 不顧前後ᄒᆞ고 於
利與祿則畏避退怯ᄒᆞ야 如懦夫然ᄒᆞ더라
孔공戡감이 唐당쩍 사ᄅᆞᆷ이라 올ᄒᆞᆫ 일ᄒᆞ기예ᄂᆞᆫ
즐기며욕심ᄀᆞᄐᆞ야압뒤흘도라보디아
니ᄒᆞ고利니와다ᄆᆞᆺ작녹애ᄂᆞᆫ저허避피
ᄒᆞ며믈러나겁ᄒᆞ야섭거온사ᄅᆞᆷᄀᆞᆺᄒᆞᆫ듯
ᄒᆞ더라
馬援의 兄子嚴敦이 並喜譏議ᄒᆞ야 而通輕俠
客ᄒᆞ더니 援이 在交趾ᄒᆞ야 還書誡之曰吾欲汝
曹ㅣ聞人過失ᄒᆞ고 如聞父母之名ᄒᆞ야 耳可得

聞이언뎡 口不可得言也라ᄒᆞ노 好議論人長短ᄒᆞ며 妄是非政法이 此ㅣ 吾所大惡也ㅣ니 寧死ㅣ언뎡 不願聞子孫의 有此行也라ᄒᆞ노 龍伯高ᄂᆞᆫ 敦厚周愼ᄒᆞ야 口無擇言ᄒᆞ며 謙約節儉ᄒᆞ며 廉公有威ᄒᆞ니 吾ㅣ 愛之重之ᄒᆞ야 願汝曹效之ᄒᆞ노라 杜季良은 豪俠好義ᄒᆞ야 憂人之憂ᄒᆞ며 樂人之樂ᄒᆞ야 淸濁에 無所失ᄒᆞ야 父喪致客에 數郡이 畢至ᄒᆞ니 吾ㅣ 愛之重之어니와 不願汝曹效也라ᄒᆞ노 效伯高不得이라도 猶爲謹敕之士니 所謂刻鵠不成이라도 尙類鶩者也ㅣ어니와 效季

良不得이면이陷爲天下輕薄子ㅣ니所謂畫虎不
成이면反類狗者也ㅣ니라
馬마援완의兄형의아ᄃᆞᆯ嚴엄과敦돈이
다譏긔弄ᄒᆞ며議의論ᄒᆞ기를즐겨輕경
박ᄒᆞ고호俠협ᄒᆞᆫ손을사괴더니援완이
交교趾지이ᄯᅢ일홈에이셔글월보내여경
계ᄒᆞ야ᄀᆞᆯ오ᄃᆡ내너희무리사ᄅᆞᆷ의허믈
듣고父부母모일홈들옴ᄀᆞ티ᄒᆞ야귀예
可가히시러곰들을ᄲᅮ니언뎡입에可가
히시러곰니ᄅᆞ디몯ᄒᆞ과뎌ᄒᆞ노라ᄉᆞᄅᆞᆷ

의용ᄒᆞᆫ곳과낫븐곳을즐겨議의論논ᄒᆞ
며政졍ᄉᆞ와法법령을망녕도이올ᄒᆞ니
외니흠이이나의크게아쳐ᄒᆞᄂᆞᆫ배니츌
하리죽을디언뎡子ᄌᆞ孫손의이런ᄒᆡᆼ실
이심들옴을願원티아니ᄒᆞ노라龍룡伯
빅高고사ᄅᆞᆷ의일홈이라ᄂᆞᆫ敦돈독ᄒᆞ며厚후듕
ᄒᆞ며周쥬밀ᄒᆞ며삼가ᄒᆞ야입에골ᄒᆡ욜
말이업스며謙겸양ᄒᆞ며갈략ᄒᆞ며존졀
ᄒᆞ며儉검박ᄒᆞ며청廉념ᄒᆞ며공번되고
威위엄이이시니내ᄉᆞ랑ᄒᆞ고重듕히녀

겨너희무리效효측홈을願원ᄒᆞ노라杜
두季계良량사ᄅᆞᆷ의일홈이라은豪호俠협ᄒᆞ야
올ᄒᆞᆫ일을즐겨사ᄅᆞᆷ의근심을근심ᄒᆞ며
사ᄅᆞᆷ의즐겨홈을즐겨ᄒᆞ야ᄆᆞᆯᄀᆞ며흐린
듸일흘배업서아븨喪상ᄉᆞ애손을닐위
매두어고올히다니르니내ᄉᆞ랑ᄒᆞ고重
듕히녀기거니와너희무리效효측홈을
願원티아니ᄒᆞ노라伯빅高고를效효측
ᄒᆞ야得득디못ᄒᆞ야도오히려조심ᄒᆞᄂᆞᆫ
션비되리니닐온바鵠곡을사기다가이

디몯ᄒᆞ야도오히려다왹이ᄀᆞᆺ호려니와
季계良량을效효측ᄒᆞ여得득디몯ᄒᆞ면
ᄡᅡ뎌天텬下하의輕경薄박子ᄌᆞㅣ되리
니널온바범을그리다가이디몯ᄒᆞ면도
로혀개ᄀᆞᆺ홈이니라

孝親章第二

文王之爲世子애朝於王季ᄒᆞ샤ᄃᆡ日三ᄒᆞ시더니
雞初鳴而衣服ᄒᆞ샤至於寢門外ᄒᆞ샤問內豎之
御者曰今日安否ㅣ何如오內豎ㅣ曰安이어
든文王이乃喜ᄒᆞ시며及日中又至ᄒᆞ샤亦如之

ᄒᆞ시며 及暮又至ᄒᆞ샤 亦如之ᄒᆞ더시다 其有不安節
이어시든 則內豎ㅣ 以告文王ᄒᆞ야든 文王이 色憂
ᄒᆞ샤 行不能正履ᄒᆞ더시니 王季復膳然後에야 亦復
初ㅣ러시다 食上애 必在視寒暖之節ᄒᆞ시며 食下
ㅣ어든 問所膳ᄒᆞ시고 命膳宰曰末有原이어시든 應
曰諾然後에야 退ᄒᆞ더시다
文문王왕이 世셰子ᄌᆞ 되여 겨실제 王왕
季계ᄭᅴ 뵈오샤ᄃᆡ 날마다 세번식ᄒᆞ더시
니 ᄃᆞᆰ이 처엄 울어든 옷닙으샤 寢침門문
문밧긔 니르르샤 안신하뫼션ᄂᆞᆫ이ᄃᆞ려

무러ᄀᆞᆯᄋᆞ샤ᄃᆡ오ᄂᆞᆯ安안否부ㅣ엇더ᄒᆞ
시뇨內ᄂᆡ豎슈ㅣᄀᆞᆯ오ᄃᆡ편안ᄒᆞ시이다
커든文문王왕이깃거ᄒᆞ시며낫만홈애
미처ᄯᅩ니르샤ᄯᅩ이ᄀᆞᆺ티ᄒᆞ시며나조
ᄒᆡ밋처ᄯᅩ이ᄀᆞᆺ티ᄒᆞ더시다그節졀애飮음
食식起긔居거ᄒᆞ시ᄂᆞᆫ배라편안티몯홈이겨시거든
內ᄂᆡ豎슈ㅣ뻐文문王왕ᄭᅴ솗고ᄒᆞ야든
文문王왕이ᄂᆞᆺ빗체근심ᄒᆞ샤거르실제
能능히바ᄅᆞ드듸디몯ᄒᆞ더시니王왕季
계슈라ᄅᆞᆯ도로ᄒᆞ신後후에아ᄯᅩ처엄대

로ᄒᆞ더시다슈라올을제반ᄃᆞ시시그며
더운節절次ᄅᆞᆯᄉᆞᆯ펴보시며슈라믈으ᄋᆞ
와든잡ᄉᆞ오신바ᄅᆞᆯ무르시고음식ᄀᆞ옴
아ᄂᆞ니ᄅᆞᆯ命명ᄒᆞ야ᄀᆞᄅᆞ샤ᄃᆡ나믄음식
을다시말라ᄒᆞ거시든ᄃᆡ답ᄒᆞ야닐오ᄃᆡ
그리호리이다ᄒᆞᆫ後후에야믈러오더시
다
○文王이有疾이어시든武王이不說冠帶而養
ᄒᆞ더시니文王이一飯이어시든亦一飯ᄒᆞ시며文王이
再飯이어시든亦再飯ᄒᆞ더시다

文문王왕이병이잇거시든武무王왕이
冠관帶ᄃᆡ를벗디아니ᄒᆞ야봉養양ᄒᆞ더
시니文문王왕이ᄒᆞᆫ번밥자셔든ᄯᅩᄒᆞᆫ번
밥자시며文문王왕이두번밥자셔든ᄯᅩ
두번밥자시더시다
孔子曰武王周公은其達孝矣乎ㅣ신뎌夫孝
者ᄂᆞᆫ善繼人之志ᄒᆞ며善述人之事者也ㅣ니라
踐其位ᄒᆞ야行其禮ᄒᆞ며奏其樂ᄒᆞ며敬其所尊ᄒᆞ며
愛其所親ᄒᆞ며事死如事生ᄒᆞ며事亡如事存이
孝之至也ㅣ니라

孔공子ᄌᆞ ㅣ ᄀᆞᆯᄋᆞ샤ᄃᆡ 武무王왕과 周쥬

公공은 그 ᄉᆞᆷ、達孝효도 ㅣ 신뎌 孝효 ㅣ 란

거ᄉᆞᆫ 사ᄅᆞᆷ의 ᄠᅳ들 잘 니으며 사ᄅᆞᆷ의 일을

잘 조ᄎᆞᆷ이니라 그 位위ᄅᆞᆯ 벌와 그 禮례ᄅᆞᆯ

行ᄒᆡᆼᄒᆞ며 그 음樂악을 奏주ᄒᆞ며 그 尊존

ᄃᆡᄒᆞ시던 바ᄅᆞᆯ 공경ᄒᆞ며 그 親친히ᄒᆞ시

던 바ᄅᆞᆯ ᄉᆞ랑ᄒᆞ며 죽은이 셤기ᄆᆞᆯ 사니 셤

김 ᄀᆞᆺ티ᄒᆞ며 업ᄉᆞᆫ이 셤기ᄆᆞᆯ 잇ᄂᆞᆫ이 셤김

ᄀᆞᆺ티ᄒᆞᆷ이 孝효도의 지극ᄒᆞᆷ이니라

孟子 ㅣ 曰曾子 ㅣ 養曾晳셕ᄒᆞ실ᄉᆡ 必有酒肉ᄒᆞ더

시니 將徹ᄒᆞᆯ시 必請所與ᄒᆞ며 問有餘ㅣ어든 必曰
有ㅣ라ᄒᆞ더시다 曾晳이 死커늘 曾元이 養曾子ᄒᆞᄃᆡ 必
有酒肉ᄒᆞ더니 將徹ᄒᆞᆯ시 不請所與ᄒᆞ며 問有餘ㅣ어
든 曰亡矣라ᄒᆞ니 將以復進也ㅣ러라 此ᄂᆞᆫ 所謂養
口體者也ㅣ니 若曾子則可謂養志也ㅣ니 事
親을 若曾子者ㅣ 可也ㅣ니라

孟ᄆᆡᇰ子ᄌᆞㅣ ᄀᆞᄅᆞ샤ᄃᆡ 曾증子ᄌᆞㅣ 曾증
晳셕 曾증子ᄌᆞᄂᆞᆫ 孔공子ᄌᆞ 弟뎨子ᄌᆞㅣ오 曾증晳셕은 曾증子ᄌᆞ 아바님이라
을 봉양ᄒᆞ실ᄉᆡ 반ᄃᆞ시 술과 고기를 두더
시니 쟝ᄎᆞᆺ 무ᄅᆞ올ᄉᆡ 반ᄃᆞ시 주실 바를 請

쳥ᄒᆞ시며나믄거시잇ᄂᆞ냐믓거시ᄃᆞᆫ반
ᄃᆞ시골오ᄃᆡ잇ᄂᆞ이다ᄒᆞ더시다曾증晳
셕이죽거ᄂᆞᆯ曾증元원 曾증元원은曾증子ᄌᆞ아ᄃᆞᆯ이라
이曾증子ᄌᆞᄅᆞᆯ養양호ᄃᆡ반ᄃᆞ시술과고
기ᄅᆞᆯ두더니쟝ᄎᆞᆺ무로올시주실바ᄅᆞᆯ請
쳥티아니ᄒᆞ며남은거시잇ᄂᆞ냐믓거시
ᄃᆞᆫ골오ᄃᆡ업ᄉᆞ이다ᄒᆞ니쟝ᄎᆞᆺ벼다시드
리려ᄒᆞᆷ이라이ᄂᆞᆫ닐온바입과몸만봉양
ᄒᆞᆷ이니曾증子ᄌᆞᄀᆞᆺᄒᆞᆫ이ᄂᆞᆫ可가히ᄠᅳᆺ을
봉양ᄒᆞᆫ다니ᄅᆞᆯ띠니라어버이셤김이曾

증子ᄌᆞ又ᄒᆞᆫ이可가ᄒᆞ니라

曾子ㅣ曰孝子之養老也ᄂᆞᆫ樂其心ᄒᆞ며不違其志ᄒᆞ며樂其耳目ᄒᆞ며安其寢處ᄒᆞ며以其飮食으로忠養之니是故로父母之所愛를亦愛之ᄒᆞ며父母之所敬을亦敬之니至於犬馬ᄒᆞ야도盡然이온而況於人乎아

曾증子ᄌᆞㅣᄀᆞᆯᄋᆞ샤ᄃᆡ孝효子ᄌᆞ의늘그시니봉양ᄒᆞ기ᄂᆞᆫ그ᄆᆞᄋᆞᆷ을즐기시게ᄒᆞ며그ᄠᅳᆮ을어긔우디아니ᄒᆞ며그귀눈의즐거오시게ᄒᆞ며그자시며겨심을편안

ᄒᆞ시게ᄒᆞ며그飮음食식으로ᄡᅥ튱셩되
이봉양ᄒᆞᄂᆞ니이런고로父부母모의ᄉᆞ
랑ᄒᆞ시ᄂᆞᆫ바ᄅᆞᆯᄯᅩᄒᆞᆫᄉᆞ랑ᄒᆞ며父부母모
의공경ᄒᆞ시ᄂᆞᆫ바ᄅᆞᆯᄯᅩᄒᆞᆫ공경ᄒᆞᆯ셔니개
며몰게니르러도다그리ᄒᆞᆯ거시온ᄒᆞ믈
며사ᄅᆞᆷ이ᄯᆞ녀

孔子ㅣ曰父母ㅣ生之ᄒᆞ시니續莫大焉이오君
親臨之ᄒᆞ시니厚莫重焉이로다是故로不愛其
親이오而愛他人者를謂之悖德이오不敬其親
이오而敬他人者를謂之悖禮니라

孔공子ᄌᆞㅣᄀᆞᆯᄋᆞ샤ᄃᆡ父부母모ㅣ나ᄒᆞ
시니니음이이만크니업고님금이며어
버이臨림ᄒᆞ시니厚후홈이이만重듕ᄒᆞ
니업도다이런고로그어버이ᄅᆞᆯᄉᆞ랑티
아니ᄒᆞ고다ᄅᆞᆫ사ᄅᆞᆷᄉᆞ랑ᄒᆞᄂᆞ니ᄅᆞᆯ닐오
ᄃᆡ悖패역ᄒᆞᆫ德덕이라ᄒᆞ고그어버이ᄅᆞᆯ
恭공敬경티아니ᄒᆞ고다ᄅᆞᆫ사ᄅᆞᆷ恭공敬
경ᄒᆞᄂᆞ니ᄅᆞᆯ닐오ᄃᆡ悖패역ᄒᆞᆫ禮례라ᄒᆞ
ᄂᆞ니라

○孝子之事親애居則致其敬ᄒᆞ고養則致其

樂ᄒᆞ고病則致其憂ᄒᆞ고喪則致其哀ᄒᆞ고祭則致
其嚴이니五者ㅣ備矣然後에야能事親이라ᄒᆞ니事
親者ᄂᆞᆫ居上不驕ᄒᆞ며爲下不亂ᄒᆞ며在醜不爭
이니居上而驕則亡ᄒᆞ고爲下而亂則刑ᄒᆞ고在醜
而爭則兵ᄒᆞᄂᆞ니此三者를不除ᄒᆞ면雖日用三
牲之養이라도猶爲不孝也ㅣ니라

孝효子ᄌᆞ의어버이셤김애겨실제ᄂᆞᆫ공
경을닐위고봉양홈애ᄂᆞᆫ그즐김을닐위
고病병드르심애ᄂᆞᆫ그근심을닐위고상
ᄉᆞ애ᄂᆞᆫ그슬허홈을닐위고祭제ᄉᆞ애ᄂᆞᆫ

그 嚴엄슉ᄒᆞᆷ을닐윌셰니다ᄉᆞᆺ가지ᄀᆞᄌᆞᆫ
後후에야能능히어버이를셤김이니라
어버이셤기ᄂᆞᆫ이ᄂᆞᆫ우희이셔驕교만티
아니ᄒᆞ며아래되야패亂란ᄒᆞ디아니ᄒᆞ
며동뉴에이셔ᄃᆞ토디아니ᄒᆞᄂᆞ니우희
이셔교만ᄒᆞ면패망ᄒᆞ고아래되야셔패
란ᄒᆞ면형벌닙고동뉴에이셔ᄃᆞ토면병
잠기에해ᄒᆞ이ᄂᆞ니이세가지를더디아
니ᄒᆞ면비록날마다三삼牲싱으로봉양
ᄒᆞᆷ을ᄡᅳᆯ셔라도 三삼牲싱ᄋᆞᆫ쇼와양과돋이라 오히려不

블孝효ㅣ되ᄂᆞ니라

女教에云舅姑ㅣ娶婦ᄂᆞᆫ在能孝之니苟不
能孝ㅣ면娶汝何為리오為之婦者ㅣ夙夜祗畏
ᄒᆞ야惟恐一毫ㅣ稍違其意니라舅姑之尊이其
高ㅣ猶天ᄒᆞ나必敬必恭ᄒᆞ야毋倚己賢ᄒᆞ고倘有
咎詈라도悅豫而受ㅣ니此實我愛라言敢出口
아彼東隣婦엔曾不施之ᄒᆞ고必於我親에乃
爾教之ᄒᆞ시니出言自解ᄒᆞ면即同悖逆이라但當
曲從ᄒᆞ야孝敬益力이니라或有指使ㅣ시어든聞命
即行이니雖甚勞勸이나豈敢自寧이리오安則致

養야ᄒᆞ唯恐其餒고ᄒᆞ病則致憂야ᄒᆞ衣不解帶라ᄒᆞ
後人이則倣야ᄒᆞ亦如汝爲ᄒᆞ리니身教而從이니
愼之戒之어다
女녀教교애닐오ᄃᆡ舅구姑고ㅣ며느리
어ᄃᆞ믄能능히孝효도홈애잇ᄂᆞ니진실
로能능히孝효티못ᄒᆞ면녀ᄅᆞᆯ어더ᄆᆞ슴
ᄒᆞ리오며느리된이일으며밤에공경ᄒᆞ
며저허ᄒᆞ야오직ᄒᆞᆫ터럭만이나져기그
ᄠᅳᆺ에어길가저홀디니라舅구姑고의尊
존ᄒᆞ심이그노ᄑᆞ미하ᄂᆞᆯᄀᆞᄐᆞ니반ᄃᆞ시

공경ᄒᆞ며 공슌ᄒᆞ야 제몸어 디믈믿디 말
고만일티 며ᄉᆞ지 즘이이셔도 깃거바돔
ᄉᆡ니이진실로날을ᄉᆞ랑ᄒᆞ심이라말솜
을敢감히입에내랴뎌東동녁ᄆᆞ을며느
리게ᄂᆞᆫ일즉베프디아니ᄒᆞ고반ᄃᆞ시내
親친ᄒᆞᆫ디이리ᄀᆞᆺ치시니말을내야ᄉᆞ
스로프로려ᄒᆞ면곳悖패逆역홈애ᄀᆞᆺᄒᆞᆫ
디라다만맛당히曲곡진히조차효도와
공경을더욱힘ᄡᅳᆯ셔니라혹브리시미잇
거시든命명을듣고즉시行ᄒᆡᆼ홈을더디

록甚심히슈고롭고ᄀᆞᆺ브나엇디敢감히
ᄉᆞᄉᆞ로편안호려ᄒᆞ리오安안거ᄒᆞ심애
논봉양올닐위여오직그ᄇᆡ곱프실가저
허ᄒᆞ고病병드ᄅᆞ심애논근심올닐위여
오ᄉᆡᄯᅴ롤그르디아니홀ᄯᅵ니라後후사
롬이法법바다ᄇᆡ화ᄯᅩ호녀의홈ᄀᆞᆺ티ᄒᆞ
리니몸소ᄀᆞ르쳐든좃ᄂᆞ니삼가며경계
ᄒᆞᆯᄯᅵ어다
內則에曰在父母舅姑之所ᄒᆞ야有命之어시든
應唯敬對ᄒᆞ며進退周旋에愼齊ᄒᆞ며升降出入

이揖遊ᄒᆞ며不敢噦噫嚏咳欠伸跛倚睇視ᄒᆞ며
不敢唾洟ᄒᆞ며寒不敢襲ᄒᆞ며癢不敢搔ᄒᆞ며不有
敬事ㅣ어든不敢袒裼ᄒᆞ며不涉이어든不撅ᄒᆞ며褻
衣衾을不見裏ᄒᆞ며父母唾洟를不見ᄒᆞ며冠帶
垢ㅣ어든和灰ᄒᆞ야請漱ᄒᆞ며衣裳이垢ㅣ어든和灰
ᄒᆞ야請澣ᄒᆞ며衣裳이綻裂이어든紉箴ᄒᆞ야請補綴
ᄒᆞ니라 少事長ᄒᆞ며賤事貴를共帥時니라

內則측에ᄀᆞᆯ오ᄃᆡ父부母모舅구姑고
고대이셔命명이잇거시든應응홈을설
리ᄒᆞ며공경ᄒᆞ야ᄃᆡ답ᄒᆞ며나오며므로

며두루돌옴애삼가며조심ᄒᆞ며오ᄅᆞ며
ᄂᆞ리며나며들옴애구브며펴며敢감히
피기ᄒᆞ며트림ᄒᆞ며ᄌᆞ최옴ᄒᆞ며기츰ᄒᆞ
며하외욤ᄒᆞ며기지게혀며ᄒᆞᆫ발츼드듸
며지혀며빗기보디아니ᄒᆞ며敢감히춤
바ᄐᆞ며코프디아니ᄒᆞ며치워도敢감히
더납디아니ᄒᆞ며ᄀᆞ랴와도敢감히긁디
아니ᄒᆞ며조심ᄒᆞᆯ일이잇디아니커든敢
감히메왓디아니ᄒᆞ며믈건너디아니커
든거두드디아니ᄒᆞ며솝닷ᄂᆞᆫ옷과니블

울안홀뵈디아니ᄒᆞ며父부母모춤과교
롤놈뵈디아니ᄒᆞ며冠관과셔ᄇᆡᆨ뭇거든
짓믈ᄲᅡ시셔징이다請쳥ᄒᆞ며옷과치매
ᄇᆡᆨ뭇거든짓믈ᄲᅡ샐아징이다請쳥ᄒᆞ며
옷과치매ᄲᅡ디며믜여디거든바ᄂᆞᆯ애실
새여기우며누비믈請쳥홀셔니져므니
얼운셤기며賤쳔ᄒᆞ니貴귀ᄒᆞ니셤기몰
다이룰조촐셔니라
○子婦ㅣ孝者敬者ᄂᆞᆫ父母舅姑之命을勿
逆勿怠니若飮食之어시든雖不耆나必嘗而

待ᄒᆞ며 加之衣服이어시든 雖不欲이나 必服而待ᄒᆞ며

加之事ㅣ오 人代之어시든 已雖不欲이나 姑與之

ᄒᆞ야 而姑使之라가 而後復之니라

아ᄃᆞᆯ과며느리孝효도ᄒᆞ리와공경ᄒᆞᄂᆞ

니ᄂᆞᆫ父부母모舅구姑고命명을거스리

디말며게으르디말올ᄯᅵ니만일飮음食

식을머그라커시든비록즐기디아니ᄒᆞ

나반ᄃᆞ시맛보아기ᄃᆞ리며오ᄉᆞᆯ주거시

든비록닙고져아니ᄒᆞ나반ᄃᆞ시버기

ᄃᆞ리며일올시기시고사ᄅᆞᆷ으로代ᄃᆡᄒᆞ

거시든내비록그리코져아니ᄒᆞ나아직
주어아직시기다가後후에다서홀셔니
라
曲禮에曰父母ㅣ有疾이어시든冠者ㅣ不櫛ᄒᆞ며
行不翔ᄒᆞ며言不惰ᄒᆞ며琴瑟不御ᄒᆞ며食肉不至
變味ᄒᆞ며飮酒不至變貌ᄒᆞ며笑不至矧ᄒᆞ며怒不
至詈이니疾止커시든復故ㅣ니라
曲곡禮례예ᄀᆞᆯ오ᄃᆡ父부母모ㅣ병이잇
거시든冠관ᄒᆞᆫ연ᄂᆞ니머리빗디아니ᄒᆞ
며ᄃᆞᆫ니매지에ᄒᆞ디아니ᄒᆞ며말ᄉᆞᆷ을게

을리아니ᄒᆞ며거믄고와비화ᄅᆞᆯ잡디아
니ᄒᆞ며고기ᄅᆞᆯ먹으되마시변ᄒᆞᆷ애니르
게아니ᄒᆞ며술을먹오되양지변ᄒᆞᆷ애니
르게아니ᄒᆞ며우음을닛믜옴남애니르
게아니ᄒᆞ며怒노ᄒᆞᆷ을꾸지즈매니르게
아니ᄒᆞᆯ써니병이긋치셔든녜대로도로
ᄒᆞᆯ써니라

司馬溫公이曰父母舅姑ㅣ有疾이시어든子婦
ㅣ無故ㅣ어든不離側ᄒᆞ며親調嘗藥餌而供之
ᄒᆞ고子婦ㅣ色不滿容ᄒᆞ며不戲笑ᄒᆞ며不宴遊ᄒᆞ며

舍置餘事ᄒᆞ고專以迎醫檢方合藥으로爲務ㅣ니

疾已어든復初ㅣ니라

司ᄉᆞ馬마温온公공이 골오ᄃᆡ 父부母모와 舅구姑고ㅣ 병이 잇거시ᄃᆞᆫ 아ᄃᆞᆯ과 며느리 연故고ㅣ 업거든 겨ᄐᆡ ᄠᅥ나디 아니ᄒᆞ며 親친히 藥약을 ᄀᆞᆯ라 맛보아 받ᄌᆞᆸ고 아ᄃᆞᆯ과 며느리 ᄂᆞᆺ비ᄎᆞᆯ 열굴의 ᄎᆞ디 아니케 ᄒᆞ며 戲희롱ᄒᆞ야 웃디 아니ᄒᆞ며 잔치ᄒᆞ야 노디 아니ᄒᆞ며 녀느 일을 ᄇᆞ려두고 젼혀 醫의원 맛고 方방문 상고ᄒᆞ며 藥

약지음으로힘쁠셔니병이말거시든처
엄대로도로홀셔니라
伯兪ㅣ有過ㅣ어늘 其母ㅣ笞之ᄒᆞᆫ대 泣이러니 其
母ㅣ曰他日笞에 子ㅣ未嘗泣이라가 今泣은
何也오 對曰兪ㅣ得罪에 笞常痛이러니 今母
之力이 不能使痛이라 是以泣ᄒᆞ노이다 故로 曰父
母ㅣ怒之어시든 不作於意ᄒᆞ며 不見於色ᄒᆞ야 深
受其罪ᄒᆞ야 使可哀憐이 上也ㅣ오 父母ㅣ怒之
어시든 不作於意ᄒᆞ며 不見於色이 其次也ㅣ오 父
母ㅣ怒之어시든 作於意ᄒᆞ며 見於色이 下也ㅣ

니라

伯ᄇᆡᆨ兪유ㅣ허믈이잇거ᄂᆞᆯ그어미티대

우더니그어미ᄀᆞᆯ오ᄃᆡ다ᄅᆞᆫ날의티매아

ᄃᆞᆯ이일즉우디아니ᄒᆞ다가이제우롬ᄋᆞᆫ

엇디오對ᄃᆡ답ᄒᆞ여ᄀᆞᆯ오ᄃᆡ兪유ㅣ罪죄

를어드매티심이샹해알ᄑᆞ더니이제엄

의힘이能능히ᄒᆞ여곰알ᄑᆞ게몯ᄒᆞ시ᄂᆞ

디라일로ᄡᅥ우노이다그러모로ᄀᆞᆯ오ᄃᆡ

父부母모ㅣ怒노ᄒᆞ거시든ᄠᅳᆺ에짓디아

니ᄒᆞ며ᄂᆞᆺ빗치뵈디아니ᄒᆞ야깁히그罪

죄롤밧ᄌᆞ와ᄒᆞ여곰可가히에엿비녀기

시게ᄒᆞ욤이읏듬이오父부母모ㅣ怒노

ᄒᆞ거시든ᄠᅳᆺ에짓디아니ᄒᆞ며ᄂᆞᆺ빗치뵈

디아니홈이버금이오父부母모ㅣ怒노

ᄒᆞ거시든ᄠᅳᆺ에지으며ᄂᆞᆺ빗치뵈미下하

ㅣ니라

內則에曰父母ㅣ有婢子若庶子庶孫을甚

愛之어시든雖父母ㅣ沒이라도沒身敬之ᄒᆞ야不

衰니라子ㅣ有二妾에父母ᄂᆞᆫ愛一人焉ᄒᆞ시고

子ᄂᆞᆫ愛一人焉이어든由衣服飮食과由執事

로母敢視父母所愛ᄒᆞ야 雖父母ㅣ沒이라도 不
衰니라
內내則측에 ᄀᆞᆯ오ᄃᆡ 父부母모ㅣ 죵의 난
ᄌᆞ식이어나 혹 쳡ᄌᆞ식과 쳡손ᄌᆞᄅᆞᆯ 甚심
히 ᄉᆞ랑커시든 비록 父부母모ㅣ 업스샤
도 몸이 업도록 공경ᄒᆞ야 衰쇠티 아니ᄒᆞᆯ
셔니라 아ᄃᆞᆯ이 두 쳡을 둠애 父부母모ᄂᆞᆫ
ᄒᆞᆫ 사ᄅᆞᆷ을 ᄉᆞ랑ᄒᆞ시고 아ᄃᆞᆯ은 ᄒᆞᆫ 사ᄅᆞᆷ을
ᄉᆞ랑커든 衣의服복과 飮음食식브터며
일잡옴브터ᄅᆞᆯ 父부母모 ᄉᆞ랑ᄒᆞ시ᄂᆞᆫ바

와敢감히골와말아비록父부母모ㅣ업
스샤도衰쇠티아니홀서니라
○子ㅣ甚宜其妻도라父母ㅣ不說이어시든出ᄒᆞ고
子ㅣ不宜其妻도ㅣ라父母ㅣ曰是ㅣ善事我
시ㅣ라커든子ㅣ行夫婦之禮焉ᄒᆞ야沒身不衰니라
아ᄃᆞᆯ이그안해를甚심히맛당히녀겨도
父부母모ㅣ깃거아니커시든내티고아
ᄃᆞᆯ이그안해를맛당히아니녀겨도父부
母모ㅣ니ᄅᆞ샤ᄃᆡ이날를잘셤기ᄂᆞ다ᄒᆞ시
거든아ᄃᆞᆯ이夫부婦부禮례를行ᄒᆡᆼᄒᆞ야

몸이업도록衰쇠티아니홀셔니라

○舅ㅣ沒則姑ㅣ老ㅣ니冢婦ㅣ所祭祀賓客애每事를必請於姑ᄒᆞ고介婦난請於冢婦ㅣ니라舅姑ㅣ使冢婦ㅣ어시든毋怠ᄒᆞ며不友無禮於介婦ㅣ니라舅姑ㅣ若使介婦ㅣ어시든毋敢敵耦於冢婦ᄒᆞ야不敢並行ᄒᆞ며不敢並命ᄒᆞ며不敢並坐ㅣ니라凡婦ㅣ不命適私室이어시든不敢退ᄒᆞ며婦ㅣ將有事ㅣ어든大小를必請於舅姑ㅣ니라

友우난當당作작敢감

싀아비죽으면싀어미늙ᄂᆞ니몃며느리

祭제祀ᄉᆞ와손ᄃᆡ졉ᄒᆞᄂᆞᆫ바애므릇일을
반ᄃᆞ시싀어마님ᄭᅴ請청ᄒᆞ고버근며느
리ᄂᆞᆫ몯며느리게請청홀ᄯᅵ니라싀아비
싀어미몯며느리ᄅᆞᆯ브려거시든게어르
디말며감히버근며느리게無무禮례히
말올ᄯᅵ니라싀부모ㅣ만일버근며느리
ᄅᆞᆯ브리거시든몯며느리게敢감히ᄃᆡ뎍
ᄒᆞ여ᄧᅡᆨ호려말아敢감히골와ᄃᆞᆫ니디말
며敢감히골와命명ᄒᆞᄃᆡ말며敢감히골
와안디말올ᄯᅵ니라믈읫며느리ᄉᆞᄉᆞᆺ집

의命명ᄒᆞ야가라ᄒᆞ디아니커시든敢감
히믈러가디못ᄒᆞ며며느리쟝ᄎᆞᆺ일이잇
거든굴근일이며져근일을반ᄃᆞ시스부
모ᄭᅴ請쳥ᄒᆞᆯ서니라
○父母ㅣ雖沒나ᄒᆞ시將爲善애思貽父母令
名야ᄒᆞ必果며ᄒᆞ將爲不善애思貽父母羞辱야ᄒᆞ
必不果ㅣ니라
父부母모ㅣ비록업스시나쟝ᄎᆞᆺ어딘일
을홈애父부母모ᄭᅴ어딘일홈기티믈싱
각ᄒᆞ야반ᄃᆞ시결단ᄒᆞ여ᄒᆞ며어디디아

니ᄒᆞᆫ일을ᄒᆞᆷ애父부母모ㅣ셔븟그러우며
辱욕을기팀을ᄉᆡᆼ각ᄒᆞ야반ᄃᆞ시결단히
아니홀셔니라
伊川先生이曰人이無父母면生日에當倍
悲痛이니更安忍置酒張樂ᄒᆞ야以爲樂이오라若
具慶者ᄂᆞᆫ可矣니라
伊이川쳔先션生ᄉᆡᆼ이ᄀᆞᆯᄋᆞ샤ᄃᆡ사ᄅᆞᆷ이
父부母모ㅣ업스면生ᄉᆡᆼ日일에반ᄃᆞ시
倍비히슬허홀셔니다시엇디ᄎᆞᆷ아술을
두고풍류를ᄒᆞ야써즐김을ᄒᆞ리오만일은

어버이ᄀᆞ자니ᄂᆞᆫ可가ᄒᆞ니라

禮記예曰事親호ᄃᆡ有隱而無犯ᄒᆞ며左右就養이無方ᄒᆞ며服勤至死ᄒᆞ며致喪三年이니라事君호ᄃᆡ有犯而無隱ᄒᆞ며左右就養이有方ᄒᆞ며服勤至死ᄒᆞ며方喪三年이니라事師호ᄃᆡ無犯無隱ᄒᆞ며左右就養이無方ᄒᆞ며服勤至死ᄒᆞ며心喪三年이니라

禮례記긔예ᄀᆞᆯ오ᄃᆡ어버이ᄅᆞᆯ셤교ᄃᆡ隱은숨이잇고犯범홈이업스며(隱은은그諫간을은기홈이오犯범은ᄀᆞ장諫간홈이라)左좌右우로나아가養

약홈이일뎡ᄒᆞᆫ곳이업스며일을브즈러
니ᄒᆞ야죽으매니르며거상을극진이홈
을三삼年년을홀ᄯᅢ니라님금을셤교ᄃᆡ
犯범홈이잇고隱은홈이업스며左좌右
우로나아가養양홈이일뎡ᄒᆞᆫ곳을두며
일을브즈러니ᄒᆞ야죽으매니르며거상
을긋티ᄒᆞ야三삼年년을홀ᄯᅢ니라스승
을셤교ᄃᆡ犯범홈도업스며隱은홈도업
스며左좌右우로나아가養양홈이일뎡
ᄒᆞᆫ고디업스며일을브즈러니ᄒᆞ야죽으

매니르며心심喪상을三삼年년을ᄒᆞᆯ셔
니라
司馬溫公이曰父母之喪애中門外예擇樸
陋之室ᄒᆞ야爲丈夫喪次ᄒᆞ고斬衰ᄒᆞ며寢苫ᄒᆞ며枕
塊ᄒᆞ며不脫絰帶ᄒᆞ며不與人坐焉이니라婦人은
次於中門之內別室ᄒᆞ야撤去帷帳衾褥華麗
之物이니라男子ㅣ無故ㅣ어든不入中門ᄒᆞ며婦
人이不得輒至男子喪次ㅣ니라晋陳壽ㅣ遭
父喪ᄒᆞ야有疾이어늘使婢丸藥ᄒᆞ더니客이往見
之ᄒᆞ고鄕黨이以爲貶議ᄒᆞ니坐是沉滯ᄒᆞ야坎坷

終身ᄒᆞ나 嫌疑之際ᄂᆞᆫ 不可不愼이라니
司ᄉᆞ馬마溫온公공이 ᄀᆞᄅᆞ샤ᄃᆡ 父부母
모의 거상애 中듕門문 밧긔 검박ᄒᆞᆫ 더러
운 집을 ᄀᆞᆯ희야 ᄉᆞ나희 거상ᄒᆞᆯ ᄃᆡ롤 ᄒᆞ고
斬참衰최ᄒᆞ며 斬참衰최ᄂᆞᆫ 기슭 아니 감틴 오시라 거적에
자며 ᄒᆞᆰ덩이롤 볘며 絰딜帶ᄃᆡ롤 벗디 아
니ᄒᆞ며 絰딜은 삼으로 밍ᄀᆞᄂᆞ니 머리와 허리예 ᄯᅴᄂᆞ니라 사ᄅᆞᆷ과
더블어 안ᄶᅥ 말올ᄶᅥ니라 婦부人인은 中
듕門문 안 別별室실에 잇고 帳댱이며 니
블 요ᄒᆡ 빗난 거슬 거더 업시 ᄒᆞᆯᄶᅥ니라 男

남子조ㅣ 연고업거든 中듕門문의 드디
아니ᄒᆞ며 婦부人인이 男남子조의 거상
ᄒᆞᄂᆞᆫ 디 믄득 니르디 말올서니라 晋진 陳
뎐壽수ㅣ 아비 거상을 만나 病병이 잇거
ᄂᆞᆯ 겨집죵으로 ᄒᆞ여곰 藥약 올 비븨이더
니 손이 가 보고 鄕향黨당이 벼외다 ᄒᆞᄂᆞᆫ
議의ᄂᆞᆫ 올ᄒᆞ니 이예 좌죄ᄒᆞ여 沈팀滯톄
ᄒᆞ야 몸을 ᄆᆞᄎᆞ니 嫌혐疑의로온 ᄉᆞ이ᄂᆞᆫ
가히 삼가디 아니티 몯ᄒᆞ리라
○古者애 父母之喪엔 既殯ᄒᆞ고 食粥ᄒᆞ며 齊衰

엔疏食水飮ᄒᆞ고不食菜果ᄒᆞ며父母之喪앤既
虞卒哭ᄒᆞ고疏食水飮ᄒᆞ고不食菜果ᄒᆞ며期而小
祥ᄒᆞ고食菜果ᄒᆞ며又期而大祥ᄒᆞ고食醯醬ᄒᆞ며中
月而禫ᄒᆞ고禫而飮醴酒ᄒᆞᄂᆞ니始飮酒者ㅣ先
飮醴酒ᄒᆞ고始食肉者ㅣ先食乾肉ᄒᆞ니古人이
居喪애無敢公然食肉飮酒者ㅣ러라漢昌邑
王이奔昭帝之喪ᄒᆞᆯ시居道上ᄒᆞ야不素食이러니
霍光이數其罪而廢之ᄒᆞ니라晉阮籍이負才
放誕ᄒᆞ야居喪無禮어늘何曾이面質籍於文帝
坐ᄒᆞ야曰卿은敗俗之人이니不可長也ㅣ라ᄒᆞ고因

言於帝曰公이方以孝로治天下而聽阮籍
이以重哀로飮酒食肉於公坐ᄒᆞ니宜擯四
裔ᄒᆞ야無令汚染華夏이니다ᄒᆞ니宋廬陵王義眞이
居武帝憂ᄒᆞ야使左右로買魚肉珍羞ᄒᆞ야於齋
內예別立廚帳이러니會長史劉湛이入이어늘
因命臑酒ᄒᆞ고炙車螯ᄒᆞᆫ대湛이正色曰公이當
今에不宜有此設이니이다義眞이曰旦ㅣ甚寒
ᄒᆞ니長史ᄂᆞᆫ事同一家ᄒᆞ니望不爲異ᄒᆞ라酒ㅣ
至ᄒᆞ거늘湛이起曰旣不能以禮로自處ᄒᆞ고又不
能以禮로處人이라ᄒᆞ니라 隋煬帝爲太子에居

文獻王后喪ᄒᆞ야 每朝애 令進二溢米ᄒᆞ고 而私
令外로 取肥肉脯鮓ᄒᆞ야 置竹筒中ᄒᆞ고 以蠟으로
閉口ᄒᆞ고 衣袱으로 裹而納之ᄒᆞ더라 湖南楚王馬
希聲이 葬其父武穆王之日에 猶食雞臛ᄒᆞ더니
其官屬潘起譏之曰昔애 阮籍이 居喪ᄒᆞ야
食蒸豚ᄒᆞ더니 何代無賢이리오ᄒᆞ니 然則五代之
時예 居喪食肉者를 人이 猶以爲異事ᄒᆞ니 是
流俗之弊ㅣ 其來甚近也ㅣ로다 今之士大夫ㅣ
居喪에 食肉飮酒ㅣ 無異平日ᄒᆞ며 又相從宴
集ᄒᆞ야 靦然無愧ᄒᆞ거든 人亦恬不爲怪ᄒᆞ야 禮俗之

壞ᄅᆞᆯ習以爲常ᄒᆞᄂᆞ니 悲夫ㅣ라 乃至鄙野之人
이 或初喪애 未斂되이라 親賓이 則齎酒饌ᄒᆞ야
往勞之어든 主人이 亦自備酒饌ᄒᆞ야 相與飮啜
ᄒᆞ야 醉飽連日ᄒᆞ며 及葬애 亦如之ᄒᆞ며 甚者ᄂᆞᆫ 初
喪애 作樂ᄒᆞ야 以娛尸ᄒᆞ며 及殯葬則以樂으로 導
輀車ᄒᆞ고 而號泣隨之ᄒᆞ며 亦有乘喪ᄒᆞ야 卽嫁娶
者ᄒᆞ니 噫라 習俗之難變과 愚夫之難曉ㅣ 乃
至此乎ㅣ여 凡居父母之喪者ᄂᆞᆫ 大祥之前애
皆未可飮酒食肉이니 若有疾ᄒᆞ야 暫須食飮이라
도 疾止커든 亦當復初ㅣ니 必若素食을 不能

下咽ᄒᆞ야 久而羸憊ᄒᆞ야 恐成疾者ᄂᆞᆫ 可以肉汁
及脯醢와 或肉少許로 助其滋味언뎡 不可恣
食珍羞盛饌ᄒᆞ며 及與人燕樂이니 是則雖被衰
麻ᄒᆞ나 其實은 不行喪也ㅣ니라 唯五十以上에
血氣既衰ᄒᆞ야 必資酒肉ᄒᆞ야 扶養者ᄂᆞᆫ 則不必
然爾니라 其居喪애 聽樂及嫁娶者ᄂᆞᆫ 國有正
法일ᄉᆡ 此에 不復論ᄒᆞ노라
녜 父부母모거상앳 임의 殯빈ᄒᆞ고 粥쥭
먹으며 齊ᄌᆡ衰최옌 齊ᄌᆡ衰최ᄂᆞᆫ ᄀᆞ장 사오나온 뵈로ᄒᆞᄂᆞ니
기슭감틴 옷시라 사오나온밥과믈만먹고ᄂᆞ믈

과과실을먹디아니ᄒᆞ며父부母모거상
앤임의虞우졔와卒졸哭곡ᄒᆞ고사오나
온밥과믈만먹고ᄂᆞ믈과과실을먹디아
니ᄒᆞ며돌ᄉᆡ小쇼祥샹ᄒᆞ고ᄂᆞ믈과과실
을먹으며ᄯᅩ돌ᄉᆡ大대祥샹ᄒᆞ고초와醬
쟝을먹으며ᄒᆞᆫᄃᆞᆯ을가온대두고禫담졔
ᄒᆞ고禫담졔코ᄃᆞ술을먹으니처엄술먹
ᄂᆞ니몬져ᄃᆞ술을먹고처엄고기먹ᄂᆞ니
몬져ᄆᆞᄅᆞᆫ고기ᄅᆞᆯ먹ᄂᆞ니녯사ᄅᆞᆷ이거상
애감히公공然연히고기먹으며술먹을

이업더라漢한昌창邑읍王왕이昭쇼帝
뎨거상의올셔길우히이셔소음식을아
니먹더니霍곽光광이그罪죄를혜어廢
폐ᄒᆞ니라晋진阮완籍적이지조믿고放
방탕ᄒᆞ고간대로와거상의禮례업거늘
何하曾증이文문帝뎨안ᄌᆞᆫᄃᆡ阮완籍적
를面면당ᄒᆞ야質질정ᄒᆞ여골오ᄃᆡ그ᄃᆡ
ᄂᆞᆫ풍쇽을ᄒᆞ야ᄇᆞ리ᄂᆞᆫ사ᄅᆞᆷ이라可가히
길우디못ᄒᆞᆯ거시라ᄒᆞ고因인ᄒᆞ야帝뎨
ᄭᅴᄉᆞᆯ와골오ᄃᆡ公공이보야ᄒᆞ로孝효도

로ᄡᅥ天텬下하로다ᄉᆞ리샤ᄃᆡ阮완籍적
의重듕ᄒᆞᆫ슬픔으로ᄡᅥ公공坐좌애셔술
먹으며고기먹음을허ᄒᆞ시니맛당이
四ᄉᆞ裔예예내티샤 四ᄉᆞ裔예ᄂᆞᆫ四ᄉᆞ方방ᄀᆞ이니먼ᄯᅡ히라
ᄒᆞ여곰華화夏하ᄅᆞᆯ더러여므들미업세
홀셔니이다ᄒᆞ니라 華화夏하ᄂᆞᆫ中듕華화ᄯᅡ히라 宋송
廬려陵릉王왕義의眞진이武무帝뎨의
거상의이셔左좌右우엣사ᄅᆞᆷ으로ᄒᆞ여
곰물고기며물고기며귀ᄒᆞᆫ차반을사
와齋지실안해각별히廚듀帳댱을세

윗더니 廚듀帳댱은 차반ᄆᆡᆼᄀᆞᄂᆞᆫ ᄃᆡ라 마초아 長댱史ᄉᆞ
劉뉴湛팀이 들어와 놀困인ᄒᆞ야 命명ᄒᆞ
ᄃᆡ 술 더이고 죠개구으라 ᄒᆞᆫ대 湛팀이
正졍色ᄉᆡᆨᄒᆞ야 골오ᄃᆡ 公공이 이제 當
당ᄒᆞ야 이런 베픔이 이 ᄉᆞᆷ이 맛당티 아니
ᄒᆞ니 이다 義의 眞진이 골오ᄃᆡ 아ᄎᆞᆷ이 甚
심히 치우니 長댱史ᄉᆞ는 일이 ᄒᆞᆫ 집ᄀᆞᄐᆞ
니 고이히 녀기디 아니코ᄃᆡ 벅라노라 술
이 니르거놀 湛팀이 닐어 골오ᄃᆡ 임의 能
능히 禮례로 벼스스로 處쳐티 몯ᄒᆞ고 ᄯᅩ

能능히禮례로ᄡᅧ사ᄅᆞᆷ을處쳐티몯ᄒᆞ다
ᄒᆞ니라隋슈煬양帝뎨太태子ᄌᆞ되여실
제文문獻헌皇황后후의거상니버셔每
미일아ᄎᆞᄆᆡ두좀ᄡᆞᆯ을ᄒᆞ여곰드리게ᄒᆞ
고ᄉᆞᄉᆞ로밧그로ᄒᆞ여곰ᄉᆞᆯ진고기와脯
포육과식혀ᄅᆞᆯ가져다가대통ᄡᅡ온대녀
코밀로ᄡᅧ입을막고옷보ᄒᆞ로ᄡᅡ드리더
라湖호南남楚초王왕馬마希희聲셩이
그아비武무穆목王왕葬장ᄒᆞᆯ날의오히
려ᄃᆞᆰ탕을먹더니그官관屬쇽潘반起긔

ㅣ譏긔롱ᄒᆞ야닐오ᄃᆡ녜阮완籍젹이거
상ᄒᆞ야셔ᄇᆡᆫ도틀먹더니어늬代ᄃᆡ예어
딘이업스리오ᄒᆞ니그러면五오代ᄃᆡ시
절에五오代ᄃᆡ는梁냥唐당晉진漢한周쥬ㅣ라거상ᄒᆞ야셔
고기먹ᄂᆞᆫ이를사ᄅᆞᆷ이오히려벼괴이ᄒᆞᆫ
일을삼으니이흘러온풍俗쇽의弊폐ㅣ그
오미甚심히갓갑도다이젯士ᄉᆞ大대夫
부ㅣ거상ᄒᆞ야셔고기먹으며술먹음이
샹녯날의셔달옴이업스며ᄯᅩ서르조차
잔치ᄒᆞ여모다편편이븟그림이업거든

놈도恬념연히괴이히녀기디아니ᄒᆞ
야禮례옛풍俗쇽이믄허디몰니겨버常
상ᄉᆞ롤삼으니슬프다이예더럽고야쇽
ᄒᆞᆫ사ᄅᆞᆷ의너ᄅᆞ러ᄂᆞᆫ或혹初초喪상애斂
념티못ᄒᆞ야셔도친ᄒᆞᆫ손이술과차반을
가지고가위勞로ᄒᆞ거든主쥬人인이ᄯᅩ
스스로술차반을ᄀᆞ초아서르더브러먹
어醉취ᄒᆞ며비블옴을날이連년ᄒᆞ며葬
장ᄒᆞᆯ제미처도ᄯᅩᄀᆞᆺ티ᄒᆞ며甚심ᄒᆞᆫ者자
ᄂᆞᆫ初초喪상애풍뉴ᄒᆞ야버죽엄을즐기

게ᄒᆞ며殯빈葬장ᄒᆞᆯ제미처ᄂᆞᆫ풍뉴로뻐
輀이車거ᄅᆞᆯ(輀이車거ᄂᆞᆫ송장술위라)인導도ᄒᆞ고ᄇᆞ
르지져울어조ᄎᆞ며ᄯᅩ샹ᄉᆞᄅᆞᆯ타셔곳嫁
가娶취ᄒᆞ리잇ᄂᆞ니슬프다니근풍俗속
의고티미어려옴과어린사ᄅᆞᆷ의알외기
어려옴이이러호매니ᄅᆞᆯ샤므로父부母
모의상ᄉᆞ의잇ᄂᆞ니ᄂᆞᆫ大대祥상前젼의
敢감히가히술먹으며고기먹디못ᄒᆞ리니
만일병이잇거든잠깐모롬애고기먹그
며술머글ᄭᅥ라도병이굿거든ᄯᅩ맛당이

처엄애도로홀셔니라반ᄃᆞ시만일素소
음식을能능히목의ᄂᆞ리오디못ᄒᆞ야오
래여위고憊븨ᄒᆞ여병이일새저픈者쟈
ᄂᆞᆫ可가히끄기汁즙과脯포육과젓과혹
고기죠곰애로뻐그滋ᄌᆞ味미를도올ᄲᅮᆫ
이언뎡可가히귀ᄒᆞᆫ음식과盛셩ᄒᆞᆫ반찬
을방恣ᄌᆞ히먹으며밋사ᄅᆞᆷ과과더블어잔
치ᄒᆞ며즐겨ᄒᆞ디못ᄒᆞᆯ거시니이ᄂᆞᆫ비록
거상오ᄉᆞᆯ닙어시나그實실은거상을行
ᄒᆡᆼ티아니홈이니라오작쉰以이上샹애

血혈氣긔임의衰쇠ᄒᆞ야반ᄃᆞ시숣고기
를資ᄌᆞ뢰ᄒᆞ야扶부디ᄒᆞ여칠이ᄂᆞᆫ반ᄃᆞ
시그리아니홀셔니라그거상애풍뉴드
르며밋嫁가娶츄ᄒᆞᄂᆞ니ᄂᆞᆫ嫁가ᄂᆞᆫ겨집이지아비어
듬이오娶츄ᄂᆞᆫᄉᆞ나ᄒᆡ안해어듬이라나라희正졍ᄒᆞᆫ法법
이이실ᄉᆞ이예다시의論논아니ᄒᆞ노라
顔丁이善居喪ᄒᆞ야始死애皇皇焉如有求而
弗得ᄒᆞ며既殯ᄒᆞ야ᄂᆞᆫ望望焉如有從而弗及ᄒᆞ며
既葬ᄒᆞ야ᄂᆞᆫ慨然如不及其反而息ᄒᆞ더라
顔안丁뎡이居거喪상ᄒᆞ기를잘ᄒᆞ야처

엄죽음애皇황皇황ᄒᆞ야 皇황皇황은 혜ᄡᅳᆫ양이라
求구홈이이쇼되엇디못ᄒᆞᄂᆞᆫ듯ᄒᆞ며임
의殯빈ᄒᆞ야ᄂᆞᆫ望망望망ᄒᆞ야 望망望망은다함브라ᄂᆞᆫ양이라
조차감이이쇼되밋디못ᄒᆞᄂᆞᆫ듯
ᄒᆞ며임의葬장ᄒᆞ야ᄂᆞᆫ慨개然연ᄒᆞ야 慨개然연ᄂᆞᆫ애ᄃᆞᄂᆞᆫᄡᅳ디라
그도라옴을밋디못ᄒᆞ여기
돌이ᄂᆞᆫ듯ᄒᆞ더라
濱虞令何子平이毋喪애去官고ᄒᆞ哀毁踰禮
ᄒᆞ야每哭踊애頓絶方蘇라ᄒᆞ더屬大明末애東
土ㅣ饑荒고ᄒᆞ繼以師旅시홀八年을不得營葬

ᄒᆞ야 晝夜애 號哭ᄒᆞ니 常如袒括之日ᄒᆞ야 冬不衣
絮ᄒᆞ고 夏不就淸凉ᄒᆞ며 一日以米數合으로 爲粥
ᄒᆞ고 不進鹽菜ᄒᆞ더라 所居室이 敗ᄒᆞ야 不蔽風日
이어늘 兄子伯興이 欲爲葺理ᄒᆞᆫ대 子平이 不肯
曰我ᄂᆞᆫ 情事를 未申ᄒᆞ니 天地一罪人耳라 屋
何宜覆이리오 蔡興宗이 爲會稽太守ᄒᆞ야 甚加
矜賞ᄒᆞ야 爲營塚壙ᄒᆞ니라

海ᄒᆡ虞우令령何하子ᄌᆞ平평이 엄의거
상애 그 벼슬을 ᄇᆞ리고 슬허 상케 홈을 禮
례예 넘게 ᄒᆞ야 미양 울며 ᄯᅴ 놀매 믄득 그

절ᄒᆞ엿다가보야흐로ᄡᅥ더라마초아大
대明명末말애東동녁ᄯᅡ히주려흉荒황
ᄒᆞ고군旅려ㅣ니어실시 旅려ᄂᆞᆫ군만흠이라 ᄉᆞ여
듦히룰시러곰미葬장을경營영티몯ᄒᆞ
야나지며밤의블으지져우로되당샹祖
단括괄ᄒᆞᆫ날ᄀᆡ티ᄒᆞ야 祖단은엇게메아됴이오括괄은머
리프러미음이나초상적례라 겨으레소옴둔오슬닙디
아니ᄒᆞ고녀름에서늘ᄒᆞᆫ되가디아니ᄒᆞ
며ᄒᆞᄅᆞᆺᄡᆞᆯ두어홉으로ᄡᅥ粥쥭을ᄆᆡᆼᄀᆞᆯ고
소곰과ᄂᆞᄆᆞᆯ을먹디아니ᄒᆞ더라사ᄂᆞᆫ바

집이ᄒᆞ야더ᄇᆞ람과ᄒᆡ롤ᄀᆞ리오디못ᄒᆞ
거ᄂᆞᆯ兄형의아ᄃᆞᆯ伯ᄇᆡᆨ興흥이爲위ᄒᆞ야
葺즙理리코져ᄒᆞᆫ대子ᄌᆞ平평이즐기디
아니ᄒᆞ야닐오ᄃᆡ나ᄂᆞᆫᄠᅳᆮ에일을펴디못
ᄒᆞ야시니天텬地디예ᄒᆞᆫ罪죄人인이라
집을엿디맛당히더프리오蔡채興흥宗
종이會회稽계太태守슈ㅣ되여甚심히
어엿비녀기며과ᄀᆞ호이녀김을더어爲위
ᄒᆞ야무덤을일오니라

昏禮章第三

昏儀예曰昏禮者ᄂᆞᆫ將合二姓之好ᄒᆞ야上以
事宗廟ᄒᆞ고而下以繼後世也ㅣ라故로君子ㅣ
重之ᄒᆞᄂᆞ니是以로昏禮예納采와問名과納
吉와納徵과請期ᄅᆞᆯ皆主人이筵几於廟ᄒᆞ고
而拜迎於門外ᄒᆞ야入ᄒᆞ야揖讓而升ᄒᆞ야聽命於
廟ᄒᆞᄂᆞ니所以敬慎重正昏禮也ㅣ라

昏혼儀의예ᄅᆞᆯ오ᄃᆡ昏혼인禮례ᄂᆞᆫ장ᄎᆞᆺ
두姓셩의됴흠을合합ᄒᆞ야우흐론ᄡᅧ宗
종廟묘ᄅᆞᆯ셤기고아래론ᄡᅧ後후世셰ᄅᆞᆯ
닛게ᄒᆞᄂᆞᆫ디라故고로君군子ᄌᆞㅣ重듕

히ᄒᆞᄂᆞ니일로婚혼인禮례예納납采
채와納납采채ᄂᆞᆫ기러기드려ᄅᆞᆯ희ᄂᆞᆫ禮례라問문名명과問문
名명은겨집의난어미일홈믈옴이라納납吉길와納납吉길ᄂᆞᆫ됴
ᄒᆞᆫ점ᄂᆞ복드림이라納납徵딩과納납徵딩은幣폐帛빅드려혼
인보람홈이라請청期긔홈몰請청期긔ᄂᆞᆫ혼인ᄒᆞᆯ날을請청홈이
라다主쥬人인이廟묘애돗ᄭᅴ며几궤노
코廟묘ᄂᆞᆫ祠ᄉᆞ堂당이라門문밧긔절ᄒᆞ야마자드
러揖읍ᄒᆞ야辭ᄉᆞ양ᄒᆞ야올라廟묘애命
명을듯ᄂᆞ니命명은사회집말이라婚혼인禮례
ᄅᆞᆯ공敬경ᄒᆞ며삼가며重듕히ᄒᆞ며正정

히ᄒᆞᄂᆞᆫ배니라
○敬愼重正而后야에親之ᄂᆞᆫ禮之大體니而
所以成男女之別ᄒᆞ야而立夫婦之義也ㅣ라男
女ㅣ有別而后야에夫婦ㅣ有義ᄒᆞ고夫婦ㅣ有
義而后야에父子ㅣ有親ᄒᆞ고父子ㅣ有親而后
야에君臣이有正ᄒᆞᄂᆞ니故로曰昏禮者ᄂᆞᆫ禮之
本也ㅣ라、
공敬경ᄒᆞ며삼가며重듕히ᄒᆞ며正졍ᄒᆞᆫ
後후에야親친ᄒᆞᆷ은禮례의大대體톄니
ᄉᆞ나희와겨집의분別별ᄒᆞ욤을일워夫

부婦부의義의ᄅᆞᆯ세욤이라ᄉᆞ나희와겨
집이분별ᄒᆞ욤이이신後후에야夫부婦
부ㅣ義의잇고夫부婦부ㅣ義의이신後
후에야아비와아ᄃᆞᆯ이親친ᄒᆞ욤이잇고
아비와아ᄃᆞᆯ이親친ᄒᆞ욤이이신後후에
야님금과臣신하ㅣ正정히ᄒᆞ욤이잇ᄂᆞ
니故고로골오ᄃᆡ昏혼인禮례ᄂᆞᆫ禮례의
本본이라

禮記예曰夫昏禮ᄂᆞᆫ萬世之始也ㅣ니取於異
姓은所以附遠厚別也ㅣ니라幣必誠ᄒᆞ고辭無

不腆ᄒᆞ야告之以直信ᄒᆞᄂᆞ니信은事人也ㅣ며信
은婦德也ㅣ라니一與之齊ᄒᆞ면終身不改ᄒᆞᄂᆞ니
故로夫死ᄒᆞ야도不嫁ᄒᆞᄂᆞ니라男子ㅣ親迎ᄒᆞ야男
先於女ᄂᆞᆫ剛柔之義也ㅣ니天先乎地ᄒᆞ며君先
乎臣이其義一也ㅣ라執摯ᄒᆞ야以相見은敬章
別也ㅣ라니男女ㅣ有別然後에야父子ㅣ親ᄒᆞ며
父子ㅣ親然後에야義生ᄒᆞ며義生然後에야禮作
ᄒᆞ며禮作然後에야萬物이安ᄒᆞᄂᆞ니無別無義ᄂᆞᆫ
禽獸之道也ㅣ라

禮례記긔예골오ᄃᆡ昏혼인ᄒᆞᄂᆞᆫ禮례ᄂᆞᆫ

萬만世세의비로소姓셩에取
췌ᄒᆞ욤은버면이로븟조ᄎᆞ며분別별홈
을두터이ᄒᆞᄂᆞᆫ배니라幣폐를반ᄃᆞ시졍
셩되이ᄒᆞ며말ᄉᆞᆷ을두터이아니홈이업
시ᄒᆞ야告고ᄒᆞᄃᆡ直딕과信신으로버ᄒᆞ
ᄂᆞ니信신은사ᄅᆞᆷ을셤기며信신은겨집
의德덕이니라ᄒᆞᆫ번더브러기ᄌᆞ이ᄒᆞ면
몸이ᄆᆞᆺᄃᆞ록고티디아니ᄒᆞᄂᆞ니故고로
지아비죽어도키嫁가아니ᄒᆞᄂᆞ니라男
남子ᄌᆞㅣ親친히마자ᄉᆞ나희겨집의게

몬져ᄒᆞ모로剛강과柔유ᄅᆞᆯ엇ᄃᆞ디니하ᄂᆞᆯ히
섀해몬져ᄒᆞ며님금이臣신하에몬져홈
이그ᄠᅳᆺ이ᄒᆞᆫ가지라摯지굴자바摯지ᄂᆞᆫ기러기
라ᄡᅥ서르봄은공敬경ᄒᆞ야분별홈을뵐
킴이라男남女녀ㅣ분별홈이이신後후
에야아비와아ᄃᆞᆯ이親친ᄒᆞ며아비와아
ᄃᆞᆯ이親친ᄒᆞᆫ後후에야義의나며義의난
後후에야禮례일며禮례인後후에야萬
만物믈이편안ᄒᆞᄂᆞ니분별ᄒᆞ욤이업스
며義의업슴은禽금獸슈의道도ㅣ라

王吉이上疏曰夫婦ᄂᆞᆫ人倫大綱이니夭壽之
萌也ㅣ라世俗이嫁娶太蚤ᄒᆞ야未知爲人父母
之道而有子ᄒᆞᄂᆞ니是以로教化ㅣ不明而民
多夭ᄒᆞᄂᆞ니이다

王왕吉길이疏소ᄅᆞᆯ올려ᄀᆞᆯ오ᄃᆡ夫부婦
부ᄂᆞᆫ人인倫륜의큰綱강領령이니단명ᄒᆞ
며댱슈ᄒᆞᄂᆞᆫ萌밍아ㅣ라世세俗쇽이嫁
가娶취ᄒᆞᆷ을ᄀᆞ장일ᄒᆞ야사ᄅᆞᆷ의父부母
모될道도ᄅᆞᆯ아디몯ᄒᆞ야셔子ᄌᆞ식이잇
ᄂᆞ니일로ᄡᅥ教교化화ㅣᄇᆞᆰ디몯ᄒᆞ며ᄇᆡᆨ

셩이만히일죽ᄂᆞ니이다

文中子ㅣ曰婚娶而論財ᄂᆞᆫ夷虜之道也ㅣ니 君子ㅣ不入其鄕ᄒᆞᄂᆞ니라 古者애 男女之族이 各擇德焉이언뎡 不以財로 爲禮ᄒᆞ더니라

文문中듕子ᄌᆞㅣ ᄀᆞᆯ오ᄃᆡ 婚혼娶취ᄒᆞᆯ제 財ᄌᆡ믈의論논ᄒᆞᆷ은 오랑캐의道도ㅣ니 君군子ᄌᆞㅣ 그ᄆᆞ올희드디아니ᄒᆞᄂᆞ니라 녜ᄉᆞ나희와겨집의族족뉴ㅣ 각각德덕을ᄀᆞᆯ힐ᄲᅮᆫ이언뎡ᄌᆡ믈로ᄡᅥ禮례ᄅᆞᆯ삼다아니ᄒᆞ더니라

○早婚少聘은教人以偸오妾媵無數논教
人以亂ᄒᆞ이且貴賤이有等ᄒᆞ니一夫一婦논庶
人之職也라
일婚혼인ᄒᆞ며져머셔미聘빙홈은사ᄅᆞᆷ
을偸투박홈으로ᄡᅥᄀᆞᄅᆞ침이오妾쳡媵
잉을數수업시홈은사ᄅᆞᆷ을어즈러옴으
로ᄡᅥᄀᆞᄅᆞ침이니ᄯᅩ貴귀ᄒᆞ니와賤쳔ᄒᆞ
니차等등이잇ᄂᆞ니ᄒᆞᆫ지아비ᄒᆞᆫ겨집은
庶서人인의職직분이라
司馬温公이曰凡議婚姻ᄃᆡ호當先察其壻與

婦之性行과 及家法이 何如고ᄒᆞ 勿苟慕其富貴라니 壻ㅣ 苟賢矣면 今雖貧賤ᄒᆞᆫ들 安知異時예 不富貴乎오ㅣ리 苟爲不肖ㅣ면 今雖富盛ᄒᆞᆫ들 安知異時예 不貧賤乎오ㅣ리 婦者ᄂᆞᆫ 家之所由盛衰也ㅣ니 苟慕一時之富貴而娶之ᄒᆞ면 彼挾其富貴ᄒᆞ야 鮮有不輕其夫而傲其舅姑ᄒᆞ니 養成驕妬之性ᄒᆞ면 異日爲患이 庸有極乎ㅣ리오 借使因婦財ᄒᆞ야 以致富ᄒᆞ며 依婦勢ᄒᆞ야 以取貴ᄒᆞᆫ들 苟有丈夫之志氣者ᄂᆞᆫ 能無愧乎아

司ᄉᆞ馬마溫온公공이 ᄀᆞᆯ오ᄃᆡ 므릇 婚혼

姻인을議의논ᄒᆞ듸맛당이몬져그사회
와다ᄆᆞᆺ며느리의性셩식과힝실과밋그
집法법이엇더홈을ᄉᆞᆯ피고苟구차히그
가옴열며貴귀홈을ᄉᆞ慕모티말올써니
라사회진실로어딜면이제비록貧빈賤
쳔ᄒᆞᆫ돌다ᄅᆞᆫ시절에富부貴귀티아니ᄒᆞᆯ
줄을엇다알리오진실로不블肖쵸ᄒᆞ면
이제비록富부盛셩ᄒᆞᆫ돌다ᄅᆞᆫ시절에貧
빈賤쳔티아니ᄒᆞᆯ줄을엇디알리오며느
리라ᄒᆞᆫ거슨집의말믜아마盛셩ᄒᆞ며衰

쇠ᄒᆞᄂᆞᆫ배니진실로一일時시예富부貴
귀ᄅᆞᆯ스모ᄒᆞ야娶취ᄒᆞ면뎨그富부貴귀
ᄅᆞᆯ쎠셔그지아비ᄅᆞᆯ가븨야이녀기며그
삭아비싀엄의게傲오만티아니ᄒᆞ리져
그니驕교만ᄒᆞ며새옴ᄒᆞᄂᆞᆫ性셩식을養
양ᄒᆞ야일우면다ᄅᆞᆫ날애患환되옴이엇
서極극이이시리오가ᄉᆞᄒᆞ여곰겨집의
지믈을因인ᄒᆞ야뻐가옴열옴을닐위며
겨집의勢셰ᄅᆞᆯ의지ᄒᆞ여貴귀호믈取취
ᄒᆞᆫ돌진실로丈댱夫부의ᄠᅳᆮ과그운을듯

눈者쟈ㅣ대能능히붓그러옴이업스랴

安定胡先生이曰嫁女호ᄃᆡ必須勝吾家者ㅣ니勝吾家則女之事人이必欽必戒ᄒᆞ리라娶婦호ᄃᆡ必須不若吾家者ㅣ니不若吾家則婦之事舅姑ㅣ必執婦道ᄒᆞ리라

安안定뎡胡호先션生ᄉᆡᆼ이ᄀᆞᆯ오ᄃᆡᄯᆞᆯ혼인홈을반ᄃᆞ시모로매내집도곤나으니로홀ᄯᅵ니내집의셔나으면ᄯᆞᆯ의사ᄅᆞᆷ셤교미반ᄃᆞ시공경ᄒᆞ며반ᄃᆞ시조심ᄒᆞ리라며느리롤어드되반ᄃᆞ시모로매내집

만ᄌᆞ디몯ᄒᆞ니ᄅᆞᆯ홀ᄭᅥ니내집만ᄀᆞ디몯
ᄒᆞ면며ᄂᆞ리의舅구姑고셤교미반ᄃᆞ시
며ᄂᆞ릐道도리ᄅᆞᆯ잡으리라

士昏禮예曰父ㅣ醮子에命之曰往迎爾相
ᄒᆞ야承我宗事호뎌勗帥以敬ᄒᆞ야先妣之嗣ㅣ니若
則有常ᄒᆞ라子ㅣ曰諾ᄒᆞ이다惟恐弗堪이어니와不
敢忘命호리이다父ㅣ送女ᄒᆞᆯ시命之曰戒之敬之
ᄒᆞ야夙夜無違命ᄒᆞ라母ㅣ施衿結帨曰勉之敬
之ᄒᆞ야夙夜無違宮事ᄒᆞ라庶母ㅣ及門內ᄒᆞ야施
鞶ᄒᆞ고申之以父母之命ᄒᆞ야命之曰敬恭聽ᄒᆞ야

宗爾父母之言ᄒᆞ야夙夜無愆ᄒᆞ야視諸衿鞶ᄒᆞ라

士ᄉᆞ昏혼禮례예ᄀᆞᆯ오ᄃᆡ아비아ᄃᆞᄅᆞᆯ醮

초ᄒᆞᆯ제 醮초ᄂᆞᆫ아ᄃᆞᆯ婚혼姻인ᄒᆞᆯ제술먹겨보내ᄂᆞᆫ례라 命명ᄒᆞ

야ᄀᆞᆯ오ᄃᆡ가너도ᄋᆞ리ᄅᆞᆯ마자우리宗종

묘일을니ᄋᆞ되힘ᄡᅥ공敬경ᄋᆞ로ᄡᅥ거ᄂᆞ

려어미ᄅᆞᆯ니ᄋᆞ리니네곳덛덛홈을두라

아ᄃᆞᆯ이ᄀᆞᆯ오ᄃᆡ그리호리이다오직몯이

길가저허ᄒᆞ옵거니와敢감히命명을닛

디아니호리이다아비ᄯᆞᆯ을보낼제命명

ᄒᆞ야ᄀᆞᆯ오ᄃᆡ조심ᄒᆞ며공경ᄒᆞ야일져므

리ᄒᆞ야命명을어긔롯디말라어미ᄯᅳ들
ᄯᅳ이고슈권미고골오ᄃᆡ힘ᄡᅳ며공경ᄒᆞ
야일져므리ᄒᆞ야집일을어긔롯디말라
庶셔母모ㅣ門문안해미처ᄂᆞ못치이고
父부母모의命명으로ᄲᅧ다시ᄒᆞ야命명
ᄒᆞ야골오ᄃᆡ공경ᄒᆞ야ᄃᆞᆺ조와네父부母
모의말ᄉᆞᆷ을읏듬삼아일져므리ᄒᆞ야허
믈이업게ᄒᆞ야ᄯᅴ와ᄂᆞ못출보라
孔子ㅣ曰婦人은伏於人也ㅣ니是故로無專
制之義ᄒᆞ고有三從之道ᄒᆞ니在家ᄒᆞ야는從父ᄒᆞ고

適人ᄒᆞ야 從夫ᄒᆞ고 夫死ᄒᆞ거든 從子ᄒᆞ야 無所敢自
遂也ㅣ니라 敎令을 不出閨門ᄒᆞ며 事在饋食之
閒而已矣니라 是故로 女ᄂᆞᆫ 及日乎閨門之內
ᄒᆞ고 不百里而奔喪ᄒᆞ며 事無擅爲ᄒᆞ며 行無獨成
ᄒᆞ며 參知而後에 動ᄒᆞ며 可驗而後에 言ᄒᆞ며 晝不
遊庭ᄒᆞ며 夜行以火ㅣ니 所以正婦德也ㅣ라 女
ㅣ有五不取ᄒᆞ니 逆家子를 不取ᄒᆞ며 亂家子를
不取ᄒᆞ며 世有刑人이어든 不取ᄒᆞ며 世有惡疾이어
든 不取ᄒᆞ며 喪父長子를 不取ㅣ니라 婦ㅣ有七
去ᄒᆞ니 不順父母ᄒᆞ거든 去ᄒᆞ며 無子ᄒᆞ거든 去ᄒᆞ며 淫ᄒᆞ거든 去

ᄒᆞ며 妬거든 去ᄒᆞ며 有惡疾거든 去ᄒᆞ며 多言거든 去ᄒᆞ며 竊
盜거든 去ㅣ니라 有三不去ᄒᆞ니 有所取ㅣ오 無所歸
어든 不去ᄒᆞ며 與更三年喪이어든 不去ᄒᆞ며 前貧賤
ᄒᆞ고 後富貴어든 不去ㅣ니라 凡此는 聖人이 所以
順男女之際ᄒᆞ시며 重婚姻之始也ㅣ시니라
孔공子ᄌᆞㅣ ᄀᆞᆯᄋᆞ샤ᄃᆡ 婦부人인은 사ᄅᆞᆷ
의게 굴복ᄒᆞᄂᆞᆫ 거시니 이런 故고로 오로
디 制제 단ᄒᆞᆯ 義의 업고 세가짓 좃ᄂᆞᆫ 道도
리 잇ᄂᆞ니 집의 이셔ᄂᆞᆫ 아비ᄅᆞᆯ 좃고 사ᄅᆞᆷ
의게 가ᄂᆞᆫ 지아비ᄅᆞᆯ 좃고 지아비 죽거든

아ᄃᆞᆯ을조차敢감히스스로일오ᄂᆞᆫ배업
스니라그걸울閨규門문에내디아니ᄒᆞ
며일이음식을이밧ᄂᆞᆫᄉᆞ이예이실ᄯᆞ름
이니라이런故고로겨집은閨규門문안
해셔날을졈을오고百ᄇᆡᆨ里리나에奔분喪
상ᄒᆞ디아니ᄒᆞ며일을쳔조ᄒᆞ야홈이업
스며ᄒᆡᆼ실이홀로일옴이업스며參참예
ᄒᆞ야안後후에움조기며可가히증驗험
ᄒᆞ염즉ᄒᆞᆫ後후에니ᄅᆞ며나지ᄠᅳᆯ헤노디
아니ᄒᆞ며밤의ᄃᆞᆫ닐제블로벼홀서니벼

겨집의德덕을正정케ᄒᆞᄂᆞᆫ배니라겨집
이다ᄉᆞᆺ取취티아니홈이잇ᄂᆞ니반逆역
ᄒᆞᆫ집ᄌᆞ식을取취티말며어즈러온집ᄌᆞ
식을取취티말며뉘마다罪죄닙은사ᄅᆞᆷ
이잇거든取취티말며뉘마다사오나온
病병이잇거든取취티말며아비일흔ᄆᆞᆺ
ᄌᆞ식을取취티말올써니라겨집의닐곱
가지내틸이잇ᄂᆞ니父부母모ᄭᅴ順슌티
아니커든내티며아ᄃᆞᆯ업거든내티며淫
음란커든내티며새옴ᄒᆞ거든내티며사

오나온병잇거든내티며말솜하거든내
티며도적질ᄒᆞ거든내틸ᄯᅢ니라세가지
내티디아니미잇ᄂᆞ니敢감ᄒᆞᆫ배잇고갈
배업거든내티디말며더브러三삼年년
喪상을디내여든내티디말며몬져貧빙
賤쳔ᄒᆞ고後후에富부貴귀커든내티디
말올ᄯᅢ니라므릇이ᄂᆞᆫ聖셩人인이ᄡᅥ男
남女녀ᄉᆞ이ᄅᆞᆯ順슌케ᄒᆞ시며婚혼姻인
의비로솜을重듕히ᄒᆞᄂᆞᆫ배시니라

內訓卷第一 終

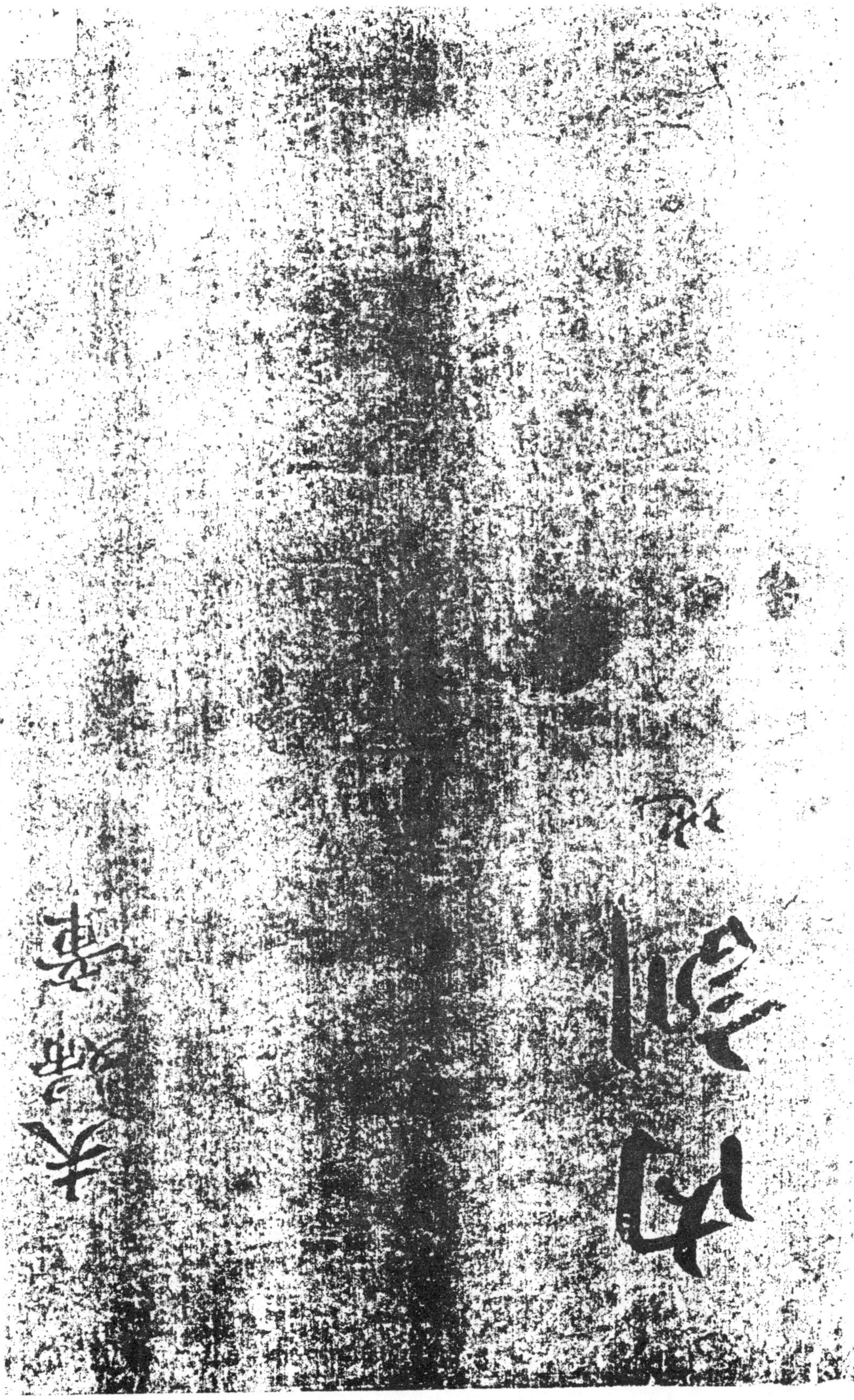

內訓卷第二

夫婦章第四

女教애云妻雖云齊나夫乃婦天이라禮當敬事호ᄃᆡ如其父焉이니卑躬下意ᄒᆞ야毋妄尊大ᄒᆞ며唯知順從이오不敢違背나聽其教戒호ᄃᆡ如聞聖經ᄒᆞ며實其身體호ᄃᆡ若珠與瓊ᄒᆞ야戰兢自守ㅣ니敢曰縱肆아已尚不有ㅣ어니何物을敢恃리오夫苟有過ㅣ어든妻曲諫之호ᄃᆡ陳說利害ᄒᆞ야和容婉辭ㅣ니夫若盛怒ㅣ어든悅則復諫ᄒᆞ야雖殺箠鞭이라도安敢怨恨이리오夫職은當尊ᄒᆞ고

而妻는爲卑라或毆或詈乃公之宜니我爲
敢答이며我焉敢怒ㅣ리오籍以偕老ㅣ라匪一日
故ㅣ라니纖毫之事를必當稟聞이니豈敢自專
이리오專則非人이라니夫家有失을勿告父母
ㅣ니徒貽親憂ㅣ라告亦何補ㅣ리오嫁旣曰歸ᄒᆞ얀
死生以之니若是紛紜이면馬牛不如ㅣ라니欲
家之興인댄曰和與順이니何以致斯오又在乎
敬ᄒᆞ라니

女녀敎교애닐오ᄃᆡ안해ᄅᆞᆯ비록ᄒᆞᆫ가지
라니ᄅᆞ나지아비ᄂᆞᆫ겨집의하ᄂᆞᆯ히라禮

례로맛당이공경ᄒᆞ야셤교ᄃᆡ그아비ᄀᆞᆺ
티홀ᄯᅵ니몸을ᄂᆞᆺ조기ᄒᆞ며ᄠᅳᆺ을ᄂᆞ리와
망녕되이尊존코큰양말며오직順슌從
죵홈을알고敢감히어긔룻처비반티말
올셔니ᄀᆞᄅᆞ치며경계홈을드로ᄃᆡ聖셩
인의글드롬ᄀᆞᆺ티ᄒᆞ며그몸을보비로이
녀교ᄃᆡ진쥬와다ᄆᆞᆫ구슬ᄀᆞᆺ티ᄒᆞ야저허
스스로守슈홀ᄯᅵ니敢감히골오ᄃᆡ노하
펴ᄇᆞ리랴몸도오히려두디아니커니므
슴거ᄉᆞᆯ敢감히미드리오지아비진실로

허믈이잇거든委위曲곡히諫간호ᄃᆡ利
니害해ᄅᆞᆯ펴닐러얼굴을溫온和화히ᄒᆞ
며말ᄉᆞᆷ을婉완슌히홀셔니지아비만일
ᄀᆡ장怒노ᄒᆞ야ᄒᆞ거든깃거효즉다시諫
간ᄒᆞ야비록티믈닙어도엇디敢감히怨
원恨흔ᄒᆞ리오지아비소임은맛당이尊
존ᄒᆞ고겨집은ᄂᆞᄌᆞᆫ디라혹티며혹ᄭᅮ지
즘이이예公공의맛당이홀거시니내엇
디敢감히디答답ᄒᆞ며내엇디敢감히忿
노ᄒᆞ리오의지ᄒᆞ야ᄇᆡ홈ᄶᅴ늘글디라ᄒᆞ

릇연과아니니라터럭만ᄒᆞᆫ일을반ᄃᆞ시
쥬품ᄒᆞ고알외올셔니엇디敢감히스ᄉᆞ
로ᄆᆞ옴대로ᄒᆞ리오ᄆᆞ옴대로ᄒᆞ면사ᄅᆞᆷ
이아니니라지아비집허믈을父부母모
ᄡᅥᄇᆞ릴디말올셔니ᄒᆞᆫ갓어버의시름을
기티ᄂᆞᆫ디라니ᄅᆞᆫ돌ᄯᅩᄒᆞᆫ모서시補보ᄒᆞ
리오자아비ᄅᆞᆯ어더임의도라가ᄂᆞᆫ죽으
며살옴으로ᄡᅥ홀셔니 겨집은지아비집을제집사믈시지
아비어드믈도라가다ᄒᆞᄂᆞ니라 만일이에어ᄌᆞ러오면
몰과쇼만끈디몸ᄒᆞ니라집을닐게ᄒᆞ고

져ᄒᆞᆯ션댄 골오ᄃᆡ 和화ᄒᆞᆷ과 順슌ᄒᆞᆷ패니
므서ᄉᆞ로뼈 이에 닐위리오 ᄯᅩ 공경ᄒᆞᆷ애
잇ᄂᆞ니라

○夫婦之道ᄂᆞᆫ參配陰陽ᄒᆞ며通達神明ᄒᆞ니信
天地之弘義며人倫之大節也ㅣ라是以로禮
貴男女之際ᄒᆞ고詩著關雎之義ᄒᆞ니由斯言之
컨댄不可不重也ㅣ라夫不賢則無以御婦ㅣ오婦
不賢則無以事夫ㅣ며夫不御婦ᄒᆞ면則威儀廢
壞ᄒᆞ고婦不事夫ᄒᆞ면則義理隳闕ᄒᆞ니리方斯二
者컨댄其用이一也ㅣ라察今之君子ᄒᆞᆫ딘徒知妻

婦之不可不御와威儀之不可不整시홀故로
訓其男ᄒᆞ야檢以書傳ᄒᆞ고殊不知夫主之不可
不事와禮義之不可不存也ᄒᆞ야但教男而不
教女ᄒᆞ니亦蔽於彼此之數乎ᅟᅵ뎌禮예八歲
예始教之書ᄒᆞ고十五而志於學矣ᄂᆞ니獨不可
依此ᄒᆞ야以為則哉아

夫부婦부의道도ᄂᆞᆫ陰음과陽양의마ᄌᆞ
며神신明명에ᄉᆞ뭇ᄎᆞ니진실로하ᄂᆞᆯ과
ᄯᅡ희큰義의며人인倫륜의큰ᄆᆞ듸라이
러모로ᄡᅥ禮례예男남女녀ᄉᆞ이ᄅᆞᆯ貴귀

히녀기고 詩시예 關관雎저義의ᄅᆞᆯ 나타

내니 關관雎저ᄂᆞᆫ 毛모詩시篇편 일홈이니 關관關관은 암쉬 서르 和화히 우ᄂᆞᆫ 소

리오 雎저鳩구ᄂᆞᆫ 믈엣새 일홈이니 ᄧᅡᆨ을 일뎡ᄒᆞ야 서르 어ᄌᆞ러이 아니ᄒᆞ며 둘히

샹해 ᄅᆞᆷ와 놀오되 서로 졉아이 아니ᄒᆞ야 ᄯᅳᆺ이 조지 極극ᄒᆞ되 ᄀᆞ히 옴이 잇ᄂᆞ니라

周쥬文문王왕이 나시며 聖성德덕이 겨시고 ᄯᅩ 聖셩女녀 姒ᄉᆞ氏시ᄅᆞᆯ 어드샤 配

비匹필을 삼아 싀ᄂᆞᆯ 宮궁中듕 사ᄅᆞᆷ이 그 처엄 오실 제 幽유閑한貞뎡靜졍ᄒᆞᆫ 德덕

이 겨실시 詩시ᄅᆞᆯ 지어 블오되 서르 和화樂락ᄒᆞ시며 恭공敬경ᄒᆞ샤미 雎저鳩

구 ᄀᆞᆺᄒᆞ시다 ᄒᆞ니라 幽유ᄂᆞᆫ 기프심이오 閑한온 閑한雅아홈이오 貞뎡온 일뎡ᄒᆞᆷ

이오 靜졍온 安안靜졍홈이라 이ᄅᆞᆯ 말미암아 니ᄅᆞ건댄

可가히 重듕히 녀기디 아니티 몯ᄒᆞ리라

지아비어디디몸ᄒᆞ면겨집을거느리디
몸ᄒᆞ고겨집이어디디몸ᄒᆞ면지아비를
셤기디몸ᄒᆞ며지아비겨집을거느리디
몸ᄒᆞ면威위儀의ᄒᆞ야디고ᄂᆞᆫ威위儀의거동이
식식ᄒᆞ고법바담족ᄒᆞᆷ이라겨집이지아비롤셤기디
몸ᄒᆞ면義의理니믄허디리니이두일을
비기건댄그빰이ᄒᆞᆫ가지라이젯君군子ᄌᆞ
ᄅᆞᆯ본된ᄒᆞᆫ갓겨집을거느리디아니티
몸ᄒᆞᆷ과威위儀의ᄅᆞᆯ整정졔아니티몸ᄒᆞᆯ
줄을알ᄊᆡ그아ᄃᆞᆯ을ᄀᆞᄅᆞ쳐글로뻐검속

ᄒᆞ고지아비롤아니셤기디몯ᄒᆞ욤과禮례義의를두디아니ᄒᆞ디몯홀줄을ᄀᆞ장아디몯ᄒᆞ야ᄒᆞᆫ갓아ᄃᆞᆯ을ᄀᆞᄅᆞ치고ᄯᆞᆯ을ᄀᆞᄅᆞ치디아니ᄒᆞᄂᆞ니ᄯᅩ뎌와이롤혜아료매ᄀᆞ림인뎌禮례예여듧설에비로소글을ᄀᆞᄅᆞ치고열다ᄉᆞᆺ새學ᄒᆞᆨ애ᄯᅳᆺ을ᄃᆞᄂᆞ니홀로가히이롤依의지ᄒᆞ야뻐법삼디몯ᄒᆞ리라

○陰陽이殊性ᄒᆞ고男女ㅣ異行ᄒᆞ니陽은以剛爲德ᄒᆞ고陰은以柔爲用ᄒᆞ며男은以強爲貴ᄒᆞ고

女ᄂᆞᆫ 以弱爲美ᄒᆞᄂᆞ니 故로 鄙諺애 有云호ᄃᆡ 生
男如狼이라도 猶恐其尫이오 生女如鼠ㅣ라도 猶
恐其虎ㅣ라ᄒᆞ니 然則脩身이 莫若敬ᄒᆞ고 避強이
莫若順ᄒᆞ니 故로 曰敬順之道ᄂᆞᆫ 婦人之大禮
也ㅣ라 夫敬은 非他ㅣ라 持久之謂也ㅣ오 夫順은
非他ㅣ라 寬裕之謂也ㅣ니 持久者ᄂᆞᆫ 知止足也
ㅣ오 寬裕者ᄂᆞᆫ 尙恭下也ㅣ라 夫婦之好ㅣ 終身
不離ᄒᆞ야 房室에 周旋ᄒᆞ야 遂生媟黷ᄒᆞᄂᆞ니 媟黷
이 既生ᄒᆞ면 語言이 過矣며 語言이 既過ᄒᆞ면 縱
恣ㅣ 必作ᄒᆞ며 縱恣ㅣ 既作ᄒᆞ면 則侮夫之心이

生矣ᄂᆞ니此由於不知止足者也ㅣ라夫事有曲
直ᄒᆞ며言有是非ᄒᆞ니直者ᄂᆞᆫ不能不爭이오曲者
ᄂᆞᆫ不能不訟이니訟爭을既施ᄒᆞ면則有忿怒之
事矣ᄂᆞ니此ㅣ由於不尚恭下者也ㅣ라侮夫不
節ᄒᆞ면譴呵ㅣ從之ᄒᆞ고忿怒不止ᄒᆞ면楚撻이從
之ᄒᆞᄂᆞ니夫為夫婦者ㅣ義以和親이오恩以好
合이어늘楚撻이既行ᄒᆞ면何義之有ㅣ며譴呵ㅣ
既宣ᄒᆞ면何恩之有ㅣ리오恩義俱廢ᄒᆞ면夫婦ㅣ
離矣ᄂᆞ니라

陰음陽양이性셩이다ᄅᆞ고男남女녀ㅣ

行힝실이다ᄅᆞ니陽양은剛강으로ᄡᅥ德
덕을삼고剛강은구드미라陰음은부드러옴으
로ᄡᅥ用용을삼으며ᄉᆞ나희ᄂᆞᆫ強강홈으로
ᄡᅥ貴귀홈몰삼고겨집은弱약홈으로ᄡᅥ아
ᄅᆞᆷ다옴을삼ᄂᆞ니이런고로세쇽말애닐
오ᄃᆡ아ᄃᆞᆯ을일히곤ᄒᆞ니ᄅᆞᆯ나하도오히려
질약홀가저코ᄯᆞᆯ을쥐곤ᄒᆞ니ᄅᆞᆯ나하도오
히려범ᄀᆞᆯ홀가저ᄒᆞᄂᆞᆫ다ᄒᆞ니그러면몸닷그
미공敬경만ᄒᆞ니업고強강ᄒᆞ니ᄅᆞᆯ避피홈
이順슌홈만ᄒᆞ니업스니그러모로닐오ᄃᆡ

敬경과順슌ᄒᆞᆫ道도ᄂᆞᆫ婦부人인의큰禮례
라敬경은달은거시아니라오래가져시믈
니ᄅᆞ고順슌은달은거시아니라어그러오
며넉넉호믈니ᄅᆞᆷ이니오래가졋ᄂᆞ니ᄂᆞᆫ그
치기과足죡호믈알고어그러오며넉넉ᄒᆞ
니ᄂᆞᆫ恭공슌ᄒᆞ야ᄂᆞᆺ초ᄋᆞᆷ을숭尙샹ᄒᆞᄂᆞ니
라夫부婦부의됴히녀김이몸이ᄆᆞᆺᄃᆞ록ᄲᅥ
나디아니ᄒᆞ야방안해周쥬旋션ᄒᆞ야드듸
여媟셜만ᄒᆞ고번瀆독ᄒᆞᆷ이나ᄂᆞ니媟셜만
ᄒᆞ고번瀆독ᄒᆞᆷ이나면말ᄉᆞᆷ이넘으며말

ᄉᆞᆷ이임의념으면방ᄌᆞᆷ이반ᄃᆞ시니러
나며방ᄌᆞᆷ이임의니러나면지아비업
立이녀거ᄂᆞᆫᄆᆞᄋᆞᆷ이나ᄂᆞ니이그치기와
足족ᄒᆞᆷ을아디못ᄒᆞᆷ애말ᄆᆡ암으미라일
이曲곡ᄒᆞ며直딕ᄒᆞᆷ이이시며말ᄉᆞᆷ미올
ᄒᆞ며글으미잇ᄂᆞ니直딕ᄒᆞ니ᄂᆞᆫᄃᆞ토디
아니티못ᄒᆞ고曲곡ᄒᆞ니ᄂᆞᆫ발명티아니
티못ᄒᆞᄂᆞ니발명과ᄃᆞ토미임의베프면
忿부懟노ᄒᆞᄂᆞᆫ일이잇ᄂᆞ니이恭공슌ᄒᆞ
야ᄂᆞ족ᄒᆞᆷ을숭尙샹아니ᄒᆞᆷ을말ᄆᆡ압으

미라지아비업쇼이녀기믈잠작아니ᄒᆞ면ᄯᅩ지즈미즛고忿분懟노로ᄆᆞ디아니ᄒᆞ면매칠이즛ᄂᆞ니夫부婦부ㅣ義의로ᄡᅥ和화親친ᄒᆞ고恩은으로ᄡᅥ好호合합ᄒᆞᄂᆞᆫ거시어늘매질이임의行ᄒᆡᇰᄒᆞ면므슴義의이시며ᄯᅩ지즈미임의베프면므슴恩은혜이시리오恩은義의다업스면夫부婦부ㅣᄠᅥ나ᄂᆞ니라

○夫有再娶之義ᄒᆞ고婦無二適之文ᄒᆞ니故로曰夫者ᄂᆞᆫ天也니天固不可逃ㅣ오夫固不可

離也ㅣ라行違神祇ᄒᆞ면天則罰之시고禮義有愆
ᄒᆞ면夫則薄之ᄒᆞ니리故로女憲에曰得意一人
이면是謂永畢이오失意一人이면是謂永訖이라ᄒᆞ니
由斯言之컨대不可不求其心이니然이나所求者
ㅣ亦非謂佞媚苟親也ㅣ라固莫若專心正色
ᄒᆞ야禮義俱繫ᄒᆞ야耳無塗聽ᄒᆞ며目無邪視ᄒᆞ며出
無冶容ᄒᆞ며入無廢飾ᄒᆞ며無聚會羣輩ᄒᆞ며無看
視門戶ㅣ니此則謂專心正色矣라若夫動靜
이輕脫ᄒᆞ며、視聽이陜輸ᄒᆞ며入則亂髮壞形ᄒᆞ고
出則窈窕作態ᄒᆞ며說所不當道ᄒᆞ며觀所不當

視미호此謂不能專心正色矣라

지아비ᄂᆞᆫ다시娶취ᄒᆞᄂᆞᆫ義의잇고겨집은두번가ᄂᆞᆫ법文문이업ᄉᆞ니이럴ᄉᆡ닐오ᄃᆡ지아비ᄂᆞᆫ하ᄂᆞᆯ히니하ᄂᆞᆯ은진실로可가히逃도망못ᄒᆞᆯ거시오지아비ᄂᆞᆫ진실로可가히여희디못ᄒᆞᆯ거시라ᄒᆡᆼ실이神신祇기ᄭᅴ어긔롯ᄎᆞ면하ᄂᆞᆯ히罰벌ᄒᆞ시고禮례義의허므리이시면지아비薄박히ᄒᆞ리니그럴ᄉᆡ女녀憲헌에닐오ᄃᆡ

女녀憲헌은겨집ᄒᆞᆫ사ᄅᆞᆷ의게ᄠᅳᆮ을得득경계ᄒᆞᆫ글이라

ᄒᆞ면이닐온永영ᄒᆞᆫ ᄆᆞᄎᆞᆷ이오ᄒᆞᆫ사ᄅᆞᆷ의
게ᄠᅳᆮ을일ᄒᆞ면이닐온永영히ᄆᆞᄎᆞᆷ이라
ᄒᆞ니이ᄅᆞᆯ말미암아니ᄅᆞ건대그ᄆᆞᅀᆞᆷ을
求구티아니ᄒᆞ디몯ᄒᆞ리니그러나求구
ᄒᆞ논배아당ᄒᆞ며고온톄ᄒᆞ야苟구챠히
親친ᄒᆞ요몰닐오미아니라ᄆᆞᄋᆞᆷ을온젼
이ᄒᆞ며ᄂᆞᆾ빗ᄎᆞᆯ正정히ᄒᆞ야禮례義의예
다ᄃᆞ미이여귀예더러온이ᄅᆞᆯ듣디말며눈
에봄을邪샤히말며나셔양ᄌᆞᄅᆞᆯ고이말
며ᄃᆞ러ᄯᅮ미믈廢폐티말며모ᄃᆞᆫ사ᄅᆞᆷ을

뫼호디 말며 門문에 엿보디 마롬곧ᄒᆞ니
업스니 이 닐온 ᄆᆞᄋᆞᆷ을 온젼이ᄒᆞ며 ᄂᆞᆺ빗
출正정히ᄒᆞ요미라 만일 動동ᄒᆞ며 靜정
홈이 가ᄇᆡ야오며 보며 드로미 일뎡티 아
니ᄒᆞ며 들면 머리로 허트로며 양ᄌᆞ 쑬업
시ᄒᆞ고 나면 괴이양ᄌᆞ로지으며 맛당이
니ᄅᆞ디 몰홀바ᄅᆞᆯ 니ᄅᆞ며 맛당이 보디 몰
홀바ᄅᆞᆯ 봄이 이 닐온 ᄆᆞᄋᆞᆷ을 온젼이ᄒᆞ며
ᄂᆞᆺ빗 출正정히 몯ᄒᆞ요미라
○夫得意一人이면 是謂永畢이오 失意一人이면

是謂永訖이라ᄒᆞ니 欲人이 定志專心之言也ㅣ라

舅姑之心을 豈當可失哉리오 物이 有以恩으로

自離者ᄒᆞ며 亦有以義로 自破者也ᄒᆞ니 夫雖云

愛ㅣ나 舅姑ㅣ 云非ᄒᆞ면 此ㅣ 所謂義自破者也

ㅣ라 然則舅姑之心을 奈何오 固莫尙於曲從

矣니라 姑ㅣ 云不爾而是ㅣ면 固宜從令이오 姑ㅣ

云爾而非라도 猶宜順命이니 勿得違戾是非ᄒᆞ며

爭分曲直이니 此則所謂曲從矣라 故로 女憲

에 曰婦ㅣ 如影響이면 焉不可賞이리오ᄒᆞ니라

ᄒᆞᆫ사ᄅᆞᆷ의게ᄠᅳᆺ을어ᄃᆞ면이닐온기리ᄆᆞᆺ

ᄎᆞᆷ이오ᄒᆞᆫ사ᄅᆞᆷ의게ᄠᅳᆺ을일흐면이닐온
기리ᄆᆞᄎᆞᆷ이라ᄒᆞ니사ᄅᆞᆷ이ᄠᅳᆺ을定뎡ᄒᆞ
며ᄆᆞᄋᆞᆷ을專젼일ᄡᅡ더ᄒᆞᄂᆞᆫ말이라舅구
姑고의ᄆᆞᄋᆞᆷ을엇디일ᄒᆞ미맛당ᄒᆞ리오
物믈이恩은혜로ᄡᅥ절로여희리이시며
또義의로ᄡᅥ절로헐리잇ᄂᆞ니지아비비
록ᄉᆞ랑ᄒᆞ나舅구姑고ㅣ외다ᄒᆞ면이닐
온義의로절로허롬이라그러면舅구姑
고의ᄆᆞᄋᆞᆷ을엇디ᄒᆞ료曲곡진히조ᄎᆞᆷ애
더으니업스니라싀어미닐오ᄃᆡ너ᄅᆞᆯ외

오아니녀겨올타ᄒᆞ면진실로令령을조
초미맛당ᄒᆞ시어미닐오ᄃᆡ너를그르니
라ᄒᆞ야도오히려命명을順슌호미맛당
ᄒᆞ니올ᄒᆞ며그르매어긔여거스리며구
ᄇᆞ며바롬을ᄃᆞ토아分분변티마롤디니
이닐온曲곡진히조츰이라그러모로女
녀憲헌에닐오ᄃᆡ며느리그림재와뫼왈
곤ᄒᆞ면엇디아롬답디아니ᄒᆞ리오ᄒᆞ니
라
方氏女教에云百事之生이多自婦人ᄒᆞᄂᆞ니

既悍而妬ᄒᆞ고 復毒而嗔ᄒᆞ면 大則破家ᄒᆞ고 小則
亡己ᄒᆞ니라 擧目而觀컨대 滔滔皆是ᄒᆞ니라 惟寬
與慈와 及無偏頗ㅣ 此ㅣ 謂德懷니 家當自
和ᄒᆞ리라 視其緩急ᄒᆞ야 操縱을 合理ᄒᆞ며 又毋太
寬ᄒᆞ야 以至懈弛니라 至於婢媵ᄒᆞ야 當推以仁이니
汝女를 汝愛ᄒᆞ니 彼獨非人가 以己取譬ᄒᆞ면
衆事를 可見이니 有人心者ㅣ 能不興念가 矜
其飢寒ᄒᆞ며 均其勞逸ᄒᆞ야 甚不得已라야 始加訶
詰이니 他事ᄂᆞᆫ 或易커니와 爲婦ㅣ 最難이라 爲
婦ㅣ 最難ᄒᆞ니 可不勉旃가

方방氏시女녀教교애닐오되온가짓일
나미겨집으로브터홈이만ᄒᆞᄂᆞ니임의
모디러새옴ᄒᆞ고ᄯᅩ毒독ᄒᆞ야ᄡᅳ지ᄌᆞ면
크면집을破파ᄒᆞ고젹으면모몰亡망ᄒᆞ
리니눈을드러보건대滔도滔도ᄒᆞ니다
그러ᄒᆞ니라 滔도滔도ᄂᆞᆫ믈이두루펴딘양이니사ᄅᆞᆷ이다ᄒᆞᆫ가지로
비홈이라 오직어그러옴과어딜기와偏편頗
파업슴이 偏편은기올미오頗파ᄂᆞᆫ不블正졍홈이라 이닐온
德덕잇ᄆᆞ옴이니집이맛당이절로和화
ᄒᆞ리라그ᄂᆞ즈며셜옴을보아자ᄇᆡ며펴

몸理니예마초ᄒᆞ며ᄯᅩ녀모어그러워게
을으며프러ᄇᆞ리기예니르디마롤ᄡᅥ니
라죵이며쳡의게니르러맛당이仁인으
로미롤ᄡᅥ니네ᄯᅳᆯ을네ᄉᆞ랑ᄒᆞᄂᆞ니뎌ᄂᆞᆫ
홀로사ᄅᆞᆷ아니니가몸으로ᄲᅧ가져비ᄒᆞ면
모ᄃᆞᆫ일을가히보리니사ᄅᆞᆷ의ᄆᆞᅀᆞᆷ듯ᄂᆞ
니念념을니르혀디아니ᄒᆞ랴비끌ᄒᆞ며
치워홈을톰녀ᄒᆞ며곳ᄇᆞ며편안홈을끌
오로ᄒᆞ야ᄀᆞ장不블得득己이커야비로
소ᄉᆞ지즈믈더을ᄡᅥ니라녀ᄂᆞ일은혹쉽

거니와계집되옴이ᄀᆞ장어려온이라계
집되옴이ᄀᆞ장어려오니可가히힘ᄡᅳᆯ디
아니ᄒᆞ랴

顔氏家訓에曰婦는主中饋라唯事酒食衣
服之禮耳오國에不可使預政이며家에不可
使幹蠱ㅣ니如有聰明才智ᄒᆞ야識達古今이라도
正當輔佐君子ᄒᆞ야勸其不足이언뎡必無牝雞
晨鳴ᄒᆞ야以致禍也ㅣ니라

顔안氏시家가訓훈에닐오ᄃᆡ겨집은가
온ᄃᆡ이셔음식을ᄆᆞᄋᆞᆷ아ᄂᆞᆫ디라오직술

이며밥이며衣의服복의禮례를일삼을
ᄲᅮᆫ이오나、라희可가히ᄒᆞ여곰政정ᄉᆞ애
참預예ᄒᆞ디몯ᄒᆞ며집의可가히ᄒᆞ여곰
일을맛디디몯ᄒᆞ리니만일聰총明명ᄒᆞ
며才지조와智디혜이셔녯일이며이젯
일을ᄉᆞ못알ᄯᅥ라도正정히맛당이君군
子ᄌᆞ를도와그不블足죡ᄒᆞᆫ거ᄉᆞᆯ勸권ᄒᆞᆯ
ᄲᅮᆫ이언뎡반ᄃᆞ시암ᄃᆞᆰ이새배우러ᄲᅥ지
禍화를닐위미업세ᄒᆞᆯᄯᅥ니라
程太中夫人侯氏ㅣ事舅姑ᄒᆞ되以孝謹으로稱

ᄒᆞ며 與太中으로 相待如賓客ᄒᆞ더니 太中이 賴其
內助ᄒᆞ야 禮敬이 尤至어든 而夫人이 謙順自牧
ᄒᆞ야 雖小事ㅣ라도 未嘗專ᄒᆞ야 必禀而後에 行ᄒᆞ더
라 夫人者ᄂᆞᆫ 二程先生之母也ㅣ라
程뎡太태中듕의 夫부人인 侯후氏시ㅣ
舅구姑고를 셤교ᄃᆡ 孝효도ᄒᆞ며 삼가오
므로 벼일ᄅᆞᆯ이며 太태中듕과 더브러 서
르 待ᄃᆡ졉홈을 손ᄀᆞ티 ᄒᆞ더니 太태中듕
이 안해셔 도옴을 힘닙어 禮례敬경이 더
옥 至지극ᄒᆞ거든 夫부人인이 謙겸順슌으

로몸을가져비록져근일이라도일즉오

로다아니ᄒᆞ야반ᄃᆞ시ᄉᆞᆯ온後후에야行

ᄒᆡᆼᄒᆞ더라夫부人인은二이程뎡先션生

ᄉᆡᆼ의어마님이라二이程뎡先션生ᄉᆡᆼ은明명道도先션生ᄉᆡᆼ과

伊이川쳔先션生ᄉᆡᆼ이라

呂榮公夫人仙源이嘗言ᄒᆞ되與侍講으로爲夫

婦ᄒᆞ야相處六十年에未嘗一日도有面赤ᄒᆞ며

自少로至老히雖衽席之上이라도未嘗戲笑

ᄒᆞ더니라滎陽公이處身이如此ᄒᆞ되每歎范內翰

ᄒᆞ야以爲不可及이라ᄒᆞ더라

呂려滎영公공의夫부人인仙션源원이

일즉닐오ᄃᆡ侍시講강으로夫부婦부ㅣ

되야ᄒᆞᆫᄃᆡ사ᄅᆞᆷ이여슌히예일즉ᄒᆞ루도

ᄂᆞᆺ블키미업스며져므제브터늘금애니

르히비록자ᄂᆞᆫ곳우히라도일즉희롱ᄒᆞ

야우움아니ᄒᆞ니라ᄒᆞ니滎영陽양公공이

몸가지미이굳ᄒᆞᄃᆡ미양范범內ᄂᆡ翰한

을 (范범은姓셩이오內ᄂᆡ翰한은벼슬이니일흠은祖조禹우ㅣ라) 차歎

탄ᄒᆞ야몸미츠리로다ᄒᆞ더라

樊姬ᄂᆞᆫ楚莊王之夫人也ㅣ라莊王이即位ᄒᆞ샤

好狩獵이어시ᄂᆞᆯ 樊姬ㅣ諫ᄒᆞ시나 不止어시ᄂᆞᆯ 乃不
食禽獸之肉ᄒᆞ신대 王이 改過ᄒᆞ사 勤於政事ᄒᆞ시
니라 王이 嘗聽朝罷晏이어시ᄂᆞᆯ 姬ㅣ下庭迎曰何
罷晏也ㅣ잇고 得無飢倦乎ㅣ잇가 王曰與賢者
로 語ㅣ라 不知飢倦也호라 姬ㅣ曰王之所謂賢
者ᄂᆞᆫ 何也ㅣ잇고 曰虞丘子也ㅣ라 姬ㅣ掩口而
笑ᄒᆞ신대 王曰姬之所笑ᄂᆞᆫ 何也오 曰虞丘子
ㅣ賢則賢矣어니와 未忠也ㅣ니이다 王曰何謂也
오 對曰妾이 執巾櫛이 十一年이니 遣人之鄭
衛ᄒᆞ야 求美人ᄒᆞ야 進於王ᄒᆞ니 今에 賢於妾者ㅣ

二人이오 同列者ㅣ 七人이니 妾은 豈不欲擅王
之寵愛哉리잇마ᄂᆞᆫ 妾은 聞堂上兼女ᄂᆞᆫ 所以
觀人能也ㅣ라ᄒᆞ니 妾이 不能以私로 蔽公ᄒᆞ야 欲
王으로 多見ᄒᆞ야 知人能也ᄒᆞ이다 今에 虞丘子ㅣ
相楚ㅣ 十餘年이니 所薦이 非子弟면 則族昆
弟오 未聞進賢退不肖ᄒᆞ니 是ᄂᆞᆫ 蔽君而塞賢
路ㅣ니 知賢不進이면 是ᄂᆞᆫ 不忠이오 不知其賢이면
是ᄂᆞᆫ 不知也ㅣ니 妾之所笑ㅣ 不亦可乎ㅣ잇가
王이 悅ᄒᆞ샤 明日에 以姬言으로 告虞丘子ᄒᆞ신대
丘子ㅣ 避席ᄒᆞ야 不知所對ᄒᆞ니라 於是에 避舍

ᄒᆞ고 使人으로 迎孫叔敖而進之ᄒᆞ야ᄂᆞᆯ 王이 以爲
令尹ᄒᆞ샤 治楚三年에 而莊王이 以霸ᄒᆞ니 楚
史ㅣ 書曰 莊王之霸ᄂᆞᆫ 樊姬之力也ㅣ라ᄒᆞ니라
樊번姬희ᄂᆞᆫ 楚초莊장王왕夫부人인이
라 莊장王왕이 卽즉位위ᄒᆞ샤 산영을 됴
히 너기거시ᄂᆞᆯ 樊번姬희ㅣ 諫간ᄒᆞ시니
마디 아니커시ᄂᆞᆯ 즘ᄉᆡᆼ의 고기ᄅᆞᆯ 먹디 아
니ᄒᆞ신대 王왕이 改ᄀᆡ過과ᄒᆞ샤 政졍事
ᄉᆞᄅᆞᆯ 브즈러니ᄒᆞ시니라 王왕이 일즉 朝
됴회 바다 늣게야 罷파ᄒᆞ야시ᄂᆞᆯ 姬희ㅣ

殿뎐에ᄂᆞ려마자골ᄋᆞ샤ᄃᆡ엇디ᄂᆞᆺ게야
罷파ᄒᆞ시니잇고아니ᄇᆡ골ᄑᆞ며ᄀᆞᆺ브니
잇가王왕이ᄀᆞᄅᆞ샤ᄃᆡ賢현者쟈와더브
러말ᄒᆞᆫᄃᆡ라ᄇᆡ골ᄑᆞ며ᄀᆞᆺᄇᆞᆫ줄을아디몯
ᄒᆞ라姬희ᄀᆞᄅᆞ샤ᄃᆡ王왕이賢현者쟈ㅣ
라니ᄅᆞ시ᄂᆞ니ᄂᆞᆫ엇더니잇고ᄀᆞᄅᆞ샤ᄃᆡ
虞우丘구子ᄌᆞㅣ라姬희입을ᄀᆞ리와우
으신대王왕이ᄀᆞᄅᆞ샤ᄃᆡ姬희의웃ᄂᆞᆫ바
ᄂᆞᆫ엇디오ᄀᆞᄅᆞ샤ᄃᆡ虞우丘구子ᄌᆞㅣ어
딜믄어딜거니와忠튱셩되든몯ᄒᆞ니이

다王왕이 ᄀᆞᄅᆞ샤ᄃᆡ 엇디 니ᄅᆞ고 對ᄃᆡᄒᆞ
야 ᄀᆞ로ᄃᆡ 妾쳡이 슈건과 비ᄉᆞᆯ 잡ᄉᆞ옴이
열ᄒᆞᆫ 히니 사ᄅᆞᆷ을 鄭뎡과 衛위 鄭뎡衛위ᄂᆞᆫ 두 나라
일홈이라 예 보내야 고온 사ᄅᆞᆷ을 求구ᄒᆞ야 王
왕ᄭᅴ 드리오니 이제 내게셔 어디니 두 사
ᄅᆞᆷ이오 날과 ᄀᆞᄐᆞ니 닐곱이니 妾쳡은 엇
디 王왕의 피이며 ᄉᆞ랑ᄒᆞ올 ᄒᆞᆫ자 가지고
쟈 아니ᄒᆞ리잇고마ᄂᆞᆫ 妾쳡은 드르니 집
의 겨집을 여러ᄒᆞᆯ ᄃᆞᆷ은 사ᄅᆞᆷ의 能능을 보
ᄂᆞᆫ 배라 ᄒᆞ니 妾쳡이 능히 私ᄉᆞ로 벼 公공

번되욤을蔽폐티몯ᄒᆞ야王왕으로만히
보샤사ᄅᆞᆷ의能능을아ᄅᆞ시과뎌호이다
이제虞우丘구子ᄌᆞㅣ楚초ᄅᆞᆯ도옴이여
라모히니薦쳔거ᄒᆞᆫ배子ᄌᆞ弟뎨옷아니
면권당의兄형弟뎨오어딘이를나오고
不블肖쵸ᄒᆞᆫ니를믈리티다듯디몯호니
이ᄂᆞᆫ님금을ᄀᆞ리와어딘사ᄅᆞᆷ의길ᄒᆞᆯ막
ᄂᆞᆫ디니어딘이를알고나오디아니ᄒᆞ면
이ᄂᆞᆫ忠튱이아니오그어딘이ᄅᆞᆯ아디몯
ᄒᆞ면이ᄂᆞᆫ智디아니니妾쳡의옷ᄂᆞᆫ배ᄯᅩ

ᄒᆞ올티아니ᄒᆞ니잇가王왕이깃그샤이튼날姬희의말로벼虞우丘구子ᄌᆞ드려니ᄅᆞ신대丘구子ᄌᆞㅣ돗골避피ᄒᆞ야對ᄃᆡ답ᄒᆞᆯ바ᄅᆞᆯ아디몯ᄒᆞ니라이예집을避피ᄒᆞ고사ᄅᆞᆷ브려孫손叔슉敖오ᄅᆞᆯ마자나오아ᄂᆞᆯ王왕이令령尹윤을삼ᄋᆞ샤令령尹윤은楚초ㅅ벼슬일훔이라楚초다ᄉᆞ란三삼年년에莊장王왕이霸패霸패ᄂᆞᆫ諸제侯후의웃듬이되미라ᄒᆞ시니楚초史ᄉᆞ판이벼ᄂᆞᆯ오ᄃᆡ莊장王왕의霸패ᄒᆞ욤은樊번姬희의힘이라ᄒᆞ니라

昭越姬者ᄂᆞᆫ越王勾踐之女ㅣ오楚昭王之姬
也ㅣ라昭王이燕遊ㅣ러시니蔡姬ᄂᆞᆫ在左ᄒᆞ고越姬
ᄂᆞᆫ參右ㅣ어시늘王이親乘駟ᄒᆞ샤以馳逐ᄒᆞ시고遂
登附社之臺ᄒᆞ샤以望雲夢之圃ᄒᆞ샤觀士大夫
ㅣ逐者ᄒᆞ시고既驩ᄒᆞ샤乃顧二姬曰樂乎아蔡
姬對曰樂ᄒᆞ다이王曰吾ㅣ願與子로生若此
ᄒᆞ고死又若此ᄒᆞ노라蔡姬曰昔에敝邑寡君이
固以其黎民之役으로事君王之馬足이라故로
以婢子之身으로爲苞苴玩好ᄒᆞ야시늘令乃比於
妃嬪ᄒᆞ시나固願生俱樂ᄒᆞ고死同時ᄒᆞ노이다王이

顧謂史ᄒᆞ샤書之ᄒᆞ라蔡姬許從孤ᄒᆞ야死矣로다乃復謂越姬ᄒᆞ신대越姬對曰樂則樂矣어니와然이나不可久也ㅣ니이다王曰吾ㅣ願與子로生若此ᄒᆞ고死若此ᄒᆞ노니其不可得乎아越姬對曰昔에吾先君莊王이淫樂ᄒᆞ샤三年을不聽政事ᄒᆞ시더니終而能改ᄒᆞ샤卒霸天下ᄒᆞ시니妾이以君王이爲能法吾先君ᄒᆞ샤將改斯樂而勤於政也ㅣ시리라ᄒᆞ다니今則不然ᄒᆞ시고而要婢子以死ᄒᆞ시ᄂᆞ니其可得乎ㅣ잇가且君王이以束帛乘馬로取婢子於敝邑이어시늘寡君이受之太廟

也ᄒᆞ샤ᄃᆡ 不約死ᄒᆞ시니 妾은 聞之諸姑ᄒᆞ니 婦人
이 以死로 彰君之善ᄒᆞ며 益君之寵이오 不聞其
以苟從其闇死로 爲榮ᄒᆞ이니라 妾은 不敢聞命
이로소이다 於是에 王이 寤ᄒᆞ샤 敬越姬之言ᄒᆞ샤ᄃᆡ
而猶親嬖蔡姬也ㅣ러시다 居二十五年에 王이
救陳ᄒᆞ실ᄉᆡ 二姬從이러시니 王이 病在軍中이러시니
有赤雲이 夾日ᄒᆞ야 如飛鳥ㅣ어ᄂᆞᆯ 王이 問周史
ᄒᆞᆫ대 신 史ㅣ 曰是害王身이니 然이나 可以移於將
相이니이다 將相이 聞之ᄒᆞ고 將請以身으로 禱於神
이어ᄂᆞᆯ 王曰將相之於孤애 猶股肱也ᄒᆞ니 今移

禍焉이면 庸爲去是身乎아ᄒᆞ시고 不聽ᄒᆞ야시ᄂᆞᆯ 越姬
曰大哉라 君王之德이여 以是로 妾이 願從王
矣로다 이 昔日之遊ᄂᆞᆫ 淫樂也ㅣ라 是以로 不敢
許ㅣ니라 及君王이 復於禮ᄒᆞ산 國人이 皆將爲
君王死ㅣ니 而況於妾乎아 請願先驅狐狸於
地下ᄒᆞ노이다 王曰昔之遊樂애 吾ㅣ 戲耳니라 若
將必死ㅣ면 是ᄂᆞᆫ 彰孤之不德也ㅣ라 越姬曰昔
日에 妾이 雖口不言ᄒᆞ나 心既許之矣로다 이 妾
은 聞信者ᄂᆞᆫ 不負其心ᄒᆞ며 義者ᄂᆞᆫ 不虛設其
事ㅣ라ᄒᆞ니 妾은 死王之義오 不死王之好也ㅣ로

이다ᄒᆞ고 遂自殺ᄒᆞ시니라 王이 病甚ᄒᆞ샤 讓位於三弟
ᄒᆞ신대 三弟不聽ᄒᆞ다 王이 薨於軍中이어시ᄂᆞᆯ 蔡姬
ㅣ 竟不能死ᄒᆞ니라 王의 弟子閭ㅣ 與子西와
子期로 謀曰母信者ㅣ 其子ㅣ 必仁이라ᄒᆞ고 乃
伏師閉壁ᄒᆞ고 迎越姬之子熊章ᄒᆞ야 立ᄒᆞ니 是爲
惠王이라 然後에ᅀᅡ 罷兵ᄒᆞ야 歸葬昭王ᄒᆞ니라
昭쇼越월姬희ᄂᆞᆫ 越월王왕勾구踐쳔의
ᄯᆞᆯ이오 楚초昭쇼王왕姬희라 昭쇼王왕
이 노더시니 蔡채姬희ᄂᆞᆫ 왼녁희 잇고 越
월姬희ᄂᆞᆫ 올ᄒᆞᆫ녁희 잇거시ᄂᆞᆯ 王왕이 親

친히駟ᄉ마ᄅᆞᆯ타벼ᄃᆞᆯ녀ᄇᆞ太시고附부社샤臺ᄃᆡ예오ᄅᆞ샤雲운夢몽圃유ᄅᆞᆯ보라(附부社샤눈ᄯᅡ일홈이오雲운夢몽은숩일홈이라)士ᄉ大대夫부의맛ᄂᆞ니ᄅᆞᆯ보시고ᄌᆞᆯ기샤두姬희ᄅᆞᆯ도라보와ᄀᆞᆯᄋᆞ샤ᄃᆡᄌᆞᆯ거오나蔡채姬희ㅣ對ᄃᆡᄒᆞ여ᄀᆞᆯ오ᄃᆡᄌᆞᆯ거오이다王왕이ᄀᆞᆯᄋᆞ샤ᄃᆡ내願원홈은그ᄃᆡ와사라셔이ᄀᆞ티ᄒᆞ고죽어도ᄯᅩ이ᄀᆞ티ᄒᆞ고져ᄒᆞ노라蔡채姬희ㅣᄀᆞᆯ오ᄃᆡ녜敝폐邑읍엣님금이(敝폐邑읍은蔡채國국을니ᄅᆞ니라)그ᄇᆡᆨ셩의역ᄉᆞ로

벼君군王왕의몸발을셤긴연고로婢비
子ᄌᆞ의몸으로벼苞포苴져玩완好호ᄅᆞᆯ
삼아시놀주미오玩완好호ᄂᆞᆫ보기됴ᄒᆞᆫ 苞포苴져ᄂᆞᆫ飮음食식을ᄡᆞ놈
거ᄉᆡ라이제妃비嬪빈에比비ᄒᆞ여시니진
실로願원ᄒᆞᆷ은사라셔ᄒᆞᆷᄭᅴ즐기고죽음
을새로ᄒᆞᆷᄭᅴᄒᆞ고져ᄒᆞ노이다王왕이史
ᄉᆞ판을도라보샤ᄡᅳ라蔡채姬희ㅣ날조
차죽으려ᄒᆞ곳다ᄯᅩ越월姬희ᄃᆞ려니ᄅᆞ
신대越월姬희對ᄃᆡᄒᆞ야골오ᄃᆡ즐겁기
ᄂᆞᆫ즐겁거니와그러나可가히오라디몯

ᄒᆞ링이다王왕이니ᄅᆞ샤ᄃᆡ내願원ᄒᆞᆷ은
그ᄃᆡ와사라셔이ᄀᆞᆺ티ᄒᆞ고죽어도이ᄀᆞᆺ
티ᄒᆞ고져ᄒᆞ노니그를可가히得득디몯
ᄒᆞ랴越월姬희對ᄃᆡᄒᆞ야ᄀᆞᆯ오ᄃᆡ녜우리
先션君군莊장王왕이淫음樂락ᄒᆞ샤三
삼年년을政졍事ᄉᆞ를듣디아니ᄒᆞ더시
니ᄆᆞᄎᆞᆷ애能능히고티샤天텬下하의霸
패霸패ᄂᆞᆫ諸제侯후의ᄋᆞᆺ듬이라ᄒᆞ시니妾쳡이뻐君군
王왕이우리先션君군을能능히法법바
ᄃᆞ샤쟝ᄎᆞᆺ이즐거움을고티샤政졍事ᄉᆞ

를브즈런이ᄒᆞ시리라ᄒᆞ다니이제그러
티아니ᄒᆞ시고婢비子ᄌᆞ와죽음으로ᄡᅥ
긔약ᄒᆞ시ᄂᆞ니그를可가히得득ᄒᆞ리잇
가ᄯᅩ君군王왕이목숨과네몸로婢비
子ᄌᆞ를敝폐邑읍에取취커시ᄂᆞᆯ 敝폐邑읍은越
월國국을니ᄅᆞ니라 우리님금이太태廟묘애가受
슈命명ᄒᆞ샤ᄃᆡ죽음을긔約약디아니ᄒᆞ
시니妾쳡은모ᄃᆞ아ᄌᆞ믜게드로니婦부
人인이죽음으로ᄡᅥ님금의어디르샴을
나토며님금의寵툥을더오고苟구차히

그으기죽음을조초ᄆᆞ로뻐영화삼ᄂᆞᆫ다
듯디아니호니妾쳡은命명을듣ᄌᆞᆸ디못
ᄒᆞ리로소이다이예王왕이셰ᄃᆞ라越월
姬희말을공敬경ᄒᆞ샤되오히려蔡채姬
희ᄅᆞᆯ親친히ᄉᆞ랑ᄒᆞ더시다그리ᄒᆞᆫ스믈
ᄒᆡ다ᄉᆞᆺ힛만의王왕이陳딘을救구ᄒᆞ실시
陳딘은나라일홈이라 두姬희ㅣ조차갓더니王왕
이病병ᄒᆞ야軍군中듕에겨시거늘블근
구롬이히ᄅᆞᆯ삐ᄂᆞᆫ새ᄀᆞᆺ거늘王왕이周
쥬史ᄉᆞ의게무로신대 周쥬史ᄉᆞᄂᆞᆫ周쥬太태史ᄉᆞㅣ라

史ᄉᆞㅣ긔로ᄃᆡ이ᄂᆞᆫ王왕몸애害해로오
니그러나可가히뻐쟝슈과졍승의게올
미리이다쟝슈와졍승이듣고쟝ᄎᆞᆺ請쳥
ᄒᆞ야제몸으로귀神신의게빌려커ᄂᆞᆯ王
왕이ᄀᆞᆯᄋᆞ샤ᄃᆡ쟝슈와졍승은내거긔다
리과ᄑᆞᆯᄀᆞᆺᄒᆞ니이제禍화ᄅᆞᆯ옮기면엇디
이몸에업스리오ᄒᆞ시고듯디아니ᄒᆞ야
시ᄂᆞᆯ越월姬희ㅣᄀᆞᆯ오ᄃᆡ크시다君군王
왕德덕이여일로뻐妾쳡이王왕을좃ᄎᆞ
오려願원ᄒᆞ노이다녯날노리ᄂᆞᆫ淫음ᄒᆞᆫ

樂락이라이러모로敢감히許허티아니
ᄒᆞ다니君군王왕이禮례예도라가샴애
미처ᄂᆞᆫ나랏사ᄅᆞᆷ이다쟝太君군王왕ᄋᆞᆯ
爲위ᄒᆞ야죽으려ᄒᆞ리니ᄒᆞ몰며妾쳡이
ᄯᆞ녀請쳥ᄒᆞ면대여ᄋᆞ와銜을ᄡᅥ아래몬져
몰려願원ᄒᆞ노이다王왕이니ᄅᆞ샤ᄃᆡ녜
놀며즐겨홀제ᄂᆞᆫ내희롱ᄒᆞ다니만일반ᄃᆞ
ᄃᆞ시죽으면이ᄂᆞᆫ내의사오나온德덕ᄋᆞᆯ
나토미니라越월姬희골오ᄃᆡ뎻날妾쳡
이비록입에닐으디아니ᄒᆞ나ᄆᆞᄋᆞᆷ애이

믜許허호이다妾쳡은드로니信신ᄒᆞ시
ᄅᆞᆷ은그ᄆᆞᄋᆞᆷ을져ᄇᆞ리디아니ᄒᆞ며義의
ᄒᆞᆫ사ᄅᆞᆷ은그일을虛허히ᄒᆞ디아니ᄒᆞᆫ다
ᄒᆞ니妾쳡은王왕義의예죽고王왕즐김
애죽디아니ᄒᆞ노이다ᄒᆞ고드듸여스스
로죽으시니라王왕이病병이甚심ᄒᆞ샤
位위ᄅᆞᆯ세아ᄋᆞ의게ᄉᆞ양ᄒᆞ신대세아이듣
디아니ᄒᆞ니라王왕이軍군中듕에셔죽
거시ᄂᆞᆯ蔡채姬희ㅣᄆᆞᄎᆞᆷ내能능히죽디
못ᄒᆞ니라王왕의아ᄋᆞ子ᄌᆞ閭려ㅣ子ᄌᆞ

西셔와子ᄌ期긔로더브러ᄡᅵᄒᆞ야곰오
ᄃᆡ어미信신ᄒᆞᆫ이ᄂᆞᆫ그아ᄃᆞᆯ이반ᄃᆞ시仁
인ᄒᆞ리라ᄒᆞ고군ᄉᆞ롤ᄀᆞᆷ초고뎐을닷고
越월姬희아ᄃᆞᆯ熊웅章쟝을마자세오니
이惠혜王왕이라그리ᄒᆞᆫ後후에아군ᄉᆞ
롤罷파ᄒᆞ야도라와昭쇼王왕을무드니
라
後漢明德馬皇后ᄂᆞᆫ伏波將軍援之少女也
ㅣ시니라 少喪父ᄒᆞ시고 母兄客卿이 敏慧러니 早夭
커늘 母藺夫人이 悲傷ᄒᆞ야 發疾慌惚이어늘 后ㅣ

時年이十歲러시니幹理家事ᄒᆞ샤勅制僮御ᄒᆞ시
니內外ㅣ諮稟ᄒᆞ야事同成人ᄒᆞ더시니初애諸家
ㅣ莫知者ㅣ러니後에聞之ᄒᆞ고咸歎異焉ᄒᆞ더라
后ㅣ嘗久疾이어시늘大夫人이令筮之ᄒᆞᆫ대筮者
ㅣ曰此女ㅣ雖有患狀이나而當大貴ᄒᆞ리니兆
不可言也ㅣ로다後애又呼相者ᄒᆞ야使占諸女
ᄒᆞᆫ대見后大驚曰我必爲此女ᄒᆞ야稱臣ᄒᆞ리로다然
이나貴而少子ᄒᆞ리니若養它子者ㅣ면得力이乃
當踰於所生이라ᄒᆞ더니選入太子宮ᄒᆞ시니時年
이十三이러시니奉承陰后ᄒᆞ시며傍接同列ᄒᆞ샤되

禮則이 修備ᄒᆞ신대 上下ㅣ 安之ᄒᆞ더니 遂見寵異
ᄒᆞ샤 常居後堂ᄒᆞ더시니 明帝ㅣ 即位ᄒᆞ샤 以后로 為
貴人ᄒᆞ니라 時예 后前母姊女賈氏亦以選入
ᄒᆞ야 生肅宗ᄒᆞ대 帝ㅣ 以后無子ᄒᆞ샤 命令養之ᄒᆞ시
고 謂曰人、이 未必當自生子ㅣ니 但患愛養이
不至耳니라 后ㅣ 於是예 盡心撫育ᄒᆞ샤 勞悴ㅣ
過於所生ᄒᆞ시더니 肅宗이 亦孝性이 淳篤ᄒᆞ시며
恩性이 天至ᄒᆞ샤 母子 慈愛ᄒᆞ샤 始終無纖介
之間ᄒᆞ시니라 后ㅣ 常以皇嗣ㅣ 未廣으로 每懷憂
歎ᄒᆞ샤 薦達左右ᄒᆞ되 若恐不及ᄒᆞ샤 後宮이 有

進見者ㅣ어든 每加慰納ᄒᆞ시며 若數寵引이어든
輒增隆遇ᄒᆞ더시다 永平三年春에 有司ㅣ 奏立
長秋宮이어늘 帝ㅣ 未有所言이러시니 皇太后ㅣ
曰馬貴人이 德冠後宮ᄒᆞ니 即其人也ㅣ라ᄒᆞ야시ᄂᆞᆯ
遂立爲皇后ᄒᆞ시니라 先是예 夢有小飛虫이 無
數赴著身ᄒᆞ고 又入皮膚中ᄒᆞ야 而復飛出ᄒᆞ니라
既正位宮闈ᄒᆞ샤 愈自謙肅ᄒᆞ더시다 身長이 七尺
二寸이시고 方口美髮ᄒᆞ시고 能誦易ᄒᆞ시며 好讀
春秋楚辭ᄒᆞ시며 尤善周官과 董仲舒書ᄒᆞ더시다
常衣大練ᄒᆞ시고 裙不加緣이러시니 朔望애 諸姬

主ㅣ朝請ᄒᆞ실시望見后布ㅣ踈麤ᄒᆞ고反以爲綺

縠이며가라ᄒᆞ就視乃笑ᄒᆞᆫ대后ㅣ辭曰此繒이特

宜染色故로用之耳라ᄒᆞ신대六宮이莫不歎息

이러라帝ㅣ嘗幸苑囿離宮이어시든后ㅣ輒以風

邪露霧로爲戒ᄒᆞ샤辭意款備ᄒᆞ샤多見詳擇ᄒᆞ더

시다帝ㅣ幸濯龍中ᄒᆞ샤並召諸才人ᄒᆞ시니下邳

王已下ㅣ皆在側이러니請呼皇后ᄒᆞᆫ대帝ㅣ笑

曰是家ㅣ志不好樂ᄒᆞᄂᆞ니雖來나無歡이라ᄒᆞ시

니是以로遊娛之事애希嘗從焉이러시다十五

年에帝ㅣ按地圖ᄒᆞ샤將封皇子ᄒᆞ샤되悉半諸

國ᄒᆞ시니ᄃᆡ 后ㅣ見而言曰諸子ㅣ裁食數縣이

於制예不已儉乎ㅣ가 帝ㅣ曰我子ㅣ豈宜

與先帝子로等乎ㅣ리오 歲給二千萬이足矣

니라 時예楚獄이連年不斷ᄒᆞ야因相證引ᄒᆞ야坐

繫者ㅣ甚衆이러니 后ㅣ慮其多濫ᄒᆞ샤乘閒ᄒᆞ샤

言及悽然ᄒᆞ신대 帝ㅣ感悟之ᄒᆞ샤夜起彷徨ᄒᆞ샤

爲思所納ᄒᆞ샤卒多有所降宥ᄒᆞ시니라 時예諸將

奏事와及公卿較議難平者를帝ㅣ數以試

后ㅣ시어늘 后ㅣ輒分解趣理ᄒᆞ샤各得其情ᄒᆞ시더다

每於侍執之際예輒言及政事ᄒᆞ샤多所毗補

ᄒᆞ시고 而未嘗以家私로 干欲ᄒᆞ실ᄉᆡ 寵敬日隆ᄒᆞ샤
始終無衰ᄒᆞ시니라 及帝崩커시늘 肅宗이 即位ᄒᆞ샤
尊后曰皇太后ㅣ라ᄒᆞ시다 諸貴人이 當徙居
南宮이어늘 太后ㅣ 感析別之懷ᄒᆞ샤 各賜王赤
綬ᄒᆞ시고 加安車駟馬와 白越三千端과 雜帛
二千匹와 黃金十斤ᄒᆞ시다 自撰顯宗起居注
ᄒᆞ샤되 削去兄防의 參醫藥事ㅣ어시늘 帝ㅣ 請曰
黃門舅ㅣ 朝夕供養이 且一年이니 既無褒異
ᄒᆞ시고 又不録勤勞ᄒᆞ시니 無乃過乎ㅣ잇가 太后
ㅣ曰吾ㅣ 不欲令後世로 聞先帝數親後宮

之家故로不著也라ᄒᆞ노建初元年에欲封爵
諸舅ㅣ어ᄂᆞᆯ太后ㅣ不聽ᄒᆞ시니라明年夏애太旱
이어ᄂᆞᆯ言事者ㅣ以爲不封外戚之故ㅣ라ᄒᆞᆫ대有
司ㅣ因此上奏ᄒᆞ되宜依舊典이로소이다太后ㅣ
詔曰凡言事者ㅣ皆欲媚朕ᄒᆞ야以要福耳라
昔에王氏五侯ㅣ同日俱封이어ᄂᆞᆯ其時예黃
霧ㅣ四塞ᄒᆞ고不聞澍雨之應ᄒᆞ며又田蚡竇嬰
이寵貴橫恣ᄒᆞ야傾覆之禍ㅣ爲世所傳ᄒᆞ니故
로先帝ㅣ防愼舅氏ᄒᆞ샤不令在樞機之位ᄒᆞ시
고諸子之封을裁令半楚淮陽諸國ᄒᆞ샤常謂

我子ㅣ不當與先帝子로等이라ᄒᆞ시니今에有
司ㅣ奈何欲以馬氏로比陰氏乎오吾ㅣ爲
天下母ㅣ라而身服大練ᄒᆞ며食不求甘ᄒᆞ며左右
ㅣ但着帛布ᄒᆞ고無香薰之飾者ᄂᆞᆫ欲身率下
也ㅣ라以爲外親이見之ᄒᆞ면當傷心自勅이니라
但笑言太后ㅣ素好儉이라ᄒᆞᄂᆞ다前過濯龍門
上ᄒᆞ실ᄉᆡ見外家의問起居者ᄒᆞ니車如流水ᄒᆞ며馬
如游龍ᄒᆞ며倉頭ㅣ衣綠韝ᄒᆞ고領袖ㅣ正白이어
ᄂᆞᆯ顧視御者ᄒᆞᆫ딕不及이遠矣러라故로不加譴
怒ᄒᆞ고但絶歲用而已ᄂᆞᆫ冀以默愧其心이어ᄂᆞᆯ

而猶懈怠ᄒᆞ야無憂國忘家之慮ᄒᆞ니知臣이莫
若君ᄒᆞ니況親屬乎아吾ㅣ豈可上負先帝之
旨ᄒᆞ고下虧先人之德ᄒᆞ야重襲西京敗亡之禍
哉리오시ᄒᆞ고固不許ᄒᆞ대신帝省詔ᄒᆞ고시悲歎ᄒᆞ샤
復重請曰漢興에舅氏之封侯는猶皇子之
為王也ㅣ니太后ㅣ誠存謙虛ᄒᆞ시나奈何令臣
으로獨不加恩三舅乎ㅣ잇고且衛尉는年尊ᄒᆞ고
兩校尉는有大病ᄒᆞ니如令不諱면使臣으로長
抱刻骨之恨이니宜及吉時라不可稽留ㅣ니이다
太后ㅣ報曰吾ㅣ反覆念之ᄒᆞ야思令兩善이니

豈徒欲獲謙讓之名ᄒᆞ야 而使帝로 受不外施
之嫌哉리오 昔에 竇太后ㅣ 欲封王皇后之兄
이어늘 承相條侯ㅣ 言受高帝約ᄒᆞ니 無軍功과
非劉氏어든 不侯ㅣ라ᄒᆞ니 今에 馬氏無功於國ᄒᆞ니
豈得與陰郭中興之后로 等耶ㅣ리오 嘗觀富
貴之家ᄒᆞ니 祿位重疊이 猶再實之木이 其根
이 必傷ᄒᆞ며 且人所以願封侯者ᄂᆞᆫ 欲上奉祭
祀ᄒᆞ고 下求溫飽耳니 今에 祭祀則受四方之
珍ᄒᆞ고 衣食則蒙御府餘資ᄒᆞ니 斯豈不足ᄒᆞ야
而必當得一縣乎ㅣ리오 吾ㅣ 計之熟矣로니 勿

有疑也ᄒᆞ라 夫至孝之行은 安親이 爲上이니 今에 數遭變異ᄒᆞ야 穀價ㅣ 數倍ᄒᆞᆯ시 憂惶晝夜ᄒᆞ야 不安坐臥ㅣ어ᄂᆞᆯ 而欲先營外封ᄒᆞ야 違慈母之拳拳乎오 吾ㅣ 素剛急ᄒᆞ야 有胷中氣라 不可不順也ㅣ니라 若陰陽이 調和ᄒᆞ며 邊境이 淸靜然後에아 行子之志ᄒᆞ라 吾ᄂᆞᆫ 但當含飴弄孫ᄒᆞ고 不能復關政矣로리라 時에 新平主家御者ㅣ 失火ᄒᆞ야 延及北閣後殿이어ᄂᆞᆯ 太后ㅣ 以爲己過ㅣ라ᄒᆞ샤 起居ᄅᆞᆯ 不歡ᄒᆞ샤 時에 當謁原陵이러시니 自引守備不愼ᄒᆞ야 慙見陵園이라ᄒᆞ시고 遂不行

ᄒᆞ시니라 初애 大夫人葬애 起墳이 微高ㅣ어늘 太
后ㅣ以爲言ᄒᆞᆫ대 신 兄廖等이 即時減削ᄒᆞ니라
其外親이 有謙素義行者ㅣ어든 輒假借溫言
ᄒᆞ샤 賞以財位ᄒᆞ시고 如有纖介어든 則先見嚴恪
之色然後에야 加譴ᄒᆞ시며 其美車服ᄒᆞ야 不軌法
度者란 便絶屬籍ᄒᆞ야 遣歸田里ᄒᆞ시다 廣平과
鉅鹿과 樂成王이 車騎朴素ᄒᆞ야 無金銀之飾
ᄒᆞ이어늘 帝以白太后ᄒᆞᆫ대 신 太后ㅣ即賜錢各五
百萬ᄒᆞ시니 於是예 內外從化ᄒᆞ야 被服이 如一
ᄒᆞ니 諸家ㅣ惶恐이 倍於永平時ᄒᆞ더라 乃置織

室ᄒᆞ샤 蠶於濯龍中ᄒᆞ시고 數往觀視ᄒᆞ샤 以爲娛
樂ᄒᆞ더시다 嘗與帝로 旦夕에 言道政事ᄒᆞ시며 及
教授諸小王論語經書ᄒᆞ시며 述叙平生ᄒᆞ샤 雍
和終日ᄒᆞ더시다 四年에 天下ㅣ 豐稔ᄒᆞ고 方垂ㅣ
無事ㅣ어늘 帝遂封三舅廖와 防과 光ᄒᆞ야 爲列
侯ᄒᆞ신대 並辭讓ᄒᆞ야 願就關內侯ㅣ어늘 太后ㅣ
聞之曰聖人設教ㅣ 各有其方은 知人情性
이 莫能齊也ㅣ니 吾ㅣ 少壯時연 但慕竹帛ᄒᆞ고
志不顧命ᄒᆞ다니 今雖已老ㅣ나 而復戒之在得
이라 故로 日夜에 惕厲ᄒᆞ야 思自降損ᄒᆞ야 居不求

安ᄒᆞ며食不念飽ᄒᆞ야冀乘此道ᄒᆞ야不負先帝ᄒᆞ며
所以化導兄弟ᄒᆞ야共同斯志ᄒᆞ야欲令瞑目之
日에無所復恨ᄒᆞ니다何意老志를復不從哉
리오萬年之日엔長恨矣로다廖等이不得已ᄒᆞ야
受封爵ᄒᆞ고而退位歸第ᄒᆞ라ᄒᆞ니太后ㅣ其年
에寢疾ᄒᆞ샤不信巫祝小醫ᄒᆞ샤數勅絕禱祀ᄒᆞ더
시니至六月ᄒᆞ야崩ᄒᆞ시니在位二十三年이오年이
四十餘ㅣ러시다

後후漢한明명德덕馬마皇황后후ᄂᆞᆫ伏
복波파將쟝軍군援완의져근ᄯᆞᆯ이시니

라伏복波파將쟝軍군은벼슬이라졈어셔아바님일흐
시고몬오라비客직卿경이민쳡ᄒᆞ고슬
겁더니일죽거늘어마님藺난夫부人인
이슬허病병어더慌황惚홀ᄒᆞ거늘后후
ㅣ그새나히열히러시니집일ᄅᆞᆯᄀᆞ옴아
라다ᄉᆞ리샤죵돌ᄒᆞᆯ그길ᄒᆞ시니안팟기
못조와ᄒᆞ야일이얼운과ᄀᆞᆺ더시니처엄
의모든집이아디못ᄒᆞ더니後후에듣고
다차탄ᄒᆞ야그이히너겨ᄒᆞ더라后후ㅣ
일죽오래병드러겨시거늘大대夫부人

인이ᄒᆞ여곰졈복ᄒᆞ신대졈복ᄒᆞᄂᆞᆫ사ᄅᆞᆷ
이골오ᄃᆡ이ᄯᆞᆯ이비록病병이이시나맛
당히ᄀᆞ장貴귀ᄒᆞ리니兆됴ᄅᆞᆯ니ᄅᆞ디못
ᄒᆞ리로다(兆됴ᄂᆞᆫ占졈복엣말이라)ㅣ後후에ᄯᅩ相샹
보리로블러히야곰모든ᄯᆞᆯ을占졈ᄒᆞᆫ대
后후ᄅᆞᆯ보ᅀᆞᆸ고ᄀᆞ장놀라닐오ᄃᆡ내반ᄃᆞ
시이女녀ᄅᆞᆯ爲위ᄒᆞ야稱칭臣신ᄒᆞ리로
다그러나貴귀ᄒᆞ야도아ᄃᆞᆯ이젹을이니
ᄂᆞᄆᆡ아ᄃᆞᆯ을기ᄅᆞ면힘어ᄃᆞᆷ이맛당ᄒᆞ니
ᄒᆞ니예셔더으리라ᄒᆞ더니ᄲᅧ여太태子

ᄌᆞ宮궁의들으시니그때예나히열세히
러시니陰음皇황后후ᄅᆞᆯ밧드러셤기시
며同동列렬을벗ᄒᆞ로ᄃᆡ졉ᄒᆞ샤ᄃᆡ禮례
則측이닷ᄀᆞ시며ᄀᆞᄌᆞ신대上샹下하ㅣ
편안하녀기더니드듸여寵통異이ᄒᆞ심
을보아샹해後후堂당애겨시더니明명
帝뎨即즉位위ᄒᆞ샤后후로ᄲᅧ貴귀人인
을사므시니라그때예后후前전母모형
의ᄯᆞᆯ賈가氏시ᄯᅩᄲᅧ여드러肅슉宗종을
낫ᄉᆞ온대 肅슉宗종은明명帝뎨아ᄃᆞᆯ님孝효章쟝皇황帝뎨라 帝

뎨ㅣ后후ㅣ아ᄃᆞᆯ이업다ᄒᆞ샤命명ᄒᆞ야
ᄒᆞ여곰기르라ᄒᆞ시고닐ᄋᆞ샤ᄃᆡ사ᄅᆞᆷ이
반ᄃᆞ시제아ᄃᆞᆯ을나하야ᄒᆞᆯ디아니니오
직어엿비녀겨길옴이지극디몯홈을분
별ᄒᆞᆯ셔니라后후ㅣ이예ᄆᆞᄋᆞᆷ을다ᄒᆞ야
ᄡᅳ다ᄃᆞ마기르샤슈고로이ᄒᆞ샴이나ᄒᆞ
니예셔더ᄒᆞ더시니肅슉宗종이ᄯᅩ孝효
性셩이슌화ᄒᆞ고두터오시며恩은性셩
이天텬연히지극ᄒᆞ샤母모子ᄌᆞㅣ慈ᄌᆞ
愛ᄋᆡᄒᆞ샤ᄎᆡ엄과내죵이죠고만ᄉᆞ이도

업스시니라 后후ㅣ 샹해 皇황뎨ᄌᆞ식이
넙디몯ᄒᆞ다ᄒᆞ샤 샴으로 미양 시름을 품으
샤 左좌右우ㅣ 薦쳔達달ᄒᆞ샤ᄃᆡ 몯 밋ᄎᆞ
ᄯᅳ시ᄒᆞ샤 後후宮궁이나 아뢰우오니잇
거든 샹해 慰위로ᄒᆞᆷ을 더으시며 만일에
조조 ᄉᆞ랑ᄒᆞ야 브ᄅᆞ시ᄂᆞ니 어든 더 놉히
ᄃᆡ접ᄒᆞ더시다 永영平평三삼年년 春츈
에 有유司ᄉᆞㅣ 長댱秋츄宮궁 세욤을 엿
ᄌᆞ와ᄂᆞᆯ 長댱秋츄宮궁은 皇황后후宮궁이라 皇帝뎨 닐르디
아니ᄒᆞ엿더시니 皇황太태后후ㅣ 닐르

샤ᄃᆡ馬마貴귀人인이德덕이後후宮궁
에웃듬이니곳그사ᄅᆞᆷ이라ᄒᆞ야시놀드
ᄃᆡ여셰위皇황后후놀삼으시니라이몬
져쏨에져근ᄂᆞᆫ별어지數수업시몸애
블고ᄯᅩ갓과솥과ᄉᆞ이예드러도로ᄂᆞ라
나니라임의宮궁闈위예位위로正정ᄒᆞ
샤더옥스스로謙겸양ᄒᆞ시며싁싁ᄒᆞ더
시다몸길의닐굽자두치시고입이方방
졍ᄒᆞ시고머리털이됴ᄒᆞ시고能능히쥬
易역을외오시며春츈秋츄와楚초辭ᄉᆞ

ᄅᆞᆯ즐겨닐그시며더옥周쥬官관과董동
仲듕舒셔書셔ᄅᆞᆯ잘ᄒᆞ더시다易역과春츈秋츄와楚초
辭ᄉᆞ와周쥬官관은글일훔이오董동仲듕舒셔書셔ᄂᆞᆫ董동仲듕舒셔의ᄆᆡᆼᄀᆞᆫ글
이라샹해굴근깁을니브시고치마애션두
로디아니ᄒᆞ더시니朔삭望망애모ᄃᆞᆫ姬
희첩과공主쥬ㅣ뵈ᄋᆞ올제后후의오시
얼믜고굴금을ᄇᆞ라보고도로혀綺긔
縠곡이라ᄒᆞ다가綺긔ᄂᆞᆫ깁이오縠곡은뵈라나아가
보ᅀᆞᆸ고우ᅀᅳᆫ대后후ㅣ닐러ᄀᆞᆯᄋᆞ샤ᄃᆡ이
깁이각별히믈들임애마졸시ᄡᅳ라ᄒᆞ신

대六륙宮궁이아니嘆탄息식ᄒᆞ리업더
라[六륙宮궁은ᄒᆞ나ᄒᆞᆫ皇황后후ㅣ계신고다ᄉᆞᆺ夫부人인으로아래잇ᄂᆞᆫ곳이라]帝뎨일즉苑원囿유離니宮궁에幸ᄒᆡᆼ
ᄒᆞ거시든[苑원囿유ᄂᆞᆫ後후苑원에즘ᄉᆡᆼ치ᄂᆞᆫᄯᅡ히오離니宮궁은各각別별ᄒᆞᆫ宮궁이라]后후ㅣ믄득風풍邪샤와이슬
과안개로ᄡᅥ警경誡계ᄒᆞ샤말ᄉᆞᆷᄠᅳᆺ이졍
셩되고ᄀᆞᄌᆞ샤조셰이골ᄒᆡ삼을만히
보더시다帝뎨ㅣ濯탁龍룡가온ᄃᆡ幸ᄒᆡᆼ
ᄒᆞ샤[濯탁龍룡은後후苑원일홈이라]모도才ᄌᆡ人인을
다블으시니[才ᄌᆡ人인은後후宮궁벼슬이라]下하邳비

王왕已이下하ㅣ다겨티잇더니 下하과 비王왕

은明명帝뎨 아ᄃᆞᆯ이각 皇황后후ᄅᆞᆯ브르셔請청

ᄒᆞᆫ대帝뎨우어곰ᄋᆞ샤ᄃᆡ이家가ㅣ 家가ᄂᆞᆫ皇

황后후ᄅᆞᆯ닐온말이라 ᄠᅳᆮ이樂락ᄋᆞᆯ됴히녀기디아

니ᄒᆞᄂᆞ니비록오나즐겨아니ᄒᆞ리라ᄒᆞ

시니이러모로놀고즐기시ᄂᆞᆫ일에일즉

조太ᄐᆡ시미드므더시다十십五오年년에

帝뎨ㅣ地디圖도ᄅᆞᆯ보샤장ᄎᆞᆺ皇황子ᄌᆞ

ᄅᆞᆯ封봉ᄒᆞ려ᄒᆞ샤ᄃᆡ다諸졔國국에半반

만ᄒᆞ려ᄒᆞ더시니后후ㅣ보ᅀᆞᆸ고ᄉᆞᆯ와골

ᄋᆞ샤ᄃᆡ 모ᄃᆞᆫ 아ᄃᆞᆯ이 ᄇᆞ롯두어 縣현만 먹
음이 법에 아니 너무 적으니잇가 帝뎨 ᄀᆞᆯ
ᄋᆞ샤ᄃᆡ 내 아ᄃᆞᆯ이 엇디 先션帝뎨 아ᄃᆞᆯ로
더브러 ᄀᆞᆯ오리오 ᄒᆞᆫ 회예 二이千쳔萬만
을 줌이 足죡ᄒᆞ니라 그 ᄯᅢ예 楚쵸獄옥이
여러 ᄒᆡ를 못디 못ᄒᆞ야 楚쵸獄옥은 楚쵸王왕英영이 謀모
叛반ᄒᆞ거ᄂᆞᆯ 져주더니라 갓티니 들히 서르 지여 가텨
이 甚심히 하더니 后후ㅣ 그릇홈이 만흔
가 념녀ᄒᆞ야 ᄉᆞ이를 타 말ᄉᆞᆷ홈애 슬허ᄒᆞ
신대 帝뎨ㅣ 感감동ᄒᆞ야 ᄭᆡ드ᄅᆞ샤 밤의

날어彷방徨황ᄒᆞ샤彷방徨황은머뭇거리ᄂᆞᆫ뜻디라엿
ᄌᆞ온바ᄅᆞᆯ싱각ᄒᆞ샤뭇ᄎᆞᆷ내만히놋ᄂᆞᆫ배
잇더라그ᄢᅢ예諸제將장의엿ᄌᆞᆸᄂᆞᆫ일과
公공卿경의議의논이결키어려운일을
帝뎨ᄌᆞ조后후ㅣ뭇ᄌᆞᆸ거시든后후ㅣ끌
희집어理리예맛게ᄒᆞ샤각각그情졍을
엇더시다샹해뫼와실적의곳말ᄉᆞᆷ이政
졍事ᄉᆞ애미ᄎᆞ샤ᄃᆞᆸᄂᆞᆫ배만ᄒᆞ시고일ᄌᆞᆸ
집의ᄉᆞᄉᆞ일로ᄡᅥ干간구ᄒᆞ야ᄒᆞ고져아
니ᄒᆞ실ᄉᆡ寵통ᄒᆞ시며공경ᄒᆞ샴이날로

더으샤처엄으로내죵내衰쇠홈이업스
시니라밋帝뎨업스샤ᄂᆞᆯ肅슉宗종이即
즉位위ᄒᆞ샤后후ᄅᆞᆯ尊존ᄒᆞ샤皇황太태
后후ㅣ라ᄒᆞ시다諸제貴귀人인이南남
宮궁에올마가거ᄂᆞᆯ諸제貴귀人인은明명帝뎨後후宮궁이
라太태后후ㅣ ᄯᅥ나ᄂᆞᆫ ᄠᅳ들感감ᄒᆞ샤각
각王왕赤적綬슈ᄅᆞᆯ주시고赤적은블근거시오綬슈
ᄂᆞᆫ印인ᄭᅳᆫ히라安안車거駟ᄉᆞ馬마와安안車거ᄂᆞᆫ안자ᄐᆞ
ᄂᆞᆫ술위오駟ᄉᆞ馬마ᄂᆞᆫ네ᄆᆞᆯ이라白빅越월三삼千쳔필
白빅越월은플와로나ᄒᆞᆫ뵈라雜잡帛빅二이千쳔匹

필와黃황金금열斤근을더주시다스스로顯현宗종起긔居거注주롤撰찬집ᄒᆞ샤ᄃᆡ 起긔居거注주ᄂᆞᆫ 實실錄록이라 몬오라비防방의醫의藥약애참예ᄒᆞᆫ일을업시ᄒᆞ거시ᄂᆞᆯ帝뎨ㅣ請청ᄒᆞ야곰ᄋᆞ샤ᄃᆡ黃황門문아자비 黃황門문은 벼슬이라 朝됴夕셕에供공養양ᄒᆞ오미ᄒᆞᆫ히니임의褒포異이홈이업ᄉᆞᆸ고ᄯᅩ勤근勞로롤긔錄록디아니ᄒᆞ시니아니過과ᄒᆞ니잇가太태后후ㅣ니ᄅᆞ샤ᄃᆡ내後후世세로ᄒᆞ야곰先션帝뎨ㅣ後

후宮궁의집을조親친히ᄒᆞ샤몰ᄃᆞ디
아니콰뎌ᄒᆞ논연고로ᄡᅳ디아니ᄒᆞ노라
建건初초元원年년애모ᄃᆞᆫ아자비ᄅᆞᆯ封
봉爵쟉ᄒᆞ려커ᄂᆞᆯ太태后후ㅣ듯디아니
ᄒᆞ여겨시다니이듬ᄒᆡᆺ녀ᄅᆞᆷ이ᄀᆞ장ᄀᆞ몰
거ᄂᆞᆯ일을ᄂᆞᆯ을사ᄅᆞᆷ이ᄡᅥ호ᄃᆡ外외戚쳑
을封봉티아니ᄒᆞᆫ연괴라ᄒᆞᆫ대外외戚쳑은어믜편
결래라有유司ᄉᆞㅣ이ᄅᆞᆯ因인ᄒᆞ야엿ᄌᆞ오
ᄃᆡ녯法법을조太ᄎᆞ샴이맛당ᄒᆞ시도소이
다太태后후ㅣ詔조ᄒᆞ야ᄀᆞᄅᆞ샤ᄃᆡ므ᄅᆞᆺ

일니ᄅᆞᆯ사ᄅᆞᆷ이다내게괴여ᄇᆡ福복을求
구ᄒᆞ져홈이라녜王왕氏시五오侯후ㅣ
王왕氏시五오侯후ᄂᆞᆫ成셩帝뎨時시예 太태后후오라비다ᄉᆞᆺ슬封봉ᄒᆞ야ᄂᆞᆯ닐
오되五오侯후ㅣ라ᄒᆞ더니라 ᄒᆞᄅᆞ다封봉ᄒᆞ야ᄂᆞᆯ그ᄢᆡ
누른안개녜편의막히고비온應응을듯
디몯ᄒᆞ며ᄯᅩ田뎐蚡분과竇두嬰영이 田뎐
蚡분은景경帝뎨皇황后후오라비오竇 두嬰영은文문帝뎨皇황后후四ᄉᆞ寸촌
오라비아ᄃᆞᆯ이라 寵통貴귀ᄒᆞ고橫횡恣ᄌᆞᄒᆞ야
傾경覆복ᄒᆞᆫ禍화ㅣ 傾경은기울미오覆 복은업더딤이라
世세예傳뎐ᄒᆞᆫ배되니그런고로先션帝

뎨ㅣ舅구氏시를마가삼가샤종요로온
벼슬에잇게아니ᄒᆞ시고모든아ᄃᆞᆯ封봉
홈을楚초와淮회陽양나라해ᄇᆞᄅᆞᆺ半반
만ᄒᆞ게ᄒᆞ샤楚초와淮회陽양은光광武무아ᄃᆞᆯ封봉ᄒᆞᆫ나라히라
샹해닐ᄋᆞ샤ᄃᆡ내아ᄃᆞᆯ이맛당이先션帝
뎨아ᄃᆞᆯ로더블어골오디몯ᄒᆞ리라ᄒᆞ시
니이제有유司ᄉᆞㅣ얻디馬마氏시로陰
음氏시세比비ᄒᆞᄂᆞ뇨내天텬下하앳어
미되얀ᄂᆞᆫ디라몸애굴근깁니브며머그
매됴ᄒᆞᆫ거슬求구티아니ᄒᆞ며左좌右우

옛사ᄅᆞᆷ이오직닙과뵈ᄅᆞᆯ닙고香향薰훈
엣ᄯᅡ만거시업슴은 薰훈은香향내 나ᄂᆞᆫ프리라 ᄆᆞᄋᆞᆷ으
로아래ᄅᆞᆯ거느리고져홈이라뻐호되外
외親친이보면반ᄃᆞ시ᄆᆞᄋᆞᆷ애슬허제계
틱ᄒᆞ리라ᄒᆞ다니오직우어닐오되太태
后후ㅣ본ᄃᆡ儉검박홈을됴하ᄒᆞᆫ다ᄒᆞᄂᆞ
다젼의濯탁龍룡門문우희디나갈제外
외家가의起긔居거 起긔居거ᄂᆞᆫ安안 否부ㅣ란말이라 ᄒᆞ
ᄂᆞᆫ사ᄅᆞᆷ을보니술의ᄂᆞᆫ흐르ᄂᆞᆫ믈ᄀᆞᆺᄒᆞ며
ᄆᆞᆯ은노ᄂᆞᆫ龍룡ᄀᆞᆺᄒᆞ며倉창頭두ㅣ 倉창頭두

ᄂᆞᆫ 종이라 ᄑᆞ론 襦유ᄅᆞᆯ 닙피 襦구ᄂᆞᆫ 오시라 옷깃과 ᄉ

매 正정히 희거ᄂᆞᆯ 도라 御어者쟈 御어者쟈ᄂᆞᆫ 台

臺미신이라 ᄅᆞᆯ 뵈니 못 밋ᄎᆞᆷ이 머더라 그런고

로 외다 ᄒᆞ야 怒노홈을 더으디 아니ᄒᆞ고

다만 歲세예 빌거ᄉᆞᆯ고 칠ᄯᆡ롬은 그 ᄆᆞᄋᆞᆷ

애 죰죰ᄒᆞ야 븟그리과뎌 ᄇᆞ라거늘 오히

려 게을러나라 근셤ᄒᆞ고 집니졸혬이 업

스니 臣신하 아로미 님금 ᄀᆞᆺᄒᆞ니 업스니

ᄒᆞᆫ 몰매빌레 ᄯᅡ냐 내 엇디 可가히 우흐로

先션帝뎨 ᄠᅳᆺ을 져ᄇᆞ리고 아래로 先션ᄉ

인의德덕을ᄒᆞ야ᄇᆞ려다시西서京경의
西서京경은前젼漢한이라 敗패亡망ᄒᆞᆫ禍화ᄅᆞᆯ조太
리오ᄒᆞ시고구티여許허티아니ᄒᆞ신대
帝뎨ㅣ조셔ᄅᆞᆯ보시고슬허탄식ᄒᆞ샤ᄯᅩ
다시請쳥ᄒᆞ야ᄀᆞᆯᄋᆞ샤ᄃᆡ漢한이니러남
애舅구氏시의封봉侯후ᄒᆞ욤은皇황子太
의王왕되욤과ᄀᆞᆮᄒᆞ니太태后후ㅣ진실
로謙겸虛허ᄒᆞ심을두시나엇디날로ᄒᆞ
여곰ᄒᆞ올로세아자비게은혜ᄅᆞᆯ더으디아
니케ᄒᆞ시ᄂᆞ니잇고ᄯᅩ衛위尉위ᄂᆞᆫ나히

놉고 衛위尉위난太태后후몬올아비廖료의벼슬이라 兩량校교尉위난큰病병이잇ᄂᆞ니 兩량校교尉위난防방과光광의벼슬이라 만일죽으면날로ᄡᅥ에사길恨호을기리가져시리니맛당이吉길時시ᄅᆞᆯ밋처홀ᄯᅥ라可가히더듸머므로ᄃᆡ못ᄒᆞ리이다太태后후ㅣᄃᆡ답ᄒᆞ야ᄀᆞᆯᄋᆞ샤ᄃᆡ내두르힐휘싱각ᄒᆞ야ᄒᆞ여곰둘히됴키ᄅᆞᆯ싱각ᄒᆞ노니엇디ᄒᆞᆫ갓謙겸讓양ᄒᆞᆫ닷일홈을엇고져ᄒᆞ야帝뎨로外외施시티아니ᄒᆞᆫ혐의ᄅᆞᆯ가지게ᄒᆞ리오 外외施시난外외戚

척에恩은惠혜로뎌음이라 竇두太태后후ㅣ王왕皇황后후ᄆᆞᆺ오라비ᄅᆞᆯ封봉ᄒᆞ려커늘 竇두太태后후ᄂᆞᆫ文문帝뎨皇황后후ㅣ오 王왕皇황后후ᄂᆞᆫ景경帝뎨皇황后후ㅣ라 丞승相샹條됴侯후ㅣ닐오ᄃᆡ 高고祖조언약을바닷노니 丞승相샹條됴侯후ᄂᆞᆫ前젼漢한周쥬亞아夫부의벼슬이라 軍군功공업스니와劉뉴氏시아니어든侯후티말라ᄒᆞ니 이제馬마氏시ㅣ나라해功공이업스니 엇디陰음郭곽 陰음郭곽은陰음氏시郭곽氏시라 中듕興흥ᄒᆞ신后후와곧오리오 일즉富부貴귀ᄒᆞᆫ집을보니祿

록과벼슬이重듕疊텹ᄒᆞ옴이다시여름
연남기그블휘반ᄃᆞ시傷샹홈ᄀᆞᆺᄒᆞ며ᄯᅩ
사ᄅᆞᆷ이ᄲᅧ封봉侯후ᄅᆞᆯ願원ᄒᆞᄂᆞᆫ바ᄂᆞᆫ우
ᄒᆞ론祭제祀ᄉᆞᄅᆞᆯ밧들고아래론더우며
비블옴을求구홈이니이제祭제祀ᄉᆞᄂᆞᆫ
四ᄉᆞ方방앳귀ᄒᆞᆫ거슬밧고衣의食식은
御어府부앳나ᄆᆞᆫ거슬닙ᄂᆞ니이엇디不
블足죡ᄒᆞ야구티여ᄒᆞᆫ고을홀가지미맛
당ᄒᆞ리오내혜알이믈니기호니의심을
두디말라지극ᄒᆞᆫ효도앳힝실은어버이

롤편안케호미웃듬이니이제조조變변
異이롤만나곡식갑시두어뵐ᄉ밤나지
근심ᄒ며두려워안조며누음을편안이
몯ᄒ거늘外외戚쳑封봉홈을몬져호려
ᄒ야慈ᄌ母모의拳권拳권홈을거스로
려ᄒ느뇨拳권拳권운분별홈이라내본ᄃ剛강ᄒ고
셜라가숨애그운이인ᄂ디라順슌티아
니ᄒ디몯ᄒ리라만일陰음陽양이調됴
和화ᄒ며邊변境경이믉아괴요ᄒ後후
에야그ᄃ의ᄠ들行힝ᄒ라나는오직여

슬머우머손ᄌᆞ롤희롱ᄒᆞ고다시政졍事
ᄉᆞ로참예티아니호리라그ᄢᅢ예新신平
평公공主쥬집사ᄅᆞᆷ이블을내여北븍閣
각後후殿뎐에밋처놉太태后후ㅣᄡᅥ내
죄라ᄒᆞ샤起긔居거롤즐기디아니ᄒᆞ샤
그ᄢᅢ예原원陵릉에뵈오려ᄒᆞ더시니ᄉᆞ
ᄉᆞ로간슈ᄒᆞᆷ을삼가디못호라ᄒᆞ야陵릉
園원에뵈옴을븟ᄭᅳ려라ᄒᆞ시고아니가
시니라처엄의大대夫부人인영장애분
묘밍ᄀᆞ롬이져기놉거늘太태后후ㅣᄡᅥ

니ᄅᆞ신대 몯오라 비 廖료 돌히 卽즉 時시
예 더러 갓그니라 그 外외 親친이 謙겸 양
ᄒᆞ며 검박ᄒᆞ야 어딘 ᄒᆡᆼ실이 잇거든 곳 溫
온 화ᄒᆞᆫ 말ᄉᆞᆷ으로 빌리샤 지믈과 벼슬로
賞상ᄒᆞ시고 만일 죠고맛 허믈이 잇거든
몬져 ᄉᆡᆨᄉᆡᆨᄒᆞᆫ ᄂᆞᆺ빗ᄎᆞᆯ 뵈신 後후에야 외다
ᄒᆞ시며 그 술의와 오ᄉᆞᆯ 됴히 ᄒᆞ야 法법을
좃디 아니ᄒᆞᄂᆞ니란 곳 屬쇽籍적에 그처
ᄉᆡ골애 보내더시다 屬쇽籍적은 族족親친일홈브튼 글월이
라 廣광平평과 鉅거鹿록과 樂악成셩王

양이 廣광平평王왕과 鉅거鹿록王왕과 樂악成셩王왕은 다 明명帝뎨 아ᄃᆞᆯ
이라 술의와 몰이 검박ᄒᆞ야 金금銀은으로
ᄭᅮ민 거시 업거ᄂᆞᆯ 帝뎨ㅣ 써 太태后후ᄭᅴ
ᄉᆞᆯ오신대 太태后후ㅣ 즉시 돈을 각각 五
오百ᄇᆡᆨ 萬만을 주시니 이에 內ᄂᆡ外외 化
화ᄅᆞᆯ 조차 옷 닙음이 ᄒᆞᆫ골ᄀᆞᆺᄒᆞ니 모ᄃᆞᆫ 집
이 두려홈이 永영平평 시절에셔 더으더
라 織직室실을 두샤 織직室실은 뵈 ᄧᆞᄂᆞᆫ 집이라 濯탁
龍룡 가온대 누에 치이시고 ᄌᆞ조 가 보샤
즐겨ᄒᆞ더시다 일즉 帝뎨로 더브러 朝됴

夕셕에政졍事ᄉᆞ를니ᄅᆞ시며모ᄃᆞᆫ져믄
王왕을論논語어와經경書셔를ᄀᆞᄅᆞ치
시며平평生ᄉᆡᆼ을니ᄅᆞ샤終죵日일토록
雍옹和화ᄒᆞ더시다雍옹ᄋᆞᆫ和화ᄒᆞ미라四ᄉᆞ年년
에天텬下하ㅣ가ᄋᆞ멸고ᄉᆞ방ᄀᆡ이無무
事ᄉᆞ커늘帝뎨세아자비廖료와防방과
光광을封봉ᄒᆞ야列녈侯후를삼으신대
다辭ᄉᆞ讓양ᄒᆞ야關관內ᄂᆡ侯후를ᄒᆞ야
지이다ᄒᆞ야ᄂᆞᆯ關관內ᄂᆡ侯후ᄂᆞᆫ벼슬이라太태后후
ㅣ드르시고니ᄅᆞ샤ᄃᆡ聖셩人인이ᄀᆞᄅᆞ

치몸밍ᄀᆞᄅᆞ샤미각각그법이이심은사
룸의情졍性셩이能능히ᄀᆞ족디몯홈을
아ᄅᆞ시니내졈어壯쟝ᄒᆞᆫᄠᆡ엔오직竹듁
帛빅을ᄉᆞ랑ᄒᆞ고竹듁帛빅은녜죠희업서대와깁의쓸ᄉᆡ竹듁
帛빅이라ᄒᆞ니라ᄠᅳᆺ에命명을도라보디아니터
니이제비록임의늘그나ᄯᅩ경계홈이어
듬애잇ᄂᆞᆫ디라이러모로日일夜야애조
심ᄒᆞ야내ᄂᆞ조기ᄒᆞ며덜옴을ᄉᆡᆼ각ᄒᆞ야
거쳐홈애편안홈을求구티아니ᄒᆞ며음
식홈애비블옴을ᄉᆡᆼ각디아니ᄒᆞ야이道

도롤가져先션帝뎨롤져ᄇᆞ리디아니ᄒᆞ
며兄형弟뎨롤ᄀᆞᄅᆞ처이ᄠᅳᆮ을ᄀᆞᆺ게ᄒᆞ야
눈곰을날애다시뉘웃ᄂᆞᆫ배업게ᄒᆞ고져
ᄒᆞ다니엇ᄂᆞ늘그늬ᄠᅳᆮ을다시좃디아니
ᄒᆞᆫ을ᄠᅳᆺᄒᆞ리오萬만年년후에기리뉘웃
ᄎᆞ리로다廖료돌히不블得득已이ᄒᆞ야
封봉爵쟉을밧고벼슬아니코집의도라
가니라太태后후ㅣ그히예오래병드ᄅᆞ
샤무당과의원을밋디아니ᄒᆞ샤禱도祀
ᄉᆞ말라조조계틱ᄒᆞ더시니六륙月월에

니르러죽으시니位위예겨심이스믈세
히시고나히마ᄋᆞ나ᄆᆞ니러시다
後漢和熹鄧皇后ᄂᆞᆫ太傅禹之孫也ㅣ시니라父
訓은護羌校尉오母ᄂᆞᆫ陰氏니光烈皇后從
弟女也ㅣ라后ㅣ年이五歲예太傅夫人이愛
之ᄒᆞ야自爲剪髮ᄒᆞ더니夫人이年高目冥ᄒᆞ야誤
傷后額ᄒᆞᆫ대忍痛不言이어시ᄂᆞᆯ左右ㅣ怪而問之
ᄒᆞᆫ대后ㅣ曰非不痛也ㅣ언마ᄂᆞᆫ大夫人이哀憐ᄒᆞ야
爲斷髮ᄒᆞ실시難傷老人意故로忍之耳로라六
歲예能史書ᄒᆞ시고十二예通詩論語ᄒᆞ더시니諸

兄이每讀經傳이어든輙下意難問ᄒᆞ샤志在典
籍ᄒᆞ시고不問居家之事ㅣ어시늘母ㅣ常非之曰
汝ㅣ不習女工ᄒᆞ야以供衣服ᄒᆞ고乃更務學ᄒᆞ니
寧當擧博士耶아后ㅣ重違母言ᄒᆞ샤晝修婦
業ᄒᆞ시고暮誦經傳ᄒᆞ신대家人이號曰諸生이라
ᄒᆞ더니父訓이異之ᄒᆞ야事無大小히輙與詳議
ᄒᆞ더라永元四年에當以選入ᄒᆞ시더니會訓이卒
ᄒᆞ거늘后ㅣ晝夜애號泣ᄒᆞ시고終三年토록不食鹽
菜ᄒᆞ샤憔悴毁容이어시늘親人이不識之ᄒᆞ더라后
ㅣ嘗夢捫天ᄒᆞ시니蕩蕩正青ᄒᆞ고若有鍾乳狀

이어ᄂᆞᆯ 乃仰漱飲之ᄒᆞ시고 以訊諸占夢ᄒᆞ신대 言
호되 堯ㅣ夢에 攀天而上ᄒᆞ시고 湯ㅣ夢에 及天
而咶之ᄒᆞ시니 斯皆聖王之前占이라 吉不可言
이로다 又相者ㅣ見后ᄒᆞ고 驚曰此ᄂᆞᆫ 成湯之法
이로다ᄒᆞ야ᄂᆞᆯ 家人이 竊喜而不敢宣ᄒᆞ니라 后의 叔
父陔ㅣ言嘗聞活千人者ᄂᆞᆫ 子孫이 有封이라
ᄒᆞ니 兄訓이 爲謁者에 使修石臼河ᄒᆞ야 歲活數
千人ᄒᆞ니 天道ㅣ可信인면 家必蒙福ᄒᆞ리라 初애
太傅ㅣ嘆曰吾ㅣ將百萬之衆ᄒᆞ야 未嘗妄殺
一人ᄒᆞ니 其後世에 必有興者ᄒᆞ리라 七年에 后

ㅣ復與諸家子로俱選入宮ᄒᆞ시니后ㅣ長이
七尺二寸이오姿顔이姝麗ᄒᆞ야絶異於衆ᄒᆞ시니
左右ㅣ皆驚ᄒᆞ더라八年冬에入掖庭ᄒᆞ샤爲貴
人ᄒᆞ시니時年이十六이시러니恭肅小心ᄒᆞ샤動有
法度ᄒᆞ샤承事陰后ᄒᆞ샤夙夜戰兢ᄒᆞ며接撫
同列ᄒᆞ샤常克己以下之ᄒᆞ며雖宮人隷役
이라도皆假恩借ᄒᆞ신대和帝深嘉愛焉ᄒᆞ시더니及
后ㅣ有疾ᄒᆞ얀特令后의母와兄弟로入侍醫
藥ᄒᆞ야不限日數ㅣ시어늘后ㅣ言於帝曰宮禁이
至重이어늘而使外舍로从在內省ᄒᆞ야上令陛

下로 有幸私之譏ᄒᆞ고 下使賤妾으로 獲不知足
之謗ᄒᆞ야 上下ㅣ交損을 誠不願也ᄒᆞ이다 上帝曰
人이 皆以數入으로 爲榮이어ᄂᆞᆯ 貴人은 反以爲
憂ᄒᆞ야 深自抑損ᄒᆞ니 誠難及也ㅣ로다 每有讌會
예 諸姬貴人이 競自修整ᄒᆞ야 簪珥光采ᄒᆞ며 袿
裳을 鮮明이어ᄂᆞᆯ 而后ㅣ獨着素ᄒᆞ샤 裝服이 無
飾ᄒᆞ시며 其衣有與陰后로 同色者ㅣ어든 卽時
解易ᄒᆞ시며 若並時進見이어시든 則不敢正坐離
立ᄒᆞ시며 行則僂身自卑ᄒᆞ시며 帝每有所問이어
시든 常逡巡後對ᄒᆞ샤 不敢先陰后言ᄒᆞ시더니 帝知

后의 勞心曲體ᄒᆞ시고 歎曰 修德之勞ㅣ 乃如
是乎아 後에 陰后ㅣ 漸踈ᄒᆞ거늘 每當御見ᄒᆞ샤
輒辭以疾ᄒᆞ시더다 時애 帝數失皇子ㅣ시어늘 后ㅣ
憂繼嗣ㅣ 不廣ᄒᆞ샤 恒垂涕歎息ᄒᆞ샤 數選進才
人ᄒᆞ샤 以博帝意ᄒᆞ시니 陰后ㅣ 見后의 德稱이
日盛ᄒᆞ고 不知所爲ᄒᆞ야 遂造祝詛ᄒᆞ야 欲以爲害
ᄒᆞ더라 帝嘗寢病危甚ᄒᆞ시니 陰后ㅣ 密言호ᄃᆡ 我
ㅣ 得意ᄒᆞ면 不令鄧氏로 復有遺類호리라 后ㅣ
聞ᄒᆞ시고 乃對左右ᄒᆞ야 流涕言曰 我ㅣ 竭誠盡
心ᄒᆞ야 以事皇后호ᄃᆡ 竟不爲所祐ᄒᆞ니 而當獲罪

於天이로다 婦人이 雖無從死之義나 然이나 周公이 身請武王之命ᄒᆞ며 越姬心誓必死之分ᄒᆞ니 上以報帝之恩ᄒᆞ며 中以解宗族之禍ᄒᆞ며 下不令陰氏로 有人家之譏호리라ᄒᆞ시고 即欲飮藥이어시ᄂᆞᆯ 宮人趙玉者ㅣ 固禁之ᄒᆞ야 因詐言ᄒᆞ되 屬有使来ᄒᆞ니 上疾이 已愈ㅣ로소이다ᄒᆞ야ᄂᆞᆯ 后ㅣ 信以爲然ᄒᆞ샤 乃止ᄒᆞ시니 明日에 帝果瘳ᄒᆞ시니라 十四年夏애 陰后ㅣ 以巫蠱事로 廢어ᄂᆞᆯ 后ㅣ 請救不能得ᄒᆞ시니 帝便屬意焉ᄒᆞ신대 后ㅣ 愈稱疾篤ᄒᆞ샤 深自閉絶ᄒᆞ시더니 會有司ㅣ 奏建長秋宮

ᄒᆞᆫ대 帝曰皇后之尊이 與朕同體ᄒᆞ야 承宗廟ᄒᆞ며
母天下ᄒᆞ니 豈易哉리오 唯鄧貴人이 德冠後
庭ᄒᆞ니 乃可當之니라 至冬ᄒᆞ야 立爲皇后ᄒᆞᆫ대 신 辭
讓者ㅣ三 然後에야 即位ᄒᆞ샤 手書表謝ᄒᆞ샤 深陳
德薄ᄒᆞ야 不足以充小君之選이라 ᄒᆞ시다 是時예
方國貢獻을 競求珍麗之物ᄒᆞ니 더 自后ㅣ即
位로 悉令禁絶ᄒᆞ고 시 歲時예 但供紙墨而已
러라 帝每欲官爵鄧氏어든 시 后ㅣ輒哀請謙讓
故로 兄騭이 終帝世ᄒᆞ되 不過虎賁中郎將ᄒᆞ니
라 元興元年에 帝崩커시ᄂᆞᆯ 長子平原王이 有

疾ᄒᆞ고、而諸皇子夭歿이前後十數ㅣ러니後生
者를輒隱秘ᄒᆞ야養於人間ᄒᆞ더니殤帝生이始
百日이러시니后ㅣ乃迎立之ᄒᆞ시다尊后ᄒᆞ야爲皇
太后ᄒᆞ시고太后ㅣ臨朝ᄒᆞ시니라和帝葬後에宮
人이並歸園이러니太后ㅣ賜周馮貴人策曰
朕與貴人으로託配後庭ᄒᆞ야共歡等列이十有
餘年이러니不獲福祐ᄒᆞ야先帝早棄天下ᄒᆞ시니
孤心煢煢ᄒᆞ야靡所瞻仰이라夙夜永懷ᄒᆞ야感愴
이發中이로다今當以舊典으로分歸外園일시慘
結增歎호니燕燕之詩ᄂᆞᆫ曷能喩焉이리오、其賜

貴人王青蓋車와 釆飾輅와 驂馬各一駟와
黃金三十斤과 雜帛三千匹와 白越四千端
ᄒᆞ라ᄒᆞ시고 又賜馮貴人王赤綬ᄒᆞ시고 以未有步
搖環珮ㅣ라ᄒᆞ샤 加賜各一具ᄒᆞ시다 是時예 新遭
大憂ᄒᆞ야 法禁이 未設이러니 宮中이 亡大珠一
篋ᄒᆞᆫ대 太后ㅣ 念欲顧問ᄒᆞ샤ᄃᆡ 必有不辜ㅣ라ᄒᆞ샤
乃親閱宮人ᄒᆞ샤 觀察顏色ᄒᆞ시니 即時예 首服
ᄒᆞ니라 又和帝幸人吉成의 御者ㅣ 共枉吉成
以巫蠱事ᄒᆞ야늘 遂下掖庭ᄒᆞ야 考訊ᄒᆞ시니 辭證
이 明白ᄒᆞ더니 太后ㅣ 以先帝左右로 待之有

息이라도 平日애 尙無惡言ᄒᆞ더니 今及若此ᄒᆞ니
不合人情이라ᄒᆞ시고 更自呼見ᄒᆞ샤 實覈ᄒᆞ시니 果
御者의 所爲어ᄂᆞᆯ 莫不歎服ᄒᆞ야 以爲聖明이라ᄒᆞ니
라

後후漢한和화熹희鄧등皇황后후ᄂᆞᆫ 太
태傅부禹우의 손ᄌᆞㅣ시니라 太태傅부ᄂᆞᆫ 벼슬이
라 아바님 訓훈은 護호羌강校교尉위오
護호羌강校교尉위ᄂᆞᆫ 벼슬이라 어마님은 陰음氏시니
光광烈렬皇황后후ㅅ ᄉᆞ촌 아의 ᄯᆞᆯ이라 后
후ㅣ 나히 다ᄉᆞᆺ 설의 太태傅부夫부人인

이ᄉᆞ랑ᄒᆞ야손조머리털을ᄡᅡᆨ더니夫부
人인이나히늘거눈이어두워그릇后후
의니마ᄒᆞᆯ샹호ᄃᆡ알픔을츔으샤니ᄅᆞ디
아니ᄒᆞ거시늘左좌右우엣사ᄅᆞᆷ이잇고이
히녀겨뭇ᄌᆞ온대后후ㅣ罒ᄅᆞ샤ᄃᆡ알프
디아니ᄒᆞᆫ줄이아니언마ᄂᆞᆫ大대夫부人
인이어엿비녀겨머리ᄅᆞᆯ갓ᄀᆞ실ᄊᆡ늘그
신네ᄠᅳᆺ을구침이어려옴으로츔노라여
ᄉᆞᆺ설의史ᄉᆞ書셔ᄅᆞᆯ잘ᄒᆞ시고史ᄉᆞ記긔ᄂᆞᆫ열
ᄃᆞᆯ헤詩시와論론語어ᄅᆞᆯ通통ᄒᆞ더시니

모ᄃᆞᆫ 오라비 ᄆᆡ양 經경傳뎐을 經경傳뎐은 성경현뎐이라 닐글 적이어든 곳 ᄠᅳᆮ을 ᄂᆞᄌᆞ기 ᄒᆞ샤 힐난ᄒᆞ야 무ᄅᆞ샤 ᄠᅳᆮ을 典뎐籍젹의 두시고 집사리 일을 묻디 아니커시ᄂᆞᆯ 어마님이 샹해 외오 녀겨 니ᄅᆞ샤ᄃᆡ 네 계집의 일을 니겨 衣의服복을 ᄒᆞ디 아니코 다시 곰 學ᄒᆞᆨ問문을 힘ᄡᅥ ᄒᆞ니 엇디 맛당히 博박士소ㅣ 되랴 博박士ᄉᆞ는 션비 벼슬이라 后후ㅣ 어마님 말ᄉᆞᆷ 어그릇ᄎᆞᆷ을 重듕히 너기샤 나지어든 겨집의 일을 닷그시고 밤이어든 글을

외오신대집사ᄅᆞᆷ이일홈을션비라ᄒᆞ더
니아바님訓훈이그이히녀겨일을크니
져그니업시곳더브러조셰히의논ᄒᆞ더
라永영元원四ᄉᆞ年년에맛당히ᄲᅡ르
실러니마ᄎᆞᆷ아訓훈이죽거시늘后후ㅣ
晝듀夜야에우르시고三삼年년이ᄆᆞᆺ도
록소곰과ᄂᆞ믈을자시디아니ᄒᆞ샤여위
여녯얼골이업거시늘親친ᄒᆞᆫ사ᄅᆞᆷ이아
라보디몯ᄒᆞ더라后후ㅣ일죽ᄭᅮᆷ에하ᄂᆞᆯ
ᄒᆞᆯᄆᆞᆫ지시니蕩탕蕩탕ᄒᆞ야正졍히펴러

ᄒᆞ고 湯탕湯탕은 고면양이라 넙 鍾종乳유 ᄒᆞᆼ상곤ᄒᆞ
거시잇거늘 鍾종乳유ᄂᆞᆫ 藥약일홈이이 울어러새라
자시고꿈占졈ᄒᆞᄂᆞᆫ사ᄅᆞᆷᄃᆞ려무르신대
닐오ᄃᆡ堯요ㅣ꿈에하ᄂᆞᆯ을잡아오ᄅᆞ시
고湯탕이꿈에하ᄂᆞᆯ해맛처할ᄒᆞ시니어
ᄂᆞᆫ다聖셩王왕의알핏占졈이라吉길ᄒᆞᆷ
을可가히니ᄅᆞᄃᆡ몯ᄒᆞ리로다ᄯᅩ相샹보
사ᄅᆞᆷ이后후롤보ᅀᆞᆸ고ᄂᆞᆯ라닐오ᄃᆡ이ᄂᆞᆫ
成셩湯탕의法법이로다ᄒᆞ야ᄂᆞᆯ집사ᄅᆞ
이그ᄋᆞ기깃거ᄒᆞᄃᆡ감히니ᄅᆞᄃᆡ아니ᄒᆞ

니라后후의아자비陵히널오ᄃᆡ일즉드

르니千쳔人인을살온者쟈ᄂᆞᆫ子ᄌᆞ孫손

이封봉ᄒᆞ리잇다ᄒᆞ니兄형訓훈이謁알

者쟈ㅣ되여셔 謁알者쟈ᄂᆞᆫ 벼슬이라 石셕白구河

하ᄅᆞᄅᆞ닷가 石셕白구河하ᄂᆞᆫ 믈일홈이라 ᄒᆡ마다數수千

쳔人인을살오니天텬道도ㅣ可가히밋

블단다집이반ᄃᆞ시福복을닙으리라처

엄의太태傅부ㅣ嘆탄ᄒᆞ야널오ᄃᆡ내百

ᄇᆡᆨ萬만衆즁을거느려일즉ᄒᆞᆫ사ᄅᆞᆷ도간

대로죽이디아니ᄒᆞ니後후世셰예반ᄃᆞ

시니라나리이시리라ᄒᆞ니라七칠年년

에后후ㅣ또모ᄃᆞᆫ집子ᄌᆞ식과ᄒᆞᆷᄭᅴᄉᆡᆼ여

宮궁의드르시니后후ㅣ킈닐곱자두치

시고양지고와모ᄃᆞᆫ듕에ᄀᆞ장다ᄯᆞ더시

니左좌右우ㅣ다놀라더라八팔年년겨

을에掖익庭뎡에드르샤掖익庭뎡은갑혼ᄯᅳᆯ히니대궐

을니르니라貴귀人인이되시니그ᄢᅢ나히열

여스시러시니恭공順슌ᄒᆞ시며식식ᄒᆞ시

며조심ᄒᆞ샤일마다法법度도ㅣ겨샤陰

음后후를셤기샤ᄃᆡ일져므리저ᄒᆞ시며

조심ᄒᆞ시며同동列렬을ᄃᆡ졉ᄒᆞ샤ᄃᆡ미
양몸을이긔여ᄂᆞ조기ᄒᆞ시며비록宮궁
人인隷예役역이라도 隷예役역천인이라 은다恩
은혜로더으신대和화帝뎨깁히아름다
이녀겨ᄉᆞ랑ᄒᆞ더시니后후ㅣ병이이심
애미처特특별히后후의어마님과兄형
弟뎨로드려醫의藥약을뫼ᄋᆞ와날數수
를限한티아니케ᄒᆞ야시ᄂᆞᆯ后후ㅣ帝뎨
ᄭᅴᄉᆞᆯ오샤ᄃᆡ宮궁禁금이至지극히重듕
커ᄂᆞᆯ밧긧집으로오래연해이셔우ᄒᆞ로

ᄂᆞᆫ陛폐下하로私ᄉᆞᄉᆞ로이어엿비녀기
시ᄂᆞᆫ괴롬이잇고아래로ᄂᆞᆫ賤쳔妾쳡으
로足죡을아디몯ᄒᆞᄂᆞᆫ사ᄅᆞᆷ을어더上
샹下하ㅣ서르損손ᄒᆞᆷ을진실로願원티
아니ᄒᆞ노이다帝뎨ᄀᆞᆯᄋᆞ샤ᄃᆡ사ᄅᆞᆷ이다
ᄌᆞ조ᄃᆞᆯ음으로榮영화로이녀기거늘貴
귀人인은도로혀근심을삼아ᄀᆞ장ᄂᆞᄌᆞ
기ᄒᆞ니진실로밋ᄎᆞᆷ이어렵도다민양잔
최못ᄒᆡ지예모ᄃᆞᆫ姬희와貴귀人인이ᄃᆞ
토와피이ᄒᆞ야簪잠珥이를빗내ᄒᆞ며簪잠

은빈혜오珮이ᄂᆞᆫ玉옥 으로ᄆᆡᆼᄀᆞᆫ귀엿골이라 의복을빗내ᄒᆞ거

놉后후ㅣ홀로빗나디아니ᄒᆞ거ᄂᆞᆯ넙으

샤오시ᄯᆞ미미업스시며그오시陰음后

후ㅣ와비치곤ᄒᆞ니잇거든즉제버서ᄀᆞ

시며ᄒᆞᆷ쐬뵈ᄋᆞ올적이어시든敢감히바

ᄅᆞ안ᄌᆞ며ᄀᆞᆯ와셔디아니ᄒᆞ시며行ᄒᆡᆼᄒᆞᆯ

저그ᄂᆞᆫ몸을굽혀스ᄉᆞ로ᄂᆞᄌᆞ기ᄒᆞ시며

帝뎨미양무르샤미겨시거든샹해머뭇

걸인後후에對ᄃᆡ답ᄒᆞ샤敢감히陰음后

후ㅣ셔몬져니ᄅᆞ디아니ᄒᆞ더시니帝뎨ㅣ

后후의ᄆᆞᄋᆞᆷ을슈고로이ᄒᆞ시며몸을구
피샴을아ᄅᆞ시고차歎탄ᄒᆞ야니ᄅᆞ샤ᄃᆡ
德덕을닷ᄂᆞᆫ곤븜이이러ᄐᆞᆺᄒᆞ야後후에
陰음后후ㅣ졈졈踈소커ᄂᆞᆯ미양뫼와뵈
올제當당ᄒᆞ샤곳병으로ᄡᅥᄉᆞ양ᄒᆞ더시
다그ᄢᅢ예帝뎨ᄌᆞ조皇황子ᄌᆞᄅᆞᆯ일허시
ᄂᆞᆯ后후ㅣᄌᆞ식이넙디몯ᄒᆞᆯ가근심ᄒᆞ샤
미양ᄂᆞᆫ믈디며한숨디ᄒᆞ샤ᄌᆞ조才ᄌᆡ人
인을ᄲᆞ드리샤ᄡᅥ帝뎨의ᄇᆡᆺ을넙히더시
니陰음后후ㅣ后후의德덕인ᄂᆞᆫ소릐날

로盛셩ᄒᆞᆷ을보고ᄒᆞ올바ᄅᆞᆯ아디몯ᄒᆞ야
祝주詛져ᄒᆞ야ᄡᅥ害해ᄒᆞ고져ᄒᆞ더라帝
뎨일즉病병드르샤甚심히위ᄐᆡᄒᆞ더시
니陰음后후ㅣᄀᆞ마니닐오ᄃᆡ내ᄠᅳᆮ을어
드면鄧등氏시로ᄒᆞ여곰다시기티類류
ㅣ잇디아니케호리라后후ㅣ드르시고
左좌右우로對ᄃᆡᄒᆞ야눈믈흘려니ᄅᆞ샤
ᄃᆡ내졍셩을다ᄒᆞ며ᄆᆞᅀᆞᆷ을다ᄒᆞ야ᄡᅥ皇
황后후ᄅᆞᆯ셤교ᄃᆡᄆᆞᄎᆞᆷ애돕ᄂᆞᆫ배되디몯
ᄒᆞ니맛당이하ᄂᆞᆯ긔罪죄ᄅᆞᆯ어드리로다

婦부人인이비록조차죽ᄂᆞᆫ義의업스나
그러나周쥬公공이몸으로武무王왕의
목숨을請쳥ᄒᆞ시며越월姬희ᄆᆞᄋᆞᆷ애반
ᄃᆞ시주글分분을밍셰ᄒᆞ니우흐론뻐帝
뎨의恩은을갑ᄉᆞ오며가온대론뻐결례
의禍화ᄅᆞᆯ풀게ᄒᆞ며아래론陰음氏시로
ᄒᆞ여곰人인豕시의그룽이잇디아니케
ᄒᆞ리라ᄒᆞ시고人인豕시ᄂᆞᆫ前젼漢한皇황后후呂려氏시戚쳑夫부人인을새각손발베히고눈울ᄲᅡ히고귀ᄅᆞᆯ지지고말못ᄒᆞᆯ藥약을머기고뒷간의드리텨두고일흠을사ᄅᆞᆷ돋티라ᄒᆞ니라즉시藥약을먹으

려ᄒᆞ거시ᄂᆞᆯ宮궁人인趙됴玉옥이구티
여말리ᄋᆞ와인ᄒᆞ야소겨ᄉᆞᆯ오ᄃᆡ마초아
사ᄅᆞᆷ이오니웃병이뵐셔됴ᄒᆞ시도소이
다ᄒᆞ야ᄂᆞᆯ后후ㅣ밋으샤ᄢᅥ글어히녀기
샤그치시니잇튼날애帝뎨ㅣ果과연됴
ᄒᆞ시니라十십四ᄉᆞ年년녀름에陰음后
후ㅣ巫무蠱고일로ᄢᅥ廢폐ᄒᆞ야ᄂᆞᆯ巫무蠱고
는두당을블러鬼귀神신의게사ᄅᆞᆷ을害해ᄒᆞᆷ을빌미라后후ㅣ請청
ᄒᆞ야救구ᄒᆞ다가能능히得득디몯ᄒᆞ시
니帝뎨ㅣ곳ᄣᅳ들브티신대后후ㅣ더옥

병이듕ᄒᆞ롸ᄒᆞ샤깁히스ᄉᆞ로곰초와곳
츠시더니마초와有유司ᄉᆞㅣ長댱秋츄
宮궁셰옴을엳ᄌᆞ온대帝뎨ㅣᄀᆞᄅᆞ샤ᄃᆡ皇
황后후의尊존홈이날과體톄곧ᄒᆞ야宗
종廟묘를셤기며天텬下하앳어미되ᄂᆞ
니엇디쉬오리오오직鄧등貴귀人인이
德덕이後후宮궁에읏듬이니可가히當
당ᄒᆞ리라겨을에니르러셰워皇황后후
를삼으신대辭ᄉᆞ讓양을세번ᄒᆞ신後후
에야卽즉位위ᄒᆞ샤表표를손조ᄡᆞ샤샤

려ᄒᆞ샤깁히德덕이져거小쇼君군골히
샴애몌우미足죡디못호이다ᄒᆞ시다小쇼
君군은남금夫부人인이라 이배예ᄉᆞ방나랏貢공獻
헌을드토와귀코됴흔거슬求구ᄒᆞ더니
后후ㅣ即즉位위ᄒᆞ심으로브터다ᄒᆞ여
곰禁금ᄒᆞ야ᄯᅳᆫ케ᄒᆞ시고歲세時시예오
직죠히와먹을밧틸ᄯᆞ롬이러라帝뎨미
양登등氏시룰벼슬ᄒᆞ이고져커시든后
후ㅣ곳슬피비ᄋᆞ와ᄉᆞ양ᄒᆞ시므로믄오
라비騭즐이帝뎨시절이ᄆᆞ초ᄃᆡ虎호賁

분中듕郞랑將장애셔범디몯ᄒᆞ니라虎호
賁분中듕郞랑將장은벼슬이라元원興흥元원年년에
帝뎨業업ᄉᆞ샤ᄂᆞᆯ長댱子ᄌᆞ平평原원王왕
이병잇고모든皇황子ᄌᆞㅣ일죽으니前
젼後후에열ᄒᆞ로혜리러니後후에나니
ᄅᆞᆯ꼿곰초아人인間간人인間간은샹사ᄅᆞᆷ인ᄂᆞᆫ뒤ᄅᆞᆯ니ᄅᆞ
미라애기르더니殤샹帝뎨나샴이ᄀᆞᆺ百ᄇᆡᆨ
日일이러시니后후ㅣ마자다가셰시다
后후ᄅᆞᆯ尊존ᄒᆞ오와皇황太태后후ᄅᆞᆯ삼
고太태后후ㅣ朝됴회ᄅᆞᆯ臨림ᄒᆞ시니라

和화帝뎨葬장ᄒᆞ온後후에宮궁人인
이다園원의가더니太태后후ㅣ周쥬馮
풍貴귀人인을策칙을주샤니ᄅᆞ샤ᄃᆡ周쥬
馮풍은두貴귀人인의姓셩이라내貴귀人인으로더브
러後후궁에의탁ᄒᆞ여서르즐거이ᄒᆞᄃᆡ
이ᄉᆞᆷ이여라모히러니福복祐우를엇디
몯ᄒᆞ야先션帝뎨길天텬下하를ᄇᆞ리시
니외로온ᄆᆞᄋᆞᆷ이煢경煢경ᄒᆞ야煢경煢경은외
로이이셔의지ᄃᆡ업ᄉᆞᆫ양이라ᄒᆞᆯ울얼곳이업ᄉᆞᆫ디라나
지며밤의기리싱각ᄒᆞ야셜옴이ᄆᆞᄋᆞᆷ애

나ᄂᆞᆫ디라 이제 맛당이 녯법으로 ᄡᅥ 나

와 외 園원에 가릴ᄉᆡ 셜워ᄒᆞᆫ 숨홈이 더으

니 燕연燕연詩시ᄂᆞᆫ 엇디 能능히 비기리

오 燕燕은 毛모詩시篇편 일홈이오 燕연燕연은 져비니 衛위莊장公공夫부人

인 莊장姜강이 ᄌᆞ식업서 莊장公공妾쳡 戴嬀규의 아ᄃᆞᆯ을 太식 삼앗더니 莊장

公공이 업ᄉᆞ시거ᄂᆞᆯ 그 아ᄃᆞ리 即즉位위 ᄒᆞ얏더니 ᄉᆞ랑ᄒᆞᄂᆞᆫ 쳡의 아ᄃᆞᆯ이 그 님금

을 죽여ᄂᆞᆯ 戴嬀규ㅣ 제 나라로 갈시 절에 莊장姜강이 보내며 슬허ᄒᆞ야 詩시롤

지으니라 그 貴귀人인을 王왕 青청蓋개車거

와 青청蓋개車거ᄂᆞᆫ 皇황子ᄌᆞㅣ 王왕封봉王왕ᄒᆞ야 ᄐᆞᄂᆞᆫ 술의라 빗내

욘인 술의와 驂참馬마 各각 네필와 驂은 술참

의메이믈이라ᄂᆞᆫ黃황金금三삼十십斤근과錦
잡帛빅三삼千쳔匹필와白빅越월四ᄉᆞ
千쳔곳ᄒᆞᆯ주라ᄒᆞ시고또馮풍貴귀人인
을王왕赤젹綬슈주시고버步보搖요와
環환珮패업다ᄒᆞ샤各각ᄒᆞᆫ불식더주시
다步보搖요ᄂᆞᆫ皇황后후首슈飾식이오環환珮패ᄂᆞᆫ珮패玉옥이라이ᄢᅢ
예새로큰거장을만나法법禁금이셔디
몯ᄒᆞ얏더니宮궁中듕이굴근ᄀᆞ슬ᄒᆞᆫ샹
ᄌᆞ롤일흔대太태后후ㅣ져조고져ᄒᆞ샤
ᄃᆡ반ᄃᆞ시罪죄업ᄉᆞ니이실가뎌기샤親

친히宮궁人인을보샤顏안色식을보와
술피시니即즉時시예首슈服복ᄒᆞ니라
또和화帝뎨ᄉᆞ랑ᄒᆞ시던사ᄅᆞᆷ吉길成셩
의조ᄎᆞ사ᄅᆞᆷ이모다吉길成셩을巫무蠱
고일로하라ᄂᆞᆯ掖의庭뎡에ᄂᆞ리와져주
시니말ᄉᆞᆷ과본ᄌᆞᆼ이明명白ᄇᆡᆨᄒᆞ더니太
태后후ㅣ先션帝뎨左좌右우로ᄃᆡ졉을
有유恩은히ᄒᆞ실적이라도平평日일에
오히려모딘말이업더니이제도ᄅᆞ혀이
곧ᄒᆞ니人인情졍에맛디아니타ᄒᆞ시고

다시ᄉᆞᄉᆞ로블러보샤覈혁實실ᄒᆞ시니
果과연조ᄎᆞᆫ사ᄅᆞᆷ의ᄒᆞ욘일이어ᄂᆞᆯ嘆탄
ᄒᆞ야하복아니ᄒᆞ리업배聖셩明명ᄒᆞ시
다ᄒᆞ니라

大明太祖孝慈昭憲至仁文德承天順聖高
皇后馬氏ᄂᆞᆫ其先이自宋太保默으로家于宿
州閔子鄕新豐里ᄒᆞ야世豪里中ᄒᆞ니더父馬公
이性이剛直ᄒᆞ고愛人喜施ᄒᆞ야賙人之急ᄒᆞ되如
將不及ᄒᆞ라더母鄭氏ㅣ早卒ᄒᆞ거ᄂᆞᆯ后ㅣ幼시러라
父ㅣ素與定遠人郭子興으로爲刎頸之交러

니遂以后로託其家ᄒᆞ고父ㅣ卒커ᄂᆞᆯ子興이育

后ᄒᆞ되同己女ᄒᆞ더라后ㅣ自少로貞靜端一ᄒᆞ시

며孝敬慈惠ᄒᆞ시며聰明이出入意表ᄒᆞ샤尤好

詩書ᄒᆞ더시니旣笄ᄒᆞ샤嬪于太祖高皇帝ᄒᆞ샤誠敬

이感孚ᄒᆞ샤內外ㅣ咸譽之ᄒᆞ더라值歲大歉ᄒᆞ야

后ㅣ從帝在軍ᄒᆞ샤嘗自忍飢ᄒᆞ시고懷糗餌脯

脩ᄒᆞ샤供帝ᄒᆞ샤未嘗乏絕ᄒᆞ시며造次顚沛에恪

遵婦道ᄒᆞ더시니帝每有識記書札이어든輒命后

藏之ᄒᆞ시고倉卒取視어시든后ㅣ卽於囊中에

出而進之ᄒᆞ샤未嘗脫誤ᄒᆞ더시다帝焚香祝天ᄒᆞ샤

디 顚天命이 早有所付ᄒᆞ샤 毋替天下生民ᄒᆞ쇼

셔ᄒᆞ시ᄂᆞᆯ 后ㅣ 謂帝曰方今에 豪傑이 並爭이라

雖未知天命所歸나 以妾親之컨댄 惟以不殺

人으로 爲本ᄒᆞ야 顚者를 扶之ᄒᆞ며 危者를 救之ᄒᆞ야

收集人心ᄒᆞ면 人心所歸ㅣ 即天命所在니 彼

縱殺掠ᄒᆞ야 以失人心ᄒᆞ면 天之所惡ㅣ라 雖其身

이나 亦難保也ㅣ니이다 帝曰爾言이 深合我意ᄒᆞ다

ᄒᆞ시고 明日에 冒雨歸ᄒᆞ샤 語后曰昨聞爾言ᄒᆞ니

往來方寸間ᄒᆞ야 不能忘이로다 有一卒이 違令

ᄒᆞ야 忽與婦人으로 俱ㅣ어늘 詰之ᄒᆞ니 不能隱ᄒᆞ야 吐

實云掠得之시라 ᄒᆞᆯ 我ㅣ告之曰今日用兵ᄋᆞᆫ
所以禁亂이니 著寡人之妻ᄒᆞ며 孤人之子ᄒᆞ면 適
以生亂이니 不即舍之ᄒᆞ면 吾必戮爾호리라 此
卒이 盛悟ᄒᆞ야 遂即舍之ᄒᆞ니 由爾之言也ㅣ라 后
ㅣ曰用心이 如此ᄒᆞ시니 何憂人心之不歸乎
ㅣ릿고 后ㅣ初에 未有子ᄒᆞ샤 撫育帝의 兄子文
正과 姊子李文忠과 及沐英等數人ᄒᆞ샤 愛
如己出ᄒᆞ더시니 後에 太子諸王이 生ᄒᆞ야도 恩無
替爲ᄒᆞ더시다 帝師師渡江ᄒᆞ실ᄊᆡ 后ㅣ亦率諸將
士의 妻妾ᄒᆞ샤 繼至太平ᄒᆞ시니라 及居建康ᄒᆞ샤 時

에 吳漢이 接境ᄒᆞ야 戰無虛日이러니 親率妻媵
ᄒᆞ샤 完緝衣韈ᄒᆞ샤 助給將士ᄒᆞ샤 夜分不寐ᄒᆞ시며
時時예 左右帝規畫ᄒᆞ샤 動合事機ᄒᆞ시더다 洪武
元年春正月에 帝卽位ᄒᆞ샤 冊爲皇后ᄒᆞ시고 因
謂侍臣曰 昔에 漢光武ㅣ 勞馮異曰 倉卒애
蕪蔞亭豆粥과 滹沱河麥飯厚意를 久不報
ㅣ라ᄒᆞ샤 君臣之間이 始終保全ᄒᆞ니 朕이 念皇后
ㅣ 起布衣ᄒᆞ야 同甘苦ᄒᆞ며 嘗從朕在軍ᄒᆞ야 倉卒
애 自忍飢餓ᄒᆞ고 懷糗餌ᄒᆞ야 食朕ᄒᆞ니 比之豆粥
麥飯컨댄 其困이 尤甚ᄒᆞ니라 昔에 唐太宗의 長

孫皇后ㅣ當隱太子搆隙之際ᄒᆞ야內能盡孝
ᄒᆞ며謹承諸妃ᄒᆞ야消釋嫌猜ᄒᆞ니朕이數爲郭氏
의所疑ᄒᆞ야朕이經情不恤ᄒᆞ니將士ㅣ或以
朕用으로爲獻이어든后ㅣ先獻郭氏ᄒᆞ야慰悅其
意ᄒᆞ며及欲免朕ᄒᆞ얀后ㅣ輒爲彌縫ᄒᆞ야卒免於
患ᄒᆞ니殆又難於長孫皇后者ㅣ라ᄒᆞ니朕이或因
朕御ᄒᆞ야詰怒小過ㅣ어든輒爲朕曰主ㅣ忘昔
日之貧賤耶아ᄒᆞ야든朕復惕然ᄒᆞ라노家之良妻
ㅣ猶國之良相ᄒᆞ니豈忍忘之시리오ᄒᆞ신고罷朝ᄒᆞ샤
因以語后ᄒᆞ대신后ㅣ曰妾은聞夫婦相保ᄂᆞᆫ

湯ᄒᆞ고 君臣相保ᄂᆞᆫ 難ᄒᆞ니이라 陛下ㅣ 既不忘妾

於貧賤ᄒᆞ시니 願無忘羣臣百姓於難艱ᄒᆞ쇼셔

且妾은 安敢比長孫皇后의 賢이리잇고 但願陛

下ㅣ 以堯舜으로 爲法耳로다 이 后ㅣ 既正位中

宮ᄒᆞ사 益自勤勵ᄒᆞ사 督宮妾ᄒᆞ사 治女工ᄒᆞ사 夙興

夜寐ᄒᆞ샤 無時豫怠ᄒᆞ시며 勸帝親賢務學ᄒᆞ시며

隨事幾諫ᄒᆞ시며 講求古訓ᄒᆞ사 諭告六宮ᄒᆞ샤ᄃᆡ

孜孜不倦ᄒᆞ더시다 一日에 集女史淸江范孺人

等ᄒᆞ사 問曰自漢唐以來로 何后ㅣ 最賢ᄒᆞ며이 家

法은 何代最正고 對曰惟趙宋諸后ㅣ 多賢

ᄒᆞ여 家法이 最正ᄒᆞ니이다 后ㅣ 於是에 命女史ᄒᆞ샤
錄其家法賢行ᄒᆞ야 每令誦而聽之ᄒᆞ시고 曰不
徒爲吾의 今日法이라 子孫帝王后妃皆當省
覽이니 此ㅣ 可以爲萬世法也ㅣ로다 或曰宋朝
ㅣ過於仁厚ㅣ라ᄒᆞᆫ대 后ㅣ 曰過於仁厚ㅣ 不猶
愈於刻薄乎아 吾子孫이 苟能以仁厚로 爲
本이면 至於三代不難矣리라 仁厚ㅣ 雖過ㅣ나 何
害於人之國哉리오 帝嘗謂后曰君者ᄂᆞᆫ 百責
所萃ㅣ니 一夫ㅣ 不得其所ㅣ라도 君之責也ㅣ라
ᄒᆞ야시ᄂᆞᆯ 后ㅣ 即起拜曰妾은 聞ᄒᆞ니 古人이 有云

ᄒᆞᄃᆡ 一夫失所ㅣ時予之辜ㅣ라ᄒᆞ며 一民이饑어든
曰我ㅣ饑之라ᄒᆞ고 一民이寒거든曰我ㅣ寒之
라ᄒᆞ니 今陛下之言이即古人之心이로소이다 致
謹於聖心ᄒᆞ샤 加惠於窮民ᄒᆞ시면 天下ㅣ受其
福ᄒᆞ며 妾亦與有榮焉ᄒᆞ리이다 又嘗從容告帝曰
人主ㅣ雖有明聖之資ㅣ나 不能獨理天下ㅣ라
必擇賢以圖治ᄒᆞᄂᆞ니 然이나 世代愈降ᄒᆞ야 人無
全材ᄒᆞ니 陛下ㅣ於人材에 固能各隨其短長
而用之ᄒᆞ시ᄂᆞ니 然이나 尤宜赦小過ᄒᆞ샤 以全其人
이니이다 帝喜ᄒᆞ샤 稱善ᄒᆞ시다 一日에 聞得元府庫

ᄒᆞ야 輸其貨寶ᄒᆞ야 至京師ᄒᆞ시고 問帝曰得元府庫何物이니잇고 帝曰寶貨耳라 后ㅣ曰元氏有此寶ᄒᆞ되 何以不能守而失之잇고 蓋貨財ㅣ非可寶ㅣ라 抑帝王이 自有寶也ㅣ니이다 帝曰皇后之意를 朕이 知之矣와라 但謂以得賢으로 爲寶耳로다 后ㅣ 即拜謝曰誠如聖言ᄒᆞ이다 妾이 每見人家產業이 厚則驕至ᄒᆞ고 時命이 順則逸生ᄒᆞᄂᆞ니 家國이 不同ᄒᆞ나 其理ᄂᆞᆫ 無二ᄒᆞ니 入之常情이라 所當深戒니이다 妾이 與陛下로 同處窮約이라가 今에 富貴至此ᄒᆞ니 恒恐驕縱이 生

於奢侈ᄒᆞ며危亡이起於忽微ᄒᆞᄂᆞ이다故로世傳ᄒᆞ니技巧ㅣ爲喪國斧斤이오珠玉이爲蕩心鴆毒이라ᄒᆞ니誠哉라是言이여但得賢才ᄒᆞ야朝夕啓沃ᄒᆞ야共保天下ㅣ即大寶也ㅣ며顯名萬世ㅣ即大寶也ㅣ니而豈在於物乎ㅣ리잇고帝曰善ᄒᆞ다

嘗侍坐乾清宮ᄒᆞ샤語及窮約時事ㅣ러시니帝曰吾與爾로跋涉艱難ᄒᆞ야備嘗辛苦ᄒᆞ니今日에化家爲國은無心所得이라上感天地之德과祖宗之恩ᄒᆞ노니然이나亦爾의內助之功也ㅣ라后ㅣ曰陛下의一念救民之心이格于皇天

ᄒᆞ샤 天命이 眷之ᄒᆞ시며 祖宗이 祐之ᄒᆞ시니 妾은
何力之有ㅣ리잇고 但願陛下ㅣ 不忘於窮約之
時ᄒᆞ샤 而警戒於治安之日ᄒᆞ쇼셔 妾亦不忘相
從於患難ᄒᆞ야 而謹飭於朝夕ᄒᆞ리이다 則天地祖
宗이 非惟庇祐於今日이라 將爲子孫無窮之
福耳니이다 帝凡御膳을 后ㅣ 必躬自省視ᄒᆞ더
시니 宮人이 請曰宮中人衆ᄒᆞ니 無煩聖體ᄒᆞ쇼셔
后ㅣ 曰吾ㅣ 固知宮中에 有人이니와 但婦之
事夫ᄂᆞᆫ 不可不謹이며 膳羞上進은 不可不蠲
潔이니 脫有不至ᄒᆞ야 汝輩受責ᄒᆞ면 吾心이 豈安

이리오 吾所以爲此者는 一以敬上而不敢忽

이오 一以保汝輩ᄒ야 免於責也ㅣ니 豈爲無人耶

ㅣ리오ᄒ시니 宮人이 聞之ᄒ고 莫不感悅ᄒ더라 后ㅣ

聞女史論西漢竇太后ㅣ好黃老ᄒ시고 顧而

問ᄒ 曰黃老는 何如오 女史ㅣ答曰清淨無爲

로 爲本ᄒ니 若絕仁棄義ᄒ야 民復孝慈ㅣ是也

ㅣ니이다 后ㅣ曰不然ᄒ다 孝慈ㅣ即仁義事也ㅣ니

詎有絕仁義而爲孝慈哉리오 仁義는 乃爲治

之本이어늘 乃曰絕之棄之라ᄒ니 非理也ㅣ로다

后ㅣ令誦小學書ᄒ시고 注意聽之러시니 旣而

오

奏曰小學書ᄂᆞᆫ言易曉ᄒᆞ고事易行이라於人

道에無所不備ᄒᆞ니眞聖人之敎法이로소니盡表

章之리잇고帝曰然ᄒᆞ다吾已令親王과駙馬와

大學生으로咸講讀之矣로라后ㅣ嘗聞元世祖

后의蒐鼓弓絃事ᄒᆞ시고亦命取練之ᄒᆞ샤織爲

衾裯ᄒᆞ샤以惠孤老ᄒᆞ시며每製衣裳ᄒᆞ시고餘帛

을緝爲巾褥曰身處富貴ᄒᆞ얀當爲天地惜物

이니暴殄天物은古人의深戒也ㅣ라織工이治

絲ᄒᆞᆯ시有荒纇棄遺者ㅣ어든亦俾緝而織之ᄒᆞ샤

以賜諸王妃와公主ᄒᆞ시고謂曰生長富貴ᄒᆞ얀

當知蠶桑之不易니 此雖荒纇棄遺ㅣ라 在民
間ᄒᆞ얀 猶爲難得이니 故로 織以示汝ᄒᆞ노니 不可
不知也ㅣ라ᄒᆞ더시다 平居에 服澣濯之衣ᄒᆞ시고 不
喜侈麗ᄒᆞ시며 衾裯ㅣ 雖弊나 不忍易ᄒᆞ더시니 有
言於后曰享天下至貴至富ᄒᆞ시니 何庸惜此
ㅣ잇고 后ㅣ 曰吾聞古之后妃以皆富而能儉
ᄒᆞ며 貴而能勤으로 見稱於載籍ᄒᆞ니 蓋奢侈之心
은 易萌ᄒᆞ고 崇高之位ᄂᆞᆫ 難處ㅣ라 不可忘者ㅣ
勤儉이오 不可恃者ㅣ 富貴也ㅣ니 勤儉之心이
一移ᄒᆞ면 禍福之應이 響至ᄒᆞᄂᆞ니 每念及此ᄒᆞ고

自不敢有忽易之心耳로라 宮人ㅣ有過ᄒᆞ야 帝
怒之어시든 后ㅣ亦怒ᄒᆞ샤 命左右ᄒᆞ샤 執付宮正
司ᄒᆞ야 議罪ᄒᆞ시더니 帝ㅣ怒解ᄒᆞ샤 問后曰爾不自
責罰ᄒᆞ고 付之宮正司ᄂᆞᆫ 何也오 后ㅣ曰妾은
聞賞罰이 惟公이라야 足以服人ㅣ라호니 故로 不
以喜而加賞ᄒᆞ며 不以怒而加刑이니 喜怒之際
에 而行賞罰ᄒᆞ면 必有偏重ᄒᆞ야 人議其私ㅣ어니와
付之宮正司ㅣ면 則當斟酌其輕重矣리닛이 治
天下者ㅣ 亦豈能人人을 自賞罰哉리잇고 有
司者ㅣ 論之耳니이다 帝曰爾亦怒之ᄂᆞᆫ 何也

오 后ㅣ曰當陛下怒時ᄒᆞ야 遽自罰之ᄒᆞ면 非惟
宮人이得重責이라 陛下ㅣ亦損中和之氣ᄒᆞ시
리니 故로 妾之怒者ᄂᆞᆫ 所以解陛下之怒也ㅣ니
이다 帝ㅣ喜ᄒᆞ시다 后ㅣ以不逮事舅姑로 爲恨ᄒᆞ샤
見帝의 追慕悲傷ᄒᆞ시고 亦爲之流涕ᄒᆞ시며 晨
夕에 褘翟으로 從帝ᄒᆞ샤 拜謁奉先殿ᄒᆞ시며 每當
祭ᄒᆞ야 躬治膳羞ᄒᆞ샤 務盡誠敬ᄒᆞ시며 接妃嬪以
下有恩ᄒᆞ시며 被寵顧有子者란 待之加厚ᄒᆞ더
시다 語諸王妃와 公主曰無功受福이 造物의
所惡ㅣ니 吾與若屬으로 被金繡ᄒᆞ며 美飲食ᄒᆞ고 終

日無所爲ᄒᆞ니 當勤女工ᄒᆞ야 以報造物者ㅣ라ᄒᆞ시

며 太子와 諸王을 雖愛之甚篤ᄒᆞ시나 勉令務

學ᄒᆞ샤 諄切懇至ᄒᆞ더시니 嘗曰汝父ㅣ 尊臨萬國

ᄒᆞ샤 身致太平은 亦由學以聚之니 爾小子ᄂᆞᆫ

當思繼繼繩繩ᄒᆞ야 以不辱所生이니라 又曰吾

閭女史言호니 鄧禹ㅣ 爲將ᄒᆞ야 不妄殺人故로

其女ㅣ 爲后ㅣ라ᄒᆞᄂᆞ니 吾ㅣ 家世忠厚ᄒᆞ며 至吾

父ᄒᆞ야 雖無禹之功ᄒᆞ나 然平生애 急於義ᄒᆞ더니

今日爲后ㅣ 非偶然也ㅣ라 汝輩ᄂᆞᆫ 異日에 有

入民社稷之寄ᄒᆞ니 尤必積累忠厚야ㅣ라 乃可

長世ㅣ니 切不可自恃(而)不務德ᄒᆞ고 謂事有偶

然也ㅣ니ㅣ汝ㅣ切識之ᄒᆞ라 諸王ㅣ或以衣服器

皿으로 相尙者ㅣ어든 后ㅣ曰唐堯虞舜이 茅茨

土階ᄒᆞ며 夏禹文王이 惡衣卑服이러시니 汝父

ㅣ儉朴ᄒᆞ샤 尤惡奢麗ᄒᆞ고 日夜憂勤ᄒᆞ샤 以治

天下ᄒᆞ시니 汝輩無功ᄒᆞ되 錦衣玉食ᄒᆞ고 猶欲以

服御로 相加ᄒᆞ니 何志氣不同이 如是乎오

惟當親師取友ᄒᆞ야 講論聖賢之學ᄒᆞ야 開明心

志ᄒᆞ야 自無此氣習也ᄒᆞ라 리 后ㅣ慈以接下ᄒᆞ샤

親戚勳舊之家로 無不得其懽心ᄒᆞ면 시 命婦

ㅣ入朝ㅣ어든不以尊貴로臨之ᄒᆞ샤延接을如
家人禮ᄒᆞ더시다遇水旱歲凶ᄒᆞ샤進食에必問設
麥飯野蔬ᄒᆞ더시니帝因告以賑恤之事ㅣ어시늘后
ㅣ曰妾은聞水旱이無時無之라ᄒᆞ니賑恤之
有方이不如畜積之先備ᄒᆞ니卒不幸ᄒᆞ야有九
年之水와七年之旱ᄒᆞ면將何法以賑之리잇고ᄒᆞ
신대帝ㅣ深以為然ᄒᆞ시다嘗為帝言ᄒᆞ샤되施恩
은欲溥徧이나然亦有等差ᄒᆞ니衆庶ᄂᆞᆫ日給이
固有艱難이어니와百官家在京者ㅣ其鄉里遠
近이不同ᄒᆞ며家貧富ㅣ亦異호되而俸入은有

限ᄒᆞ니 慮或不給ᄒᆞ면 艱難이 必甚ᄒᆞ야 遇暑雨祁寒ᄒᆞ얀 輙形於嗟嘆ᄒᆞ노이다 上帝感其意ᄒᆞ샤 每遣存問ᄒᆞ샤 周給之ᄒᆞ더시다 近臣及諸奏事官이 罷朝ᄒᆞ고 會食庭中이어늘 后ㅣ 命中官ᄒᆞ샤 取其飮食ᄒᆞ샤 親嘗之ᄒᆞ니 滋味涼薄不旨어늘 奏帝曰朝廷이 用天祿ᄒᆞ야 以養天下之賢ᄒᆞ니 故로 自奉은 欲其薄이오 養賢은 欲其豐이니 今之典大烹者ㅣ 不能輯其下人ᄒᆞ야 惟奉上者ㅣ 甘旨오 群臣飮食이 皆不得其味ᄒᆞ니 豈陛下의 養賢之意乎ㅣ리잇고 上曰 飮食之事ᄂᆞᆫ 朕이 不經

心ᄒᆞ야 將謂羣臣이 皆得甘旨니라 豈意所司ㅣ
自分厚薄이오 想羣臣이 欲言ᄒᆞ되 又難於啓
齒로다 事雖甚微나 所係亦大ᄒᆞ니 皇后ㅣ 今日
不言이면 朕이 豈知其如此ㅣ리오ᄒᆞ시고 亟召光
祿卿徐興祖等ᄒᆞ샤 切責之ᄒᆞ시니 興祖等이 皆
慚服ᄒᆞ니라 帝嘗臨大學ᄒᆞ샤 祀先師孔子ᄒᆞ시고
還귀시ᄂᆞᆯ 后ㅣ 問曰 大學生이 幾何ㅣ잇고 帝曰
數千이라 又問悉有家乎ㅣ잇가 曰亦多有之ᄒᆞ니
라 后ㅣ 曰 善理天下者ᄂᆞᆫ 以賢才로 爲本ᄒᆞᄂᆞ
니 今에 人才衆多ᄒᆞ니 深足爲喜로소이다 但生負

은廩食於大學ᄒᆞ고而妻子ᄂᆞᆫ無所仰給ᄒᆞ니彼
寧無所累於心乎ㅣ리잇가帝即命月賜糧ᄒᆞ야給
其家以爲常ᄒᆞ시다嘗謂帝曰事幾得失은本
君心之邪正ᄒᆞ고天下安危ᄂᆞᆫ係民情之苦樂
ᄒᆞ니이다又曰法을屢更ᄒᆞ면必弊ᄒᆞᄂᆞ니法弊則姦
生ᄒᆞ고民數擾ᄒᆞ면必困ᄒᆞᄂᆞ니民困則亂生ᄒᆞᄂᆞ니이
다帝皆命女史ᄒᆞ샤書之ᄒᆞ시다后ㅣ得疾ᄒᆞ야시ᄂᆞᆯ
帝寢食不安ᄒᆞ샤以語羣臣ᄒᆞ신대羣臣이請禱
祀山川ᄒᆞ며徧求名醫ᄒᆞ어ᄂᆞᆯ后ㅣ聞ᄒᆞ시고謂帝曰
妾이平生에無疾ᄒᆞ더니今一旦에得疾如此

ᄒᆞ나 自度不能起ᄒᆞ노이다 死生이 有命ᄒᆞ나 禱祀求
醫ᄃᆞᆯ 何益之有ㅣ리잇고 及疾亟ᄒᆞ샤 帝問曰爾有
身後之屬乎아 后ㅣ曰陛下ㅣ與妾으로起布
衣ᄒᆞ샤 今日에 陛下ㅣ爲億兆主ᄒᆞ시고 妾이爲
億兆母ᄒᆞ니 尊榮이 至矣니 尚何言이리잇고 惟感
天地祖宗ᄒᆞ샤 無忘布衣而已니이다 帝復問之
ᄒᆞ신대 后ㅣ曰陛下ㅣ當求賢納諫ᄒᆞ시며 明政
教ᄒᆞ샤 以致雍熙ᄒᆞ시며 教育諸子ᄒᆞ샤 使進德修
業이니이다 帝曰吾已知之와라 但老身이 何以爲
懷오 后ㅣ復曰死生은 命也ㅣ니 願陛下ㅣ慎

終如始ᄒᆞ샤 使子孫이 皆賢ᄒᆞ며 臣民이 得所ᄒᆞ시

면 妾이 雖死ㅣ나 如生也ㅣ니이다 ᄒᆞ시고 遂崩ᄒᆞ시니

年이 五十一이러시니 洪武壬戌八月丙戌也ㅣ라

帝慟哭ᄒᆞ시고 終身不復立后ᄒᆞ시니라 帝嘗罷朝

ᄒᆞ시거늘 內臣과 女史ㅣ 更進ᄒᆞ야 奏事不已ᄒᆞᆫ대 帝

悽然不懌曰皇后ㅣ 在면 吾豈有此煩聒哉

리오 ᄒᆞ시다 后ㅣ 在時예 內政을 一不以煩帝ᄒᆞ샤

帝從容甚適故로 不勝哀悼爲ᄒᆞ시니라

大대明명太태祖조의 孝효慈ᄌᆞ昭쇼憲

헌至지仁인文문德덕承승天텬順슌聖

셩高고皇황后후馬마氏시ᄂᆞᆫ그先션세
宋송太태保보默믁브터 太태保보ᄂᆞᆫ벼슬이오默믁은
이일흠이라 宿슉州쥬ㅣ閔민子ᄌᆞ鄕향新신豊
풍里리예사라世셰로ᄆᆞ올해豪호걸이
러니아바님馬마公공이性셩이剛강直
딕ᄒᆞ고사ᄅᆞᆷ을ᄉᆞ랑ᄒᆞ야주믈즐겨사ᄅᆞᆷ
의急급ᄒᆞᆫ적을도오ᄃᆡ몯미처ᄒᆞᆯ드시ᄒᆞ
더라어마님鄭뎡氏시일죽거시ᄂᆞᆯ后후
ㅣ어려겨시더시니야바님이본ᄃᆡ定뎡
遠원사ᄅᆞᆷ郭곽子ᄌᆞ興흥과刎문頸경ᄒᆞ야

는버디러니 刎문頸경은목을딜으미나사괴야비록목을딜러도앗
기디아니홈을니롬이라 后후를그집의의탁ᄒᆞ고아
바님이죽거시놀子ᄌᆞ興흥이后후를기
ᄅᆞ오ᄃᆡ제ᄯᆞᆯ ᄀᆞ티ᄒᆞ더라后후ㅣ져머셔
브터貞뎡靜졍ᄒᆞ시며端단一일ᄒᆞ시며
孝효도ᄒᆞ시며공경ᄒᆞ시며慈ᄌᆞ惠혜ᄒᆞ시
며聰총明명이사ᄅᆞᆷ의ᄠᅳᆮ밧긔나샤詩시
와書셔롤더옥됴하ᄒᆞ더시니임의笄계
ᄒᆞ샤太태祖조高고皇황帝뎨ᄭᅴ嬪빈이
되샤誠셩경이感감孚부ᄒᆞ샤안팟기다

기리읍더라ᄒᆞ기장가난ᄒᆞᆫ적을맛나后
후ㅣ帝뎨를졷ᄌᆞ와軍군듕에계샤일즉
스ᄉᆞ로비골프몰츔으시고ᄆᆞᄅᆞᆫ밥과포
육을품으샤帝뎨ᄭᅴ밧ᄌᆞ오샤일즉긋디
아니케ᄒᆞ사며급거ᄒᆞ며어려운제婦부
道도를삼가좃더시니帝뎨미양그록ᄒᆞᆫ
글월이어든곳后후를命명ᄒᆞ샤곰초라
ᄒᆞ시고밧븐제가져오라ᄒᆞ야보랴커시
든后후ㅣ즉시ᄂᆞ못쳐내야드리샤일즉
그릇아니터시다帝뎨ㅣ香향픠우시고

하ᄂᆞᆯ씌비르샤ᄃᆡ願원컨대天텬命명이
일즉맛디시ᄂᆞᆫ배겨샤天텬下하앳生ᄉᆡᆼ
民민을苦고롭게마ᄅᆞ쇼셔ᄒᆞ야시ᄂᆞᆯ后
후ㅣ帝뎨씌ᄉᆞᆯ오샤ᄃᆡ이제豪호傑걸이
모다ᄠᅳ토ᄂᆞᆫ디라비록天텬命명의갈쇼
돌아디몯ᄒᆞ나妾쳡으로보건댄사ᄅᆞᆷ죽
이디아니호ᄆᆞ로ᄲᅧ근본삼아업더디ᄂᆞ
니ᄅᆞᆯ븟들며위티ᄒᆞ니ᄅᆞᆯ救구ᄒᆞ야사ᄅᆞᆷ
의ᄆᆞᄋᆞᆷ을거두며모호면사ᄅᆞᆷ의ᄆᆞᄋᆞᆷ도
라가ᄂᆞᆫ배곳天텬命명이잇ᄂᆞᆫ배니뎨죽

이며로掠냑홈을방縱죵히ᄒᆞ야사ᄅᆞᆷ의
ᄆᆞᄋᆞᆷ을일흐면하ᄂᆞᆯ의앗쳐ᄒᆞ시ᄂᆞᆫ배라
비록그몸이나ᄯᅩᄒᆞᆫ保보젼홈이어려우
니이다帝뎨니ᄅᆞ샤ᄃᆡ그ᄃᆡᆺ말이내ᄠᅳᆺ에
ᄀᆞ장合합당ᄒᆞ다ᄒᆞ시고이튼날애비마
자도라가샤后후씌ᄉᆞᆲ오샤ᄃᆡ어제그ᄃᆡᆺ
말을드로니ᄆᆞ음애往왕來ᄅᆡᄒᆞ야닛디
못ᄒᆞ리로쇠이다ᄒᆞᆫ군ᄉᆡ令령을어긔로
처忽홀연겨집을ᄃᆞ렷거늘져주니숨기
디못ᄒᆞ야정實실을내여닐오ᄃᆡ로냑ᄒᆞ

야어드라와홀ᄉᆡ내告고ᄒᆞ야닐오ᄃᆡ오늘
날兵병을ᄲᆞᆷ은亂란을禁금홈이니만일
사ᄅᆞᆷ의겨집을寡과케ᄒᆞ며 寡과는남진업슴이라
사ᄅᆞᆷ의ᄌᆞ식을孤고케ᄒᆞ면 孤고는얼여서아비업슴
이라 마치亂란을내ᄂᆞᆫ디니즉시ᄇᆞ리디아
니ᄒᆞ면내반ᄃᆞ시너ᄅᆞᆯ죽이리라호니이
군ᄉᆡ감동ᄒᆞ야셔돌아즉시블이니그뒷
말ᄋᆞᆯ말믜암음이라后후ㅣ골ᄋᆞ샤ᄃᆡ무
옴ᄲᆞᆷ이이ᄀᆞᆺᄒᆞ시니엇디사ᄅᆞᆷ의ᄆᆞᄋᆞᆷ이
도라가디아니홈을근심ᄒᆞ리잇고后후

ㅣ 처엄의 ᄌᆞ식이 업스샤 帝뎨의 兄형님

아ᄃᆞᆯ 文문 正졍과 믈누의님 아ᄃᆞᆯ 李니 文

문 忠튱과 沐목 英영과 두어 사ᄅᆞᆷ을 기르

샤 ᄃᆡ ᄉᆞ랑홈을 내나 ᄒᆞ니 ᄀᆞ티 ᄒᆞ더시니

後후에 太태子ᄌᆞ와 諸제王왕이 나샤도

은혜를 그치디 아니ᄒᆞ더시다 帝뎨ㅣ 군

ᄉᆞ를 거늘이샤 江강을 건너 실제 后후ㅣ

ᄯᅩ 효도 將쟝士ᄉᆞ의 妻쳐妾쳡을 거늘

이샤 太태平평에 밋처오시니라 太태平평은 ᄡᅡ

일홈이라 建건康강애 사ᄅᆞ시매 밋처샤 그 ᄇᆡ

예吳오와漢한이 吳오漢한은두나랏일홈이라 디경이
니여시매싸홈아니홀날이업더니親친
히시녀롤거늘이샤옷과신을곳텨기우
샤將쟝士ᄉᆞ롤도와주샤밤쓩이도록자
디아니ᄒᆞ시며時시時시예帝뎨씌覲규
畫획을도으샤일마다조각애맛게ᄒᆞ더
시다洪홍武무元원年년春츈正졍月월
에帝뎨即즉位위ᄒᆞ샤皇황后후롤冊칙
封봉ᄒᆞ시고因인ᄒᆞ야侍시臣신ᄃᆞ려니
ᄅᆞ샤ᄃᆡ녜漢한光광武무ㅣ馮풍異이롤

위로ᄒᆞ야니ᄅᆞ샤ᄃᆡ倉창卒졸에蕪무蔞루亭뎡ᄑᆞᆺ粥쥭과滹호沱타河하보리밥을
蕪무蔞루亭뎡은亭뎡子ᄌᆞ일홈이오滹호沱타河하ᄂᆞᆫ물일홈이니光광武무ㅣ王왕郞낭과ᄊᆞ홈ᄒᆞ실적의馮풍異이ㅣ곳쥭과보리밥을밧ᄌᆞ오니라
厚후ᄒᆞᆫᄠᅳᆮ을오래갑디몯ᄒᆞ라ᄒᆞ샤님금과신하왓ᄉᆞ이처엄과ᄆᆞᄎᆞᆷ을保보全젼ᄒᆞ니내念념호니皇황后후ㅣ布포衣의로니러나돌며ᄡᅳ몰ᄒᆞᆫ가지로ᄒᆞ며일즉나를조차軍군듕에겨샤倉창卒졸에스ᄉᆞ로비플픔을ᄎᆞᆷ으시고ᄆᆞᄅᆞᆫ밥을품어날

을먹이시니ᄑᆞᆺ粥죽과보리밥애비견댄

그困곤홈이더욱甚심ᄒᆞ니라녜唐당太

태宗종의長댱孫손皇황后후ㅣ隱은太

태子ᄌᆞ의혐극을지어신적을當당ᄒᆞ야

안ᄒᆞ로能능히효도를다ᄒᆞ며모든妃비

빈을삼가셤겨嫌혐의와猜싀긔를ᄉᆞ라

디게ᄒᆞ니내조조郭곽氏시의의심ᄒᆞᄂᆞᆫ

배되야내ᄠᅳᆺ대로ᄒᆞ고근심아니ᄒᆞ다니

將쟝士ᄉᆞㅣ或혹닙을것과ᄲᆞᆯ거ᄉᆞᆯ드려

됴后후ㅣ몬져郭곽氏시ᄭᅴ밧ᄌᆞ와그ᄠᅳᆺ

을위로ᄒᆞ야깃기시며나롤해코져홈애
다ᄃᆞ라난后후ㅣ믄득彌미縫봉ᄒᆞ샤彌미
縫봉은깁단말이라ᄆᆞᄎᆞᆷ내患환란의免면ᄒᆞ니거
의ᄯᅩ長댱孫손皇황后후ᄭᅴ셔어려우니
라내혹님을섯과ᄡᆞᆯ새含因인ᄒᆞ야져근
허믈을怒노ᄒᆞ야ᄒᆞ거든믄득나롤爲위
ᄒᆞ야니ᄅᆞ샤ᄃᆡ主쥬上샹이녯가난ᄒᆞ고賤
쳔ᄒᆞᆫ적을니ᄌᆞ신가ᄒᆞ야시ᄃᆞᆫ내ᄯᅩ惕텩
념ᄒᆞ노라집읫어딘겨집이나라햇어딘
宰재相샹과ᄀᆞᆺᄒᆞ니엇디ᄎᆞᆷ아니ᄌᆞ미오

ᄒᆞ시고朝됴회롤罷파ᄒᆞ샤因인ᄒᆞ야ᄡᅥ
后후씌솔오신대后후ㅣ솔오샤ᄃᆡ妾쳡
은드로니夫부婦부ㅣ서르保보젼홈은
쉽고君군臣신이서르保보젼홈은어렵
다ᄒᆞ니陛폐下하ㅣ임의妾쳡을貧빈賤
쳔에냇디아니ᄒᆞ시니願원컨대羣군臣
신百ᄇᆡᆨ姓셩을艱간難란애냇디마ᄅᆞ쇼
셔또妾쳡은엇디長댱孫손皇황后후의
어딜기에比비ᄒᆞ리잇고오직願원컨대
陛폐下하ㅣ堯요舜슌으로ᄡᅥ法법을삼

으시과뎌ᄒᆞᆯᄯᆞᄅᆞᆷ이로이다后후ㅣ임의
中듕宮궁에正졍位위ᄒᆞ샤더옥ᄉᆞᄉᆞ로
브즈러니힘ᄡᅳ샤宮궁妾쳡을고찰ᄒᆞ샤
겨집의일을다ᄉᆞ리샤일니르시고밤들
어든자샤ᄒᆞᆫ빼도게으르디아니ᄒᆞ시며
帝뎨ᄭᅴ어디니를親친히ᄒᆞ시며學흑문
힘ᄡᅳ샴을勸권ᄒᆞ시며일을좃차ᄀᆞ마니
諫간ᄒᆞ시며녯글월을講강求구ᄒᆞ샤六
륙宮궁에알외샤ᄃᆡ브즈러니ᄒᆞ샤게으
르디아니ᄒᆞ더시다一일日일에女녀史

ᄉᆞ 淸청江강范범孺유人인ᄃᆞᆯ홀뫼호샤

女녀史ᄉᆞᄂᆞᆫ 글 아ᄂᆞᆫ 겨집이니 皇황后후의 禮례度도와 宮궁듕 政졍事ᄉᆞ ᄀᆞ음아

ᄂᆞᆫ 벼ᄉᆞᆯ이라 淸청江강ᄋᆞᆫ ᄯᅡ 일홈이오 范범은 姓셩이라 무르샤ᄃᆡ 漢

한 唐당브터 오모로 어ᄂᆡ 后후ㅣ ᄀᆞ장 어

딜며 家가法법은 어ᄂᆡ 代ᄃᆡ ᄀᆞ장 正졍ᄒᆞ

뇨 對ᄃᆡ答답ᄒᆞ오ᄃᆡ 오직 趙됴宋송諸

제后후ㅣ 어디니 만ᄒᆞ며 家가法법이 ᄀᆞ

장 正졍ᄒᆞ니이다 趙됴ᄂᆞᆫ 宋송 라 姓셩이라 나 后후ㅣ

이에 女녀史ᄉᆞ를 命명ᄒᆞ샤 家가法법과

어딘 횡실을 그 錄록ᄒᆞ야 미양 외오여 드

르샤ᄑ니ᄅᆞ시ᄃᆡᄒᆞᆫ갓내의오ᄂᆞᆯ法법이
될ᄲᅮᆫ아니라子ᄌᆞ孫손帝뎨王왕后후妃
비다맛당이ᄉᆞᆯ펴보리니이가히ᄡᅥ萬만
世셰예法법이될이로다或혹이ᄉᆞᆯ오ᄃᆡ
宋송朝됴ㅣ仁인厚후에너므니이다ᄒᆞᆫ
대后후ㅣ니ᄅᆞ샤ᄃᆡ仁인厚후에너므미
오히려刻각薄박의셔아니나으나내子
ᄌᆞ孫손이진실로能능히仁인厚후로ᄡᅥ
근本본을삼으면三삼代ᄃᆡ예가미어렵
디아니ᄒᆞ리라仁인厚후ㅣ비록너므나

엇디사ᄅᆞᆷ의나라희害해로오리오帝뎨
일즉后후ᄭᅥᄉᆞᆯ오샤ᄃᆡ님금은온가지소
임의모든배니一일夫부ㅣ제곳을엇디
못ᄒᆞ야도님금의責칙이라ᄒᆞ야시ᄂᆞᆫ后
후ㅣ즉시니러절ᄒᆞ샤ᄉᆞᆯ오샤ᄃᆡ妾쳡은
드르니녯사ᄅᆞᆷ이닐오ᄃᆡ一일夫부ㅣ곳
을일홈이이내죄라ᄒᆞ며ᄒᆞᆫ百빅姓셩이
주리거든닐오ᄃᆡ내주리게ᄒᆞ라ᄒᆞ고ᄒᆞᆫ
百빅姓셩이치워ᄒᆞ거든닐오ᄃᆡ내칩게
ᄒᆞ라ᄒᆞ니이제陛폐下하말ᄉᆞᆷ이곳녯사

룸의ᄆᆞ옴이로쇠이다聖셩心심에삼감
을닐위샤窮궁ᄒᆞᆫ빅셩의게은혜룰더으
시면天텬下하ㅣ그福복을닙ᄉᆞ오며妾
쳡도ᄯᅩ참예ᄒᆞ야영화로옴이이시리이
다ᄯᅩ일즉從죵容용히帝뎨ᄭᅴ솔오샤ᄃᆡ
人인主쥬ㅣ비록明명聖셩ᄒᆞ신資ᄌᆞ질
이겨시나能능히혼자天텬下하롤다ᄉᆞ
리디못ᄒᆞᄂᆞᆫ디라반ᄃᆞ시어딘사룸을골
희야뻐다ᄉᆞ림을도모ᄒᆞᄂᆞ니그러나世
세代ᄃᆡ더옥ᄂᆞ려사룸이근죤ᄌᆡ죄업스

니陛폐下하ㅣ人인才재예본ᄃᆡ能능히
각각그뎌르며길옴을조차ᄡᅳ시ᄂᆞ니그
러나더옥맛당이젹근허믈를赦샤ᄒᆞ야
버그사ᄅᆞᆷ을보젼ᄒᆞᆯᄯᅵ니이다帝뎨깃그
샤善션타일ᄏᆞ르시다一일日일에元원
府부庫고ᄅᆞᆯ어더寶보貨화ᄅᆞᆯ옴겨셔울
옴을드르시고帝뎨ᄭᅬ뭇ᄌᆞ오샤ᄃᆡ元원
府부庫고에므어ᄉᆞᆯ어드시니잇고帝뎨
ᄀᆞᆯᄋᆞ샤ᄃᆡ寶보貨화ᄯᆞᄅᆞᆷ이라后후ㅣᄉᆞᆯ
오샤ᄃᆡ元원氏시이寶보ᄅᆞᆯ두ᄃᆡ엇디딕

희디몯ᄒᆞ야일흐니잇고貨화財ᄌᆡ가히
寶보ᄒᆞᆯ거시아니라ᄯᅩ帝뎨王왕이ᄉᆞᄉᆞ
로寶보ㅣ잇ᄂᆞ니이다帝뎨ᄀᆞᆯᄋᆞ샤ᄃᆡ皇
황后후ᄠᅳᆮ을내알과이다오직어딘사ᄅᆞᆷ
어듬으로ᄡᅥ寶보삼으라니ᄅᆞ심이로다
后후ㅣ즉시拜ᄇᆡ謝샤ᄒᆞ샤ᄀᆞᆯᄋᆞ샤ᄃᆡ진
실로聖셩言언ᄀᆞᆺᄒᆞᆫ이다妾쳡이ᄆᆡ양보
니사ᄅᆞᆷ의집이生ᄉᆡᆼ計계두터오면驕교
만이니르고時시命명이順슌ᄒᆞ면편안
ᄒᆞᆷ이나ᄂᆞ니집과나라히ᄒᆞᆫ가지아니나

그理리ᄂᆞᆫ다ᄅᆞᆷ이업ᄉᆞ니사ᄅᆞᆷ의샹해ᄇᆞ
이라맛당이ᄀᆡ장경誡계ᄒᆞᆯ디니이다妾
쳡이陛폐下하와가난애ᄒᆞᆫ듸사옵다가
이제富부貴귀이예니ᄅᆞ니驕교縱종ᄒᆞᆷ
이奢샤侈치예나며危위亡망이忽홀微
미예니러날가미양젓노이다忽홀微미ᄒᆞᆫ젹닷말
이이러모로世세예傳뎐ᄒᆞ되공교ᄒᆞᆫ노라
로시나라ᄒᆞᆯ망ᄒᆞᄂᆞᆫ도치오珠쥬玉옥이
ᄆᆞᄋᆞᆷ을방蕩탕케ᄒᆞᄂᆞᆫ酖딤毒독이라ᄒᆞ
니酖딤은毒독ᄒᆞᆫ새니그짓ᄎᆞ로飮음食식에ᄡᅥ먹이면사ᄅᆞᆷ이죽ᄂᆞ니라

올타이말이여오직賢현才지를어더朝
됴夕셕에啓계沃옥ᄒᆞ야啓계ᄂᆞᆫ열미오沃옥은적심이오
니高고宗종이傳부說열ᄃᆞ려니ᄅᆞ샤ᄃᆡ네ᄆᆞᄋᆞᆷ을열어내ᄆᆞᄋᆞᆷ을적시라ᄒᆞ시니
라天텬下하ᄅᆞᆯᄒᆞᆫ가지로안保보ᄒᆞ미곳
大대寶보ㅣ며萬만世세예일훔나게ᄒᆞ
욤이곳大대寶보ㅣ니엇디物믈에이시
리잇고帝뎨ᄀᆞᆯᄋᆞ샤ᄃᆡ善션타일즉乾건
淸청宮궁의뫼ᄋᆞ와안자겨샤말이가난
ᄒᆞᆫ시졀일에맛쳐더시니帝뎨ᄀᆞᆯᄋᆞ샤ᄃᆡ
내그ᄃᆡ로더브러艱간難난ᄒᆞᆫᄃᆡᄃᆞᆫ녀辛

신苦고ᄅᆞᆯᄀᆞᆺ초디내요니오ᄂᆞᆯ날애집을
化화ᄒᆞ야나라되옴은得득홀바의ᄆᆞ옴
이업ᄉᆞᆫ디라우ᄒᆞ로ᄂᆞᆫ天텬地디의德덕
과祖조宗종恩은혜ᄅᆞᆯ感감動동ᄒᆞ노니그
러나ᄯᅩ그듸의안ᄒᆞ로도은功공이라后
후ㅣᄭᅳᆯᄋᆞ샤듸陛폐下하의효번念념ᄒᆞ
샤빅셩救구ᄒᆞ려ᄒᆞ신ᄆᆞ옴이皇황天텬
에니르샤天텬命명이도라보시며祖조
宗종이도ᄋᆞ시니妾첩은ᄆᆞ숨힘이이시
리잇고오직願원ᄒᆞᄋᆞ옴은陛폐下하ㅣ

어려운시절을닛디마ᄅᆞ샤治티安안ᄒᆞᆫ
날의警경戒계ᄒᆞ쇼셔妾쳡이ᄯᅩ患환難
난애서ᄅᆞ좃차ᄃᆞ니던일을닛디아니ᄒᆞ
야朝됴夕셕에조심호리이다天텬地디
祖조宗종이今금日일에도을ᄲᅮᆫ이아니
라쟝ᄎᆞᆺ子ᄌᆞ孫손의無무窮궁ᄒᆞᆫ福복이
되오리이다帝뎨의믈읫御어膳션을后
후ㅣ반ᄃᆞ시친히ᄉᆞᆯ펴보더시니宮궁人
인이請쳥ᄒᆞ야골오ᄃᆡ宮궁中듕에사ᄅᆞᆷ
이하니聖셩體톄ᄅᆞᆯ잇비마ᄅᆞ쇼셔后후

ㅣ 골ᄋᆞ샤ᄃᆡ내진실로宮궁中듕에사ᄅᆞᆷ
인ᄂᆞᆫ줄을알거니와오직婦부人인의남
편셤ᄭᅳᆷ은삼가디아니ᄒᆞ디못ᄒᆞ리며음
식올려나옴은조히아니ᄒᆞ디못ᄒᆞ리니
횡혀至지극디못홈이이셔녀희조롤납
으면내ᄆᆞ옴이엇디편안ᄒᆞ리오내이리
홈은ᄒᆞᆫ벽ᄒᆞ로ᄂᆞᆫ우흘공경ᄒᆞ야敢감히
만홀티아니홈이오ᄒᆞᆫ뎍ᄒᆞ로ᄂᆞᆫ너희롤
안保보ᄒᆞ야죄예免면케홈이니엇디사
ᄅᆞᆷ·업슴을爲위ᄒᆞ리오ᄒᆞ시니宮궁人인

이듯좁고다감동ᄒᆞ야깃ᄉᆞ와ᄒᆞ더라后
후ㅣ女녀史ᄉᆞ의西서漢한竇두太태后
후ㅣ黃황老로됴히너굠을의논ᄏᆡ놀드
르시고黃황老로ㅣᄂᆞᆫ黃황帝뎨와老로子ᄌᆞㅣ라도라무러ᄀᆞᆯ
ᄋᆞ샤ᄃᆡ黃황老로ᄂᆞᆫ엇더ᄒᆞ뇨女녀史ᄉᆞ
ㅣᄃᆡ답ᄒᆞ야ᄀᆞᆯ오ᄃᆡ清청淨정ᄒᆞ야ᄒᆞᄂᆞᆫ
일업슴으로本본을삼으니仁인을그ᄎᆞ
며義의롤ᄇᆞ려百ᄇᆡᆨ姓셩이孝효도ᄒᆞ며
인慈ᄌᆞ홈애도라가게홈이니이다后후
ㅣᄀᆞᆯᄋᆞ샤ᄃᆡ그러티아니ᄒᆞ다孝효도ᄒᆞ

며인慈ᄌᆞ홈이곳仁인義의옛일이니엇
디仁인義의ᄅᆞᆯ굿고孝효도ᄒᆞ며인慈ᄌᆞ
홈이이시리오仁인義의ᄂᆞᆫ나라다ᄉᆞ리
ᄂᆞᆫ本본이어놀이에널오ᄃᆡ그츠며ᄇᆞ리
라ᄒᆞ니理리아니로다后후ㅣ小쇼學ᄒᆞᆨ
書셔ᄅᆞᆯ외오이시고ᄠᅳᆮ을ᄇᆞᆰ와ᄃᆞ더시니
이욱고엿ᄌᆞ오샤ᄃᆡ小쇼學ᄒᆞᆨ書셔ᄂᆞᆫ말
ᄉᆞᆷ이수이알고일이수이行ᄒᆡᆼ홀ᄲᅥ라人
인道도애ᄀᆞᆺ디아니홈이업스니진실로
聖셩人인의ᄆᆞᄅᆞ치샨法법이로소니엇

디표ᄒᆞ야ᄇᆞᆰ키디아니ᄒᆞ리잇고帝뎨ᄀᆞᆯ
ᄋᆞ샤ᄃᆡ그러ᄒᆞ다내ᄇᆞᆯ셔親친王왕과駙
부馬마와太태學ᄒᆞᆨ生ᄉᆡᆼ으로다講강論
논ᄒᆞ며너ᄅᆞ게호롸后후ㅣ일즉元원世셰
祖조后후의놉근활시울닉이시던일을
드르시고ᄯᅩ命명ᄒᆞ야가져다가닉이이
샤ᄡᅡ니블밍ᄀᆞᄅᆞ샤ᄇᆡ외로온이과늘그
니ᄅᆞᆯ주시며ᄆᆡ양옷과치마ᄆᆞᄅᆞ사고나
ᄆᆞᆫ깁을니어手슈巾건과요ᄒᆞᆯ밍ᄀᆞ라니
ᄅᆞ샤ᄃᆡ몸이富부貴귀에이셔맛당이天

텬地디를爲위ᄒᆞ야物물을앗길ᄯᅵ니하
놀物믈을ᄇᆞ리고샹케홈은녯사ᄅᆞᆷ의기
ᄠᅳᆫ경계라뵈ᄧᆞᆯ사ᄅᆞᆷ이실을다ᄉᆞ릴제ᄇᆞ
리ᄂᆞᆫ목이잇거든ᄯᅩ히여곰니어ᄡᅵ이샤
諸제王왕妃비와公공主쥬를주시고니
ᄅᆞ샤ᄃᆡ富부貴귀예ᄉᆡᆼ댱ᄒᆞ야맛당이蠶
잠桑상이쉽디아니홈을알올ᄯᅵ니이비
록목이ᄇᆞ릴거시나民민間간애이션오
히려어듬이어려우니그럴ᄉᆡᄡᅥ여ᄇᆞ녀
를뵈노니가히아디아니티못ᄒᆞ리라ᄒᆞ

더시다샹시예샐오숣닙으시고奢샤侈
치ᄒᆞ며고온거슬즐기디아니ᄒᆞ시며니
블이비록허나太마기디아니ᄒᆞ더시니
后후ᄭᅴ숣오리이셔숣오ᄃᆡ天텬下하애
至지극ᄒᆞᆫ귀와至지극ᄒᆞᆫ富부롤누리시
ᄂᆞ니엇디이롤앗기시ᄂᆞ니엇고后후ㅣ
골ᄋᆞ샤ᄃᆡ내드르니녯后후妃비다富부
ᄒᆞ고能능히儉검박ᄒᆞ며貴귀ᄒᆞ고能능
히브즈런홈으로뻐글월의일ᄏᆞᆯ니엿ᄂᆞ
니奢샤侈치ᄒᆞᆫ므ᄋᆞᆷ이수이나고노[illegible]

위예이ᄉᆞᆷ이어려운디라가히넛디못ᄒᆞᆯ
거시勤근儉검이오가히밋디못ᄒᆞᆯ거시
富부貴귀니勤근儉검ᄒᆞᆫ모ᄆᆞᆷ이ᄒᆞᆫ번올
ᄆᆞ면禍화福복의應응이소릐응ᄒᆞ야니
르ᄃᆞᆺᄒᆞᄂᆞ니미양念념홈이이에밋고스
스로감히므던이너길ᄆᆞᄋᆞᆷ을두디못ᄒᆞ
노라宮궁人인이허믈이이셔帝뎨ㅣ怒
노ᄒᆞ시든后후ㅣ또怒노ᄒᆞ샤左좌右우
ᄅᆞᆯ命명ᄒᆞ샤宮궁正졍司ᄉᆞ애자바맛뎌
宮궁正졍司ᄉᆞᄂᆞᆫ宮궁中듕ㅅ고ᄋᆞᆷ아ᄂᆞᆫ마ᄋᆞᆯ이라 罪죄ᄅᆞᆯ議의論

논ᄒᆞ라ᄒᆞ더시니帝뎨ㅣ怒노를프르샤
后후ᄭᅴ무려ᄀᆞᆯᄋᆞ샤ᄃᆡ그ᄃᆡ친히외다ᄒᆞ
야罪죄주디아니코宮궁正졍司ᄉᆞ애맛
담은엇디오后후ㅣᄉᆞᆯ오샤ᄃᆡ妾쳡은ᄃᆞ
르니賞샹罰벌이공번되여야足죡히ᄡᅥ
사ᄅᆞᆷ을항복게ᄒᆞᆫ다호니그럼으로깃브
모로ᄡᅥ賞샹을더으디아니ᄒᆞ며怒노홈
으로ᄡᅥ刑형벌을더으디아니ᄒᆞᄂᆞ니깃
브며怒노홀ᄢᅢ예賞샹罰벌을行ᄒᆡᆼᄒᆞ면
반ᄃᆞ시일편도이重듕홈이이셔사ᄅᆞᆷ이

그ᄉᆞ졍을의논ᄒᆞ려니와宮궁正졍司ᄉᆞ
애맛디면맛당이그輕경重듕을斟짐酌
쟉ᄒᆞ리이다天텬下하다ᄉᆞ리ᄂᆞ니ᄯᅩ엇
디能능히사ᄅᆞᆷ마다親친히賞샹罰벌을ᄒᆞ
리잇고有유司ᄉᆞㅣ의론ᄒᆞᆯᄯᆞᄅᆞᆷ이니이다
帝뎨ᄀᆞᆯᄋᆞ샤ᄃᆡ그ᄃᆡᄯᅩ怒노ᄒᆞᆷ은엇디오后
후ㅣᄉᆞᆯ오샤ᄃᆡ陛폐下하ㅣ怒노ᄒᆞ신시졀
을當당ᄒᆞ야믄득스스로罰벌ᄒᆞ시면ᄒᆞᆫ갓
宮궁人인이重듕ᄒᆞᆫ외다ᄒᆞᆷ을어들ᄲᅮᆫ이아
니라陛폐下하ㅣᄯᅩ中듕和화잇ᄀᆞ운을손

샹ᄒᆞ시리니 그럴ᄉᆡ 妾첩의 怒노ᄒᆞᆷ은 陛폐
下하의 怒노ᄅᆞᆯ 프노라 ᄒᆞᆷ이니이다 帝뎨 깃
그시다 后후ㅣ 舅구姑고ᄅᆞᆯ 밋처 셤기옵디
몯ᄒᆞᆷ으로 슬ᄒᆞ샤 帝뎨의 ᄯᆞᆯ와 ᄉᆞ모ᄒᆞ샤슬
히ᄒᆞ샤 몰보ᄋᆞ오시고 ᄯᅩ 爲위ᄒᆞ야 눈믈을
리시며 아ᄎᆞᆷ나조ᄒᆡ 褘위翟뎍으로 帝뎨ᄅᆞᆯ
조ᄎᆞ샤 褘위翟뎍은 皇황后후ㅣ 先션王왕ᄉᆞ ᄡᅥ 祭제ᄒᆞᆯ 적의 닙으시ᄂᆞᆫ 오시라
奉봉先션殿뎐의 拜비謁알ᄒᆞ시며 미양 祭
제ᄅᆞᆯ 當당ᄒᆞ야 몸소 음식을 밍ᄀᆞ르샤 誠셩
敬경을 힘ᄡᅥ 극진이 ᄒᆞ시며 妃비嬪빈으로

벼아래룰듸졉ᄒᆞ샤듸은혜룰두시며은
통을납ᄉᆞ와조식이잇ᄂᆞᆫ사ᄅᆞᆷ으란듸졉
을더厚후히ᄒᆞ더시다諸졔王왕妃비와
公공主쥬ᄃᆞ려니ᄅᆞ샤듸功공업시福복
을밧음이造조物믈의아쳐ᄒᆞᄂᆞᆫ배니내
너희ᄃᆞᆯ로더브러金금繡슈를닙으며飮
을食식을됴히ᄒᆞ고날이ᄆᆞᆺ도록ᄒᆞᄂᆞᆫ일
이업스니맛당이겨집의일을브즈러니
ᄒᆞ야벼造조物믈을갑흘ᄯᅵ라ᄒᆞ시며太
태子ᄌᆞ와諸졔王왕을비록ᄉᆞ랑ᄒᆞ샤믈

甚심히두터이ᄒᆞ시나권ᄒᆞ야ᄒᆞ여곰學
ᄒᆞᆨ문을힘ᄡᅳ게ᄒᆞ샤ᄌᆞ셰히니ᄅᆞ시며고
졀ᄒᆞ고지극히ᄒᆞ더시니일즉니ᄅᆞ샤ᄃᆡ
네아바님이萬만國국에尊존臨님ᄒᆞ샤
몸애太태平평을닐위샴은ᄯᅩᄒᆞᆨ문ᄒᆞ야
ᄡᅥ뫼힘을말미암으시니너희小쇼子ᄌᆞ
ᄂᆞᆫ맛당이니음을ᄉᆡᆼ각ᄒᆞ야ᄡᅥ나흔바ᄅᆞᆯ
辱욕ᄒᆞ디말올ᄯᅵ니라ᄯᅩ골ᄋᆞ샤ᄃᆡ내女
녀史ᄉᆞ의말을드르니鄧등禹우ㅣ쟝슈
되야셔간대로사ᄅᆞᆷ죽이디아니ᄒᆞ연고

로그ᄯᆞᆯ이皇황后후ㅣ되다ᄒᆞᄂᆞ니우리家가世세忠튱厚후ᄒᆞ며우리아바님ᄭᅴ니르러비록鄧등禹우의功공이업스시나그러나平평生ᄉᆡᆼ애義의에急급히ᄒᆞ더시니오ᄂᆞᆯ날皇황后후되옴이偶우然연티아니ᄒᆞ니라녀희돌ᄒᆞᆫ다ᄅᆞᆫ날에人인民민과社샤稷직을맛ᄃᆞᆷ이잇ᄂᆞ니더옥반ᄃᆞ시忠튱厚후롤만히ᄒᆞ여야ᄌᆞ손이길리니잠간도가히스스로맛고德덕을힘ᄡᅳ디아니ᄒᆞ고이리偶우然연ᄒᆞ니

라녀기디마롤써너네졀당이긔록ᄒᆞ라
諸제王왕이혹衣의服복과器긔皿명으
로뻐서ᄅᆞᆺ숑샹ᄒᆞ거든后후ㅣ니ᄅᆞ샤ᄃᆡ
唐당堯요와虞우舜슌이새로집을니시
고흙으로섬을ᄒᆞ시며夏하禹우와文문
王왕이사오나온옷과ᄂᆞᄌᆞᆫ오ᄉᆞᆯ닙더시
니네아바님이儉검朴박ᄒᆞ샤더옥奢샤
치ᄒᆞ며고온거슬아쳐로이녀기시고日
일夜야애근심ᄒᆞ며브즈런ᄒᆞ샤뻐天텬
下하롤다ᄉᆞ리시니너희功공이업스되

錦금衣의玉옥食식ᄒᆞ고오히려의服복
과긔구로뻐서르더으고쟈ᄒᆞᄂᆞ니엇디
ᄠᅳᆺ과긔운이곧디아니홈이이곧ᄐᆞ뇨반
ᄃᆞ시스승을親친히ᄒᆞ며벗을사괴야聖
셩賢현의學혹을講강論논ᄒᆞ야ᄆᆞᄋᆞᆷ을
開기明명케ᄒᆞ야ᄌᆞ연히이氣긔習습이
업스리라后후ㅣ인ᄌᆞ홈으로뻐아래를
뒤졉ᄒᆞ샤친쳑과공신의집을다즐기ᄂᆞᆫ
ᄆᆞᄋᆞᆷ을엇디아니홈이업ᄉᆞ시며命명婦
부ㅣ드러뵈옵거든尊존貴귀로뻐臨님

티아니ᄒᆞ샤ᄃᆡ졉ᄒᆞᆷ을家가人인禮례ᄀ
티ᄒᆞ더시다 家가人인은샹녯집사ᄅᆞᆷ올니ᄅᆞ니라 水슈旱
한과가난ᄒᆞᆫ히를맛나샤음식을나오실
제반ᄃᆞ시보리밥과드릿ᄂᆞ몰ᄒᆞᆯᄉᆞ이ᄉᆞ
이쟝만ᄒᆞ더시니帝뎨ㅣ因인ᄒᆞ야賑진
恤휼일을니ᄅᆞ거시ᄂᆞᆯ后후ㅣ숣오샤ᄃᆡ
妾쳡은드ᄅᆞ니水슈旱한이업슨시졀이
업다ᄒᆞ니賑진恤휼ᄒᆞᆯ법이ᄉᆞᆷ이뎨륙을
몬져예備비ᄒᆞᆷ만ᄀᆞᆺ디못ᄒᆞ니ᄆᆞᄎᆞᆷ매不
블幸ᄒᆡᆼᄒᆞ야아홉힛믈과닐곱힛ᄀᆞᄆᆞ리

이시면쟝ᄎᆞᆺ어니法법으로ᄡᅥ賑진휼ᄒᆞ
시리잇고ᄒᆞ신대帝뎨깁히올히녀기시
다일즉帝뎨ᄅᆞᆯ爲위ᄒᆞ야ᄉᆞᆯ오샤ᄃᆡ은혜
베픔은너비두로ᄒᆞ고져ᄒᆞ나그러나ᄯᅩ
ᄒᆞᆫ等등差차ㅣ잇ᄂᆞ니ᄒᆞᆫ사ᄅᆞᆷ은날로주
미진실로어렵거니와百ᄇᆡᆨ官관의집이
셔울잇ᄂᆞ니그鄕향里리의遠원近근이
ᄒᆞᆫ가지아니며집가난ᄒᆞ며가ᄋᆞᆷ여로미
ᄯᅩ달ᄋᆞ되록俸봉들믄限ᄒᆞᆫ이잇ᄂᆞ니혹
넉넉디아니ᄒᆞ면가난이반ᄃᆞ시甚심ᄒᆞ

야더웟비와기장치오몰맛나면믄득嗟
차嘆탄의나타날가념녀ᄒᆞ노이다帝뎨
그ᄠᅳ들감동ᄒᆞ샤미양존문ᄒᆞ샤주더시
다近근臣신과밋모ᄃᆞᆫ공事ᄉᆞ엿ᄌᆞᆸᄂᆞᆫ官
관원이됴회ᄅᆞᆯ罷파ᄒᆞ고뎐뎡가온대모
다밥먹거ᄂᆞᆯ后후ㅣ中듕官관을命명ᄒᆞ
샤그飮음食식을가져다가親친히맛보
시니마시냥박ᄒᆞ야만나디아니커ᄂᆞᆯ帝
뎨ᄭᅴ엿ᄌᆞ와ᄀᆞᆯᄋᆞ샤ᄃᆡ朝됴廷뎡이하ᄂᆞᆯ
祿록으로ᄡᅥ天텬下하애어딘사ᄅᆞᆷ을치

ᄂᆞ니 그러므로 스스로 奉봉養양홈은 그 薄
박히ᄒᆞ고져ᄒᆞ고 賢현을 치기ᄂᆞᆫ 豐풍히
ᄒᆞ고져 홀디니 이제 음식ᄀᆞ음아ᄂᆞᆫ 사ᄅᆞᆷ
이 그 아랫사ᄅᆞᆷ을 ᄀᆞ르치디 못ᄒᆞ야 오직
우희 드리ᄂᆞᆫ 거시 돌며 만나고 羣군臣신
의 飮음食식이 다 그마ᄉᆞᆯ엇디 못ᄒᆞ니 엇
디 陛폐下하의 養양賢현ᄒᆞ시ᄂᆞᆫ ᄯᅳ디리
잇고 上샹이 ᄀᆞᆯᄋᆞ샤ᄃᆡ 飮음食식 엣일오
내 ᄆᆞ음애 디내디 아니ᄒᆞ야 쟝ᄎᆞᆺ 닐오되
羣군臣신이 다 돌며 만난 거슬 언ᄂᆞ니라

ᄒᆞ더니엇디ᄀᆞ옴안사ᄅᆞᆷ이厚후薄박을
스ᄉᆞ로달리홈을ᄠᅳᆺᄒᆞ리오羣군臣신이
니ᄅᆞ고져ᄒᆞ되ᄯᅩ이베내욤을어려이녀
기던일을알리로다일이비록甚심히져
그나판係계홈이ᄯᅩᄒᆞᆫ크니皇황后후ㅣ
오ᄂᆞᆯ날에니ᄅᆞ디아니ᄒᆞ시면내엇디이
러홈을알리오ᄒᆞ시고섈리光광祿록卿
경徐서興흥祖조돌ᄒᆞᆯ브르샤ᄀᆞ장외다
ᄒᆞ시니光광祿록卿경은벼슬일홈이라興흥祖조돌히
다븟그려항복ᄒᆞ니라帝뎨일즉太태學

ᄒᆞᆨ애臨님ᄒᆞ샤先션師ᄉᆞ孔공子ᄌᆞᄭᅴ계
ᄒᆞ시고도라오나시ᄂᆞᆫ后후ㅣ뭇ᄌᆞ와ᄀᆞᆯ
ᄋᆞ샤ᄃᆡ大태學ᄒᆞᆨ生싱이언매나ᄒᆞ니잇
고帝뎨ᄀᆞᆯᄋᆞ샤ᄃᆡ數수千쳔이러라ᄯᅩ무
로샤ᄃᆡ다집이잇ᄂᆞ니잇가니ᄅᆞ샤ᄃᆡᄯᅩ
만히잇ᄂᆞ니이다后후ㅣᄀᆞᆯᄋᆞ샤ᄃᆡ天텬
下하ᄅᆞᆯ잘다ᄉᆞ리ᄂᆞᆫ사ᄅᆞᆷ은賢현才ᄌᆡ로
벼본을삼ᄂᆞ니이제人인才ᄌᆡ만ᄒᆞ니ᄀ
장깃브도소이다오직生싱員원은大태
學ᄒᆞᆨ애셔머기고妻쳐子ᄌᆞᄂᆞᆫ울어러사

롤ᄃᆡ업ᄉᆞ니뎨엇디ᄆᆞ옴애걸닌배업스
리잇가帝뎨즉시命명ᄒᆞ샤도마다냥식
주어그집을유여케홈을뼈샹녜를삼으
시다일즉帝뎨ᄭᅴ솔오샤ᄃᆡ일의올ᄒᆞ며
외욤은님금ᄆᆞ옴의邪샤ᄒᆞ며正졍ᄒᆞ매
本본ᄒᆞ고天텬下하ㅣ편안ᄒᆞ며위틔홈
은ᄇᆡᆨ셩의ᄆᆞ옴의설워ᄒᆞ며즐겨홈애ᄆᆡ
이엿ᄂᆞ니이다ᄯᅩ솔오샤ᄃᆡ法법을조조
고티면반ᄃᆞ시弊폐잇ᄂᆞ니法법곳弊폐
이시면姦간샤ㅣ나고ᄇᆡᆨ셩을ᄌᆞ조어즈

러어면 반ᄃᆞ시 困곤ᄒᆞᄂᆞ니 ᄇᆡᆨ셩이 困곤

ᄒᆞ면 亂란이 나ᄂᆞ니이다 帝뎨 다 女녀史

ᄉᆞᆯ로 命명ᄒᆞ샤 쓰라 ᄒᆞ시다 后후ㅣ 병을

어더시ᄂᆞᆯ 帝뎨 ᄌᆞᆷ과 음식을 편안이 못ᄒᆞ

샤 벼 羣군臣신ᄃᆞ려 니ᄅᆞ신대 羣군臣신

이 山산川쳔에 빌며 일홈난 의원을 두루

求구ᄒᆞ야지이다 請쳥ᄒᆞᄋᆞᆸ거ᄂᆞᆯ 后후ㅣ

드르시고 帝뎨ᄭᅴ 솔와 ᄀᆞᆯᄋᆞ샤ᄃᆡ 妾쳡이

平평生싱애 병의 엽다니 이제 ᄒᆞᄅᆞᆺ아ᄌᆞᆷ

애 병어 듬이 이 곧ᄒᆞᆯᄉᆡ ᄉᆞ스로 혜아리니

능히니디못홀가ᄒᆞ노이다죽으며살옴
이命명이잇ᄂᆞ니빌며의원을구ᄒᆞᆫ들엇
디有유益익ᄒᆞ리잇고병이급ᄒᆞ심애밋
처帝뎨무러ᄀᆞᆯᄋᆞ샤ᄃᆡ그ᄃᆡ身신後후엣
屬쇽홈이잇ᄂᆞ냐后후ㅣᄀᆞᆯᄋᆞ샤ᄃᆡ陛폐
下하ㅣ妾쳡으로더브러布포衣의로니
러나샤오ᄂᆞᆯ날의陛폐下하ㅣ億억兆됴
의主쥬ㅣ되오시고 億억兆됴ᄂᆞᆫ百ᄇᆡᆨ姓셩을니ᄅᆞ니라 妾
쳡이億억兆됴의母모ㅣ되요니尊존ᄒᆞ
며榮영화지극ᄒᆞ오니오히려므ᄉᆞᆷ말ᄉᆞᆷ

을ᄒᆞ리잇고오직天텬地디와祖조宗종
을감동ᄒᆞ야布포衣의人직을닛디마ᄅᆞ
실ᄯᆞᄅᆞᆷ이니이다帝뎨다시무르신대后
후ㅣᄀᆞᆯᄋᆞ샤ᄃᆡ陛폐下하ㅣ맛당이어딘
이ᄅᆞᆯ求구ᄒᆞ시며諫간을드르시며政졍
事ᄉᆞᄅᆞᆯ블기ᄒᆞ샤ᄡᅥ태평을닐위시며모
ᄃᆞᆫ아ᄃᆞᆯ을ᄀᆞᄅᆞ치샤ᄒᆞ여곰德덕에나아
가며業업을닷게ᄒᆞ실ᄯᆡ니이다帝뎨ᄀᆞᆯ
ᄋᆞ샤ᄃᆡ내임의아ᄂᆞᆫ디라오직ᄂᆞᆯ근몸이
엇디ᄡᅥ회포ᄅᆞᆯᄒᆞ리잇고后후ㅣ다시ᄀᆞᆯ

ᄋᆞ샤ᄃᆡ 죽으며 살옴은 命명이니 願원건
대陛폐下하ㅣ 내죵삼가샤 몰쳐엄ᄀᆞ티
ᄒᆞ샤 子ᄌᆞ孫손이다 어딜며 臣신民민이
곳을 엇게 ᄒᆞ시면 妾쳡이 비록 죽으나 사
라 심곤ᄒᆞ리이다 ᄒᆞ시고 업스시니 나히
쉰ᄒᆞ나히러시니 洪홍武무壬임戌슐年
년八팔月월丙병戌슐이라 帝뎨慟통哭
곡ᄒᆞ시고 終죵身신ᄐᆞ록 다시 皇황后후
룰 셰오디 아니ᄒᆞ시니라 帝뎨일즉 朝됴
회룰 罷파ᄒᆞ샤 놉內내臣신과 女녀史ᄉᆞ

서르나아일을옛ᄌᆞ오몰마디아니ᄒᆞᆫ대
帝뎨슬ᄒᆞ샤깃거아니ᄒᆞ샤ᄀᆞᆯᄋᆞ샤ᄃᆡ皇
황后후ㅣ겨시면내게엇디이런煩번聒
괄홈이시리오(煩번聒괄은번거로이들네미라)ᄒᆞ시다
后후ㅣ겨신저긔內ᄂᆡ政졍을ᄒᆞ나토帝
뎨ᄭᅴ번거로이아니ᄒᆞ샤帝뎨從죵容용
ᄒᆞ여甚심히편안ᄒᆞ시던고로셜워홈을
이그디몯ᄒᆞ시니라
宿瘤(音留)女者ᄂᆞᆫ齊ㅅ東郭採桑之女ㅣ니시閔
王之后也ㅣ니시라項有大瘤故로號曰宿瘤ㅣ라

ᄒᆞ더라 初애 閔王이 出遊ᄒᆞ샤 至東郭ᄒᆞ시니 百姓
이ᄃᆡ 盡觀ᄒᆞᄃᆡ 宿瘤ㅣ 採桑을 如故ㅣ어늘 王이 怪
之ᄒᆞ샤 召問曰寡人이 出遊에 車騎甚衆ᄒᆞᆯᄉᆡ 百
姓이 無少長히 皆棄事來觀이어늘 汝ㅣ 採桑
道傍ᄒᆞᄃᆡ 曾不一視ᄂᆞᆫ 何也오 對曰妾이 受父
母教ᄒᆞ야 採桑이오 不受教觀大王ᄒᆞ다 이 王曰此
ㅣ 奇女也ㅣ로다 惜哉宿瘤ㅣ여 女ㅣ 曰婢妾之
職은 屬之不二ᄒᆞ며 予之不忘이니 中心謂何ㅣ언
뎡 宿瘤ㅣ 何傷이리잇고 王이 大悅之曰此ㅣ 賢
女也ㅣ라 命後乘載之ᄒᆞ신대 女ㅣ 曰賴大王之

力ᄒᆞ야父母ㅣ在內ᄒᆞ니使妾으로不受父母之教

而隨大王ᄒᆞ면是ᄂᆞᆫ奔女也ㅣ니大王은又安用

之ᄒᆞ리잇고王이大慙曰寡人이失之로다ᄒᆞ고又曰貞

女ㅣ一禮不備어든雖死ㅣ나不從이라ᄒᆞᄂᆞ니於是

예王이遣歸ᄒᆞ시고使使者ᄒᆞ샤加金百鎰ᄒᆞ샤往

聘迎之ᄒᆞ신대父母ㅣ驚惶ᄒᆞ야欲洗沐加衣裳

ᄒᆞ더니女ㅣ曰如是見王則變容更服이라不見

識也리ᄒᆞ시니請死不往라ᄒᆞ리於是예如故ᄒᆞ야隨

使者라ᄒᆞ니閔王이歸ᄒᆞ샤見諸夫人ᄒᆞ샤告曰今

日에出遊ᄒᆞ야得一聖女ᄒᆞ니今至ᄒᆞ니斥汝屬

美호리라 諸夫人이 皆恠之호야 盛服而衛호야 遲
其至也호더니 宿瘤ㅣ 駭호대 宮中諸夫人이 皆
掩口而笑호야 左右ㅣ 失貌호야 不能自止어늘 王
이 大慙曰 且無笑호라 不飾耳니라 夫飾與不飾
에 固相去ㅣ 十百也ㅣ라 女ㅣ 曰 夫飾은 相去
ㅣ 千萬이라도 尙不足言이니 何獨十百也ㅣ라잇고
王曰 何以言之오 對曰 性相近也ㅣ니 習相遠
也ㅣ니 昔者애 堯舜桀紂는 俱天子也ㅣ라 堯舜
은 自飾以仁義호샤 雖爲天子ㅣ라도 安於節儉
호샤 茅茨(慈音)를 不剪호시며 采(柞木也)椽을 不斲호시

卓音며 後宮이 衣不重采ᄒᆞ며 食不重味ᄒᆞ니 至今
數千歲예 天下ㅣ 歸善焉ᄒᆞᄂᆞ니이다 桀紂ᄂᆞᆫ 不
自飾以仁義ᄒᆞ고 習爲苛文ᄒᆞ며 造爲高臺深池
ᄒᆞ며 後宮이 蹈綺縠音斛ᄒᆞ며 弄珠玉ᄒᆞ야 意非有饜
音厭時也ㅣ라 身死國亡ᄒᆞ야 爲天下笑ᄒᆞ니 至今千
餘歲예 天下ㅣ 歸惡焉ᄒᆞᄂᆞ니 由是로 觀之컨댄
飾與不飾이 相去ㅣ 千萬이라도 尚不足言이니
何獨十百也ㅣ리잇고 於是예 諸夫人이 皆大慙
ᄒᆞ니라 閔王이 大感瘤女ᄒᆞ샤 以爲后ᄒᆞ시고 出令
ᄒᆞ샤 卑宮室ᄒᆞ시며 塡音田池澤ᄒᆞ시며 損膳ᄒᆞ시며 減

樂ᄒᆞ며 사 後宮이 不得重釆ᄒᆞ니 期月之間애 化
行鄰國ᄒᆞ야 諸侯ㅣ 朝之어늘 侵三晉ᄒᆞ며 懼秦楚
ᄒᆞ며 一立帝號ᄒᆞ니 閔王이 至於此也ᄂᆞᆫ 宿瘤女
ㅣ 有力焉이라 니 及女死之後에 燕이 遂屠齊
ㅣ거ᄂᆞᆯ 閔王이 逃亡ᄒᆞ샤 而弑死於外ᄒᆞ니 시라 君子ㅣ
謂宿瘤女ㅣ 通而有禮ᄒᆞ니 詩云 ᄒᆞ되 菁菁 精音 者
義여 在彼中阿ㅣ로다 既見君子ᄒᆞ니 樂且有儀
라 ᄒᆞ니 此之謂也ㅣ로다
宿숙瘤류女녀ᄂᆞᆫ 齊제人 東동郭곽 앳ᄉᆡᆼ
ᄯᆞ ᄂᆞᆫ 겨집이니 東동郭곽은 ᄯᅡ일홈이라 閔민王왕의

后후ㅣ시니라목의큰혹이잇ᄂᆞᆫ고로일
ᄒᆞᆷ을닐오ᄃᆡ宿슉瘤류ㅣ라ᄒᆞ더라宿슉은오
래이시미라처엄의閔민王왕이나노리ᄒᆞ샤
東동郭곽애가시니百ᄇᆡᆨ姓셩이다보되
宿슉瘤류ㅣᄲᅩᆼᄠᆞ몯녜ᄀᆞ티ᄒᆞ거놀王왕
이괴이히녀기샤블러무러ᄀᆞᆯᄋᆞ샤ᄃᆡ내
나노리ᄒᆞᆷ애車거騎긔ㅣ甚심히만ᄒᆞ시
百ᄇᆡᆨ姓셩이아ᄒᆡ얼운업시다일을ᄇᆞ리
고와보거놀네길ᄀᆞ의셔ᄲᅩᆼ을ᄠᆞ되ᄒᆞᆫ번
도보디아니ᄒᆞᆷ은엇디오ᄃᆡ답호ᄃᆡ妾쳡

이父부母모의教교를드러썅을바고大
대王왕을보ᄋᆞ오라ᄒᆞᆫ教교ᄅᆞᆯ듯디아니
ᄒᆞᆷ이니이다王왕이골ᄋᆞ샤ᄃᆡ이특ᄒᆞᆫ
겨집이로다앗가올샤宿슉瘤류ㅣ여女
녀ㅣ골오ᄃᆡ婢비妾쳡의職직임은맛디
면두ᄆᆞ음아니ᄒᆞ며주면닛디아니ᄒᆞᆷ이
니안ᄌᆞ옴이엇던고ᄒᆞᆯᄲᅮᆫ이언뎡宿슉瘤
류ㅣᄆᆞ슴해리잇고王왕이ᄀᆞ장깃거골
ᄋᆞ샤ᄃᆡ이賢현女녀ㅣ로다뒤헷술의ᄅᆞᆯ
命명ᄒᆞ샤시르라ᄒᆞ신대女녀ㅣ골오ᄃᆡ

大대王왕의힘을닙어父부母모ㅣ안해
잇ᄂᆞ니妾쳡으로父부母모의教교ᄅᆞᆯ듣
디아니ᄒᆞ고大대王왕을좃ᄌᆞ오면이ᄂᆞᆫ
奔분女녀ㅣ니奔분女녀ᄂᆞᆫ中듕媒미업시저감이라大대
王왕은ᄯᅩ어듸ᄡᅳ시리잇고王왕이ᄀᆞ장
븟그려ᄭᅳᆯ오샤듸내그릇ᄒᆞ라ᄯᅩᄀᆞ로듸
貞뎡女녀ㅣᄒᆞ려되나ᄀᆞᆺ디아니커든비
록주그나좃디아니ᄒᆞᄂᆞ니이다이에王
왕이보내시고使ᄉᆞ者쟈ᄅᆞᆯ브려金금一
일百ᄇᆡᆨ鎰일을더ᄒᆞ야鎰일은스믈닉兩량이라가보

내여마ᄌᆞ신대父부母모ㅣ놀라고두려
목욕ᄒᆞ고오ᄉᆞᆯ더니피려ᄒᆞ더니女녀ㅣ
골오ᄃᆡ이러트시ᄒᆞ야王왕을뵈ᄋᆞ오면
양지다ᄅᆞ며오ᄉᆞᆯ고텻ᄂᆞᆫ디라아라보디
몯ᄒᆞ시리니請청컨대죽어도가디아니
ᄒᆞ리라이에녜ᄀᆞ티ᄒᆞ야使ᄉᆞ者쟈조차
가니라閔민王왕이도라가모ᄃᆞᆫ夫부人
인ᄋᆞᆯ보아告고ᄒᆞ야니ᄅᆞ샤ᄃᆡ오ᄂᆞᆯ나노
리ᄒᆞ야ᄒᆞᆫ聖셩女녀ᄅᆞᆯ어드니이제오ᄂᆞ
니녀희ᄅᆞᆯ믈리티리라모ᄃᆞᆫ夫부人인이

다괴이히녀겨오盛셩히ᄒᆞ고뫼ᄋᆞ와
셔오몰기들오더니宿슉瘤류ㅣ놀란대
宮궁中듕엣모ᄃᆞᆫ夫부人인이다입을ᄀᆞ
리오고우어左자右우ㅣ양ᄌᆞᄅᆞᆯ일허能
능히ᄉᆞ스로그치디몯ᄒᆞ거ᄂᆞᆯ王왕이ᄀᆞ
장븟그려ᄀᆞᆯᄋᆞ샤ᄃᆡ웃디말라ᄉᆞ무미디아
니ᄒᆞᆫ ᄯᆞᄅᆞᆷ이라ᄉᆞᆷ이며아니ᄉᆞᆷ이매진실
로서ᄅᆞ머로미열콰일ᄇᆡᆨ패라女녀ㅣᄀᆞᆯ
오ᄃᆡᄉᆞᆷ이모ᄃᆞ서르머롬이千쳔과萬만이
라도오히려足죡히니ᄅᆞ디몯ᄒᆞ리니엇

ᄃᆡ가만열과일ᄇᆡᆨ일ᄯᆞ름이리잇고王왕
이ᄀᆞᆯᄋᆞ샤ᄃᆡ엇디니ᄅᆞᆷ고ᄃᆡ답ᄒᆞ야ᄀᆞᆯ오
ᄃᆡ性셩이서르갓가오나비홈으로서르
머ᄂᆞ나니堯요舜슌과桀걸紂듀ᄂᆞᆫ다天
텬子ᄌᆞㅣ라堯요와舜슌은스스로仁인
義의로ᄡᅮᆷ이샤비록天텬子ᄌᆞㅣ되야겨
샤도존절ᄒᆞ고검박홈을편안히녀기샤
집을ᄲᅥ로니시고ᄀᆞᆯ기디아니ᄒᆞ시며采
채椽연을갓디아니ᄒᆞ시며 采채ᄂᆞᆫ가랍남기오椽연
은혜라 後후宮궁이오ᄉᆞᆯ두비ᄎᆞᆯ아니ᄒᆞ며

음식을두마ᄉᆞᆯ아니ᄒᆞ시니至지今금數
수千쳔歲세예天텬下하ㅣ다어딜기로
도라보내ᄂᆞ니이다桀걸과紂듀ᄂᆞᆫ스스
로仁인義의로ᄡᅳᆷ이디아니ᄒᆞ고가찰ᄒᆞᆫ
ᄡᅳᆷ이기롤니기며놉픈臺ᄃᆡ와깁픈모ᄉᆞᆯ
밍ᄀᆞᆯ며後후宮궁이綺긔穀곡을닙오며
珠쥬玉옥을완롱ᄒᆞ여ᄠᅳᆺ에足죡히너길
시절이업ᄉᆞᆫ디라몸이죽으며나라히ᄂᆞᆫ
망ᄒᆞ야天텬下하애유이미되오니至지
수금千쳔餘여歲세예天텬下하ㅣ사오

납기로도라보내ᄂᆞ니일로보건댄ᄭᅮᆷ이
며아니ᄭᅮᆷ이미서르머로미千천과萬만
이라도오히려足죡히니르디몯ᄒᆞ리니
엇디다ᄆᆞᆫ열과일빅ᄲᅮᆫ이리잇고그제모
ᄃᆞᆫ夫부人인이다ᄆᆞ장븟그리니라閔민
王왕이宿슉瘤류女녀ᄅᆞᆯ귀장감동ᄒᆞ샤
벼后후ᄅᆞᆯ삼으시고令녕을내샤집을ᄂᆞ
조기ᄒᆞ시며모ᄉᆞᆯ예오시며음식을더르
시며풍뉴을더르시며後후宮궁이두비
츨몯닙게ᄒᆞ시니ᄒᆞᆫ힛ᄉᆞ이예教교化화

ㅣ이웃나라해行ᄒᆡᆼᄒᆞ여諸졔侯후ㅣ와朝됴회ᄒᆞ거ᄂᆞᆯ三삼晉진을침노ᄒᆞ시며三삼晉진은晉진國국을세헤ᄂᆞᆫ화魏위와趙됴와韓한나라ᄒᆞᆯ밍ᄀᆞ니三삼晉진이라니ᄅᆞᄂᆞ니라秦진楚초ᄅᆞᆯ저히시며ᄒᆞᆫ번皇황帝뎨일홈을셰오시니閔민王왕이이에니ᄅᆞ샤ᄆᆞ宿슉瘤류女녀ㅣ힘이이시미니라女녀ㅣ죽은後후에燕연이燕연은나라히라齊졔ᄅᆞᆯ텨閔민王왕이逃도亡망ᄒᆞ샤밧긔가弑시ᄒᆞ여주그시니라弑시ᄂᆞᆫ臣신下하ㅣ님금죽이미라君군子ᄌᆞㅣ닐오ᄃᆡ宿슉瘤

류女녀ㅣ通동달ᄒᆞ고禮례이시니모시
예날오ᄃᆡ菁정菁정ᄒᆞᆫ義아ㅣ여菁菁정정은盛
성ᄒᆞᆷ미오義아ᄂᆞᆫ플일홈이라녀두던가온ᄃᆡ잇도다이
믜君군子ᄌᆞ를보니樂락ᄒᆞ고ᄯᅩ위의잇
다ᄒᆞ니이롤니ᄅᆞ도다

漢鮑宣의妻桓氏ㅣ字ᄂᆞᆫ少君이라宣이嘗就
少君父ᄒᆞ야學ᄒᆞ더니父ㅣ奇其清苦ᄒᆞ야故로以
女로妻去聲之ᄒᆞ니라裝送資賄甚盛ᄒᆞ니더宣이
不悅ᄒᆞ야謂妻曰少君은生富驕ᄒᆞ야習美飾이어
ᄂᆞᆯ而吾ᄂᆞᆫ實貧賤ᄒᆞ야不敢當禮라ᄒᆞ노妻ㅣ曰

大人이以先生이脩德守約故로使賤妾으로
侍巾櫛ᄒᆞ시니既奉承君子ㅣ란ᄃᆡ唯命을是從
ᄒᆞ리이다宣이笑曰能如是ᄒᆞ면是吾志也ㅣ라ᄒᆞ야늘妻
ㅣ乃悉歸侍御服飾ᄒᆞ고更去聲著短布裳ᄒᆞ야與
宣으로共挽鹿車ᄒᆞ야歸鄉里ᄒᆞ야拜姑禮畢ᄒᆞ고提
甕出汲ᄒᆞ야脩行婦道ᄒᆞ니鄉邦이稱之ᄒᆞ더라
漢한鮑포宣션의妻쳐桓환氏시의字ᄌᆞ
ᄂᆞᆫ少쇼君군이라宣션이일즉少쇼君군
의아비게나아가글비호더니아비그清
쳥렴ᄒᆞ고고로옴을긔특이녀긴고로ᄯᆞᆯ

로ᄡᅥ妻쳐ᄒᆞ니라조장을ᄀᆞ초와보내기
를ᄀᆞ장盛셩히ᄒᆞ더니宣션이깃거아니
ᄒᆞ야妻쳐ᄃᆞ려닐오ᄃᆡ少쇼君군은가ᄋᆞᆷ
열며驕교慢만ᄒᆞᆫᄃᆡ나고이ᄭᅮ밈을니겻
거ᄂᆞᆯ나ᄂᆞᆫ진실로貧빈賤쳔ᄒᆞ야禮례를
當당티몯ᄒᆞ노라妻쳐ㅣ골오ᄃᆡ大대人
인이先션生ᄉᆡᆼ이 大대人인은少쇼君군의아비를니ᄅᆞ고先션
生ᄉᆡᆼ은鮑포宣션을니ᄅᆞᆷ이라 德덕을닷ᄀᆞ며검약ᄒᆞᆷ을
딕희모로ᄡᅥ賤쳔妾쳡으로슈건과빗슬
뫼ᄋᆞᆸ게ᄒᆞ시니임의君군子ᄌᆞ를뫼ᄋᆞ오

란ᄃᆡ오직命명을조초리이다宣션이우
어닐오ᄃᆡ能능히이곧ᄒᆞ면이내ᄡᅳ디라
ᄒᆞ야놀妻쳐ㅣ조ᄎᆞ사ᄅᆞᆷ과服복飾식을
다보내고다시뎌른뵈치마미여宣션과
져근술의ᄅᆞᆯ혼가지로잇글고鄕향里니
예도라가싀어믜게뵈ᄂᆞᆫ녜ᄅᆞᆯ뭇고독을
자바나가믈길어婦부道도ᄅᆞᆯ닷그니ᄆᆞ
을과나라히셔일콛더라

內訓卷第二 終

內訓 人

母儀章
敦睦章
廉儉章

內訓卷第三

母儀章第五

內則에 曰凡生子ᄒᆞ야 擇於諸母와 與可者ᄒᆞ되 必求其寬裕慈惠温良恭敬愼而寡言者ᄒᆞ야 使爲子師ㅣ니라 子ㅣ能食食거든 教以右手ᄒᆞ며 能言커든 男唯女俞ᄒᆞ며 男鞶은 革이오 女鞶은 絲ㅣ니라 六年이어든 教之數與方名이니라 七年이어든 男女ㅣ不同席ᄒᆞ며 不共食이니라 八年이어든 出入門戶와 及即席飮食에 必後長者ᄒᆞ야 始教之讓이니 十年이어든 不出ᄒᆞ며 姆教를

婉娩聽從ᄒᆞ며執麻枲ᄒᆞ며治絲繭ᄒᆞ며織紝組紃
ᄒᆞ야學女事ᄒᆞ야以供衣服이라 觀於祭祀ᄒᆞ야納
酒漿籩豆葅醢ᄒᆞ야禮相助奠이니라 十有五年
而笄ᄒᆞ며二十而嫁ㅣ니有故ㅣ어든二十三年而
嫁ㅣ니라 聘則爲妻오奔則爲妾이니라
內ᄂᆡ則측에ᄀᆞᆯ오ᄃᆡ므릇子ᄌᆞ식나하여
러어미와맛당ᄒᆞᆫ사ᄅᆞᆷ을ᄀᆞᆯᄒᆡ되반ᄃᆞ시
어위고녁녁ᄒᆞ며인慈ᄌᆞᄒᆞ고은惠혜로
오며溫온화ᄒᆞ고어딜며온恭공ᄒᆞ고조
심ᄒᆞ며삼가며말ᄉᆞᆷ드믈게ᄒᆞᄂᆞ니ᄅᆞᆯ求

ᄌᆞ
ᄒᆞ야子ᄌᆞ식의스승을삼을ᄯᅵ니라子
ᄌᆞ식이能능히밥을먹거든ᄀᆞᄅᆞ치되올
ᄒᆞᆫ손으로ᄡᅥᄒᆞ며能능히말ᄉᆞᆷᄒᆞ거든ᄉᆞ
나ᄒᆡᄂᆞᆫ唯유ᄒᆞ고 唯유ᄂᆞᆫᄲᆞᆯ롬이라 겨집은俞유
ᄒᆞ며 俞유ᄂᆞᆫ즉즉홈이라 ᄉᆞ나ᄒᆡᄯᅴᄂᆞᆫ가족이오겨
집의ᄯᅴᄂᆞᆫ실이니라여ᄉᆞᆺ설이어든혬과
方방소일홈을ᄀᆞᄅᆞ칠디니라닐곱설이
어든ᄉᆞ나ᄒᆡ과겨집이ᄒᆞᆫ돗긔안ᄯᅵ아니
ᄒᆞ며밥을ᄒᆞᆫ가지로먹디아니홀ᄯᅵ니라
여듧설이어든門문戶호애나며드롬과

돗셔나아가飮음食식ᄒᆞ매반ᄃᆞ시엳운
의後후에ᄒᆞ야비로소讓양을ᄀᆞᄅᆞ칠
셔니라열설이어든밧그나디아니ᄒᆞ며
스승의ᄀᆞᄅᆞ침을부드러이드러조차며
삼과모시를자브며실과고티를다ᄉᆞ리
며뵈ᄧᆞ며다회다하겨집의일을비화배
衣의服복을밍ᄀᆞ셔니라祭제祀ᄉᆞ를보
아술과믈과대그릇과나모그릇과팀치
와젓과ᄃᆞ려노ᄒᆞ며禮례로졔奠뎐을도
을셔니라열다ᄉᆞᆺ이어든비녀고ᄌᆞ며스

믈히어든혼인홀셔니연故고ㅣ잇거든
스믈세헤혼인홀셔니라聘빙ᄒᆞ면妻쳐
ㅣ되옴이오奔분ᄒᆞ면妾쳡이되ᄂᆞ니라
聘빙은禮례로무를시오
奔분은겨집이제감이라
司馬溫公이曰女子ㅣ六歲에始習女工之
小者ᄒᆞ고七歲예誦孝經論語ᄒᆞ고九歲예講解
論語孝經及女戒之類ᄒᆞ야略曉大意니今人
이或敎女子以作歌詩ᄒᆞ며執俗樂ᄒᆞᄂᆞ니殊非
所宜也ㅣ니라
司ᄉᆞ馬마溫온公공이골오ᄃᆡ女녀子ᄌᆞㅣ

ㅣ여ᄉᆞᆺ설에비로소겨집의일의저근거
슬니기고닐곱설에孝효經경과論논語
어ᄅᆞᆯ외오고아홉설에論논語어와孝효
經경과女녀戒계ᄇᆞ티글을講강解해ᄒᆞ
야잠간큰ᄠᅳᆮ을알올셔니이젯사ᄅᆞᆷ이혹
女녀子ᄌᆞᄅᆞᆯ ᄀᆞᄅᆞ쳐놀애와詩시ᄅᆞᆯ지이
며셰俗쇽앳음樂악잡음을ᄀᆞᄅᆞ치ᄂᆞ니
ᄌᆞ믓맛당티아니ᄒᆞ니라
○凡子婦ㅣ未敬未孝ㅣ어든不可遽有憎疾
어이 姑ㅣ教之호ᄃᆡ若不可教然後에怒之오若不

可怒然後에야 笞之나 屢笞而終不改어든 子放

婦出ㅣ니 然이나 亦不明言其犯禮也ㅣ니라

므릇 아ᄃᆞᆯ과 며느리 공敬경 아니ᄒᆞ며 孝

효도 아니커든 과ᄀᆞ리 믜여 말고 아직 ᄀᆞ

ᄅᆞ치되 만일 可가히 ᄀᆞᄅᆞ치디 몯ᄒᆞ린 後

후에 怒노ᄒᆞ고 만일 可가히 怒노ᄅᆞᆯ 몯ᄒᆞ

린 後후에 텰셔 나조 티되 ᄆᆞᄎᆞᆷ내 고티

디 아니커든 아ᄃᆞᄅᆞᆯ 내티며 며느리ᄅᆞᆯ 내

텰셔니 그러나 ᄯᅩ 그 禮례도에 犯범ᄒᆞᆫ 줄

을 明명빅히 니ᄅᆞ디 말롤셔니라

方氏女教에 云育子辛勤ᄒᆞ야 欲望其成은 嗣先續門ᄒᆞ며 送死養生ᄒᆞ야 其任이 至重ᄒᆞ고 負荷ㅣ不易ᄒᆞ니 若非教之면 寧免隕墜리오 我見富人이 積金如山ᄒᆞ다가 一旦敗之ㅣ 若反掌間ᄒᆞ며 又見名流ㅣ 功德이 晃耀ᄒᆞ다가 一旦애 壞之ᄒᆞ야 貽人訕誚ᄒᆞᄂᆞ니 厥初經營에 晝夜弗遑ᄒᆞ야 凡為子故로 謀深慮長ᄒᆞ니ᄃᆡ 豈知今日에 遂至於此ㅣ리오 黃泉에 有知ᄒᆞᆫ댄 雙淚ㅣ傾水니라 此ㅣ 蓋無他ㅣ라 愛為之根이니라 有愛無教ᄒᆞ면 長遂不仁ᄒᆞᄂᆞ니 毋徇其意ᄒᆞ야 稍縱이어든 輒束

ᄒᆞ며母護其惡ᄒᆞ야一起에輒撲이라니嬰孩有過之
ㅣ皆母養之나養之至成이면雖悔나已遲니라
子之不肖ㅣ實係於母ᄒᆞ니母哉母哉여敢辭
厥咎아
方방氏시女녀教교애닐오ᄃᆡ子ᄌᆞ식을
길오되辛신고ᄒᆞ며브즈런이ᄒᆞ야그成
셩닙ᄒᆞᆷ을ᄇᆞ람ᄋᆞᆫ先션조를니으며가門
문을니으며죽은니를보내며사니를봉
養양ᄒᆞ야그소任임이至지重듕ᄒᆞ고지
며멘일이쉽디아니ᄒᆞ니만일그ᄅᆞ치디

아니ᄒᆞ면 엇디ᄡᅥ러딤을 免면ᄒᆞ리오 내
보니 가옴연 사ᄅᆞᆷ이 金금을 뫼ᄀᆞ티 사핫
다가 ᄒᆞᄅᆞ 아ᄎᆞᆷ의 패ᄒᆞ되 손ᄡᅡ당두로 혈
ᄉᆞ이 ᄀᆞ티ᄒᆞ며 ᄯᅩ 보니 일홈난 사ᄅᆞᆷ들히
功공德덕이 빗나다가 ᄒᆞᄅᆞ 아ᄎᆞᆷ의 믄허
뎌 사ᄅᆞᆷ의 비우ᅀᅮᆷ을 깃티ᄂᆞ니 그처엄의
經경營영홈애 나지나 밤이나 겨를 업시
ᄒᆞ야 ᄌᆞ식을 爲위ᄒᆞᆫ 故고로 ᄡᅴ기ᄑᆞ며 념
慮녀ㅣ 기더니 엇디 오ᄂᆞᆯ날애 믄득 이에
니ᄅᆞᆯ 줄을 알리오 黃황泉쳔에 아ᄅᆞᆷ이 이

ᄉᆞᆯ딘대 黃황泉쳔은 죽어 갓ᄂᆞᆫ 기픈 ᄯᅡ속올 니롬이라 두 눈믈이 믈 기우러디듯ᄒᆞ리라 이 달옴이 업ᄉᆞᆫ디라 ᄉᆞ랑ᄒᆞ옴이 根근원된 디니라 ᄉᆞ랑홈이 잇고 ᄀᆞᄅᆞ침이 업스면 ᄌᆞ라드ᄃᆡ여어디디 못ᄒᆞᄂᆞ니 제 ᄠᅳᆺ을 좃셔 마라 잠싼 縱종ᄌᆞᄒᆞ거든 ᄆᆞ득 엄束속ᄒᆞ며 그 惡악을 듯덥디 마라 ᄒᆞᆫ번 니러나매 ᄆᆞ득 틸ᄯᅥ니라 아ᄒᆡ 허믈이 쇼미다 어믜 길옴이니 길러이롬애 니르면 비록 뉘옷太나 이믜 느ᄌᆞ라 ᄌᆞ식의 不블肖쵸홈이 實실로 어믜

게미옛ᄂᆞ니어미여어미여감히그허믈
을辭ᄉᆞ양ᄒᆞ라

周太任者ᄂᆞᆫ文王之母ㅣ시니摯任氏中女也
ㅣ러시니王季娶爲妃ᄒᆞ시니라太任之性이端一誠
莊ᄒᆞ샤惟德之行이러시니及其有娠ᄒᆞ산目不視惡
色ᄒᆞ며耳不聽淫聲ᄒᆞ며口不出敖言ᄒᆞ더시니
生文王而明聖ᄒᆞ샤太任이教之以一而識百
ᄒᆞ더시니君子ㅣ謂太任이爲能胎教ㅣ라ᄒᆞ니라古
者애婦人이妊子ᄒᆞ야寢不側ᄒᆞ며坐不邊ᄒᆞ며立
不蹕ᄒᆞ며不食邪味ᄒᆞ며割不正이어든不食ᄒᆞ며席

不正이어든 不坐ᄒᆞ며 目不視邪色ᄒᆞ며 耳不聽淫聲ᄒᆞ며 夜則令瞽誦詩ᄒᆞ며 道正事ᄒᆞ니 如此ᄒᆞ면 則生子ㅣ 形容이 端正ᄒᆞ야 才德이 必過人矣리라 故로 妊之時에 必愼所感이니 感於善則善ᄒᆞ고 感於惡則惡ᄒᆞᄂᆞ니 人生而肖萬物者ㅣ 皆其母ㅣ 感於物故로 形音이 肖之니 文王母ᄂᆞᆫ 可謂知肖化矣로다

周쥬太태任임은 文문王왕 周쥬나라 님금이라 어마님이시니 摯지님금任임氏시의 가온대 ᄯᆞᆯ이러시니 王왕季계 娶취ᄒᆞ샤 妃비

롤삼으시니라太태任임의性셩이端단
졍ᄒᆞ며젼一일ᄒᆞ며졍誠셩되며莊장엄
ᄒᆞ샤오직德덕을行힝ᄒᆞ더시니그娠신
이이시매미太샤눈에사오나온빗츨보
디아니ᄒᆞ시며귀예淫음난ᄒᆞᆫ소릐롤듯
디아니ᄒᆞ시며입에敖오만ᄒᆞᆫ말솜을내
디아니ᄒᆞ더시니文문王왕을나ᄒᆞ심애
明명ᄒᆞ시고聖셩ᄒᆞ샤太태任임이ᄒᆞᆫ나
ᄒᆞ로뻐ᄀᆞᄅᆞ치시면百ᄇᆡᆨ을아더시니君
군子ᄌᆞㅣ닐오ᄃᆡ太태任임이能능히비

예셔ᄆᆞᄅᆞ치시다ᄒᆞ니라녜婦부人인이
子ᄌᆞ식ᄇᆡ야셔자ᄆᆞᆯ기우로아니ᄒᆞ며안
ᄌᆞ몰ᄀᆞ애아니ᄒᆞ며셔몰ᄒᆞᆫ발을기우로
아니ᄒᆞ며邪샤ᄒᆞᆫ마ᄉᆞᆯ먹디아니ᄒᆞ며버
힘이正졍티아녀커든먹디아니ᄒᆞ며돗
기正졍티아니커든안셔아니ᄒᆞ며눈에
邪샤ᄒᆞᆫ빗ᄎᆞᆯ보디아니ᄒᆞ며귀예淫음난
ᄒᆞᆫ소리ᄅᆞᆯ듣디아니ᄒᆞ며밤이어든쇼경
으로詩시뎐을외오며正졍ᄒᆞᆫ일을니ᄅᆞ
게ᄒᆞ더니이러트시ᄒᆞ면나ᄒᆞᆫ子ᄌᆞ식이

形형容용이端단正정ᄒᆞ야지조와德덕
이반ᄃᆞ시님의게셔더으리라이런故고
로子ᄌᆞ식비여실제반ᄃᆞ시感감ᄒᆞᆯ바ᄅᆞᆯ
조심ᄒᆞᆯ셔니感감은ᄆᆞᅀᆞᆷ감동ᄒᆞᆯ시라善션에感감ᄒᆞ
면善션ᄒᆞ고惡악애感감ᄒᆞ면惡악ᄒᆞᄂᆞ
니사ᄅᆞᆷ이나매萬만物믈ᄀᆞᆺ호미다그어
미物믈에感감ᄒᆞᆫ故고로얼굴과소리ᄀᆞᆺ
ᄂᆞ니文문王왕어마님은ᄀᆞᆺ히됨을可가
히아ᄅᆞ신다니ᄅᆞᆯ셔로다
周太姒者ᄂᆞᆫ武王之母ㅣ시爲後有莘姒氏

之女ㅣ시니라 仁而明道ᄒᆞ더시니 文王이 嘉之ᄒᆞ샤 親
迎于渭ᄒᆞ실ᄉᆡ 造舟爲梁ᄒᆞ시니라 及入ᄒᆞ샤는 太姒
ㅣ 思媚太姜과 太任ᄒᆞ샤 旦夕에 勤勞ᄒᆞ샤 以進
婦道ᄒᆞ시니라 太姒ㅣ 號曰文母ㅣ시니 文王은 治
外ᄒᆞ시고 文母는 治內ᄒᆞ시니라 太姒ㅣ 生十男ᄒᆞ시니
長은 伯邑考ㅣ오 次는 武王發이오 次는 周公
旦이오 次는 管叔鮮이오 次는 蔡叔度ㅣ오 次는 曹
叔振鐸이오 次는 霍叔武ㅣ오 次는 成叔處ㅣ오 次
는 康叔封이오 次는 聃季載니 太姒ㅣ 敎誨十
子ᄒᆞ샤ᄃᆡ 自少及長히 未嘗見邪僻之事ㅣ러시다

周쥬太태姒ᄉᆞ는武무王왕어마님이시
니禹우後후有유莘신姒ᄉᆞ氏시의ᄯᆞᆯ이
시니라仁인ᄌᆞᄒᆞ시고道도ㅣ붉더시니
文문王왕이아름다이너기샤親친히渭
위슈에가마조실제비ᄅᆞᆯ민ᄃᆞ라ᄃᆞ리ᄅᆞᆯ
민ᄃᆞ시니라드르시매밋太샤는太태姒
ᄉᆞㅣ太태姜강과太태任임ᄭᅴ괴이샤아
ᄎᆞᆷ나죄勤근勞로ᄒᆞ샤뼈婦부道도애나
ᄋᆞ시니라太태姒ᄉᆞㅣ일훔ᄒᆞ야니로ᄃᆡ
文문母모ㅣ시니文문王왕은밧글다ᄉᆞ

리시고文문母모ᄂᆞᆫ안ᄒᆞᆯ다ᄉᆞ리서니라
太태姒ᄉᆞㅣ열아ᄃᆞᆯ을나ᄒᆞ시니맏은伯
邑읍考고ㅣ오버그니ᄂᆞᆫ武무王왕發
발이오버그니ᄂᆞᆫ周쥬公공旦됴ㅣ오버
그니ᄂᆞᆫ管관叔슉鮮션이오버그니ᄂᆞᆫ蔡
채叔슉度도ㅣ오버그니ᄂᆞᆫ曹조叔슉振
진鐸탁이오버그니ᄂᆞᆫ霍곽叔슉武무ㅣ
오버그니ᄂᆞᆫ成셩叔슉處처ㅣ오버그니
ᄂᆞᆫ康강叔슉封봉이오버그니ᄂᆞᆫ聃담季
계載지니太태姒ᄉᆞㅣ열아ᄃᆞᆯ을ᄀᆞᄅᆞ치

ㅣ샤ᄃᆡ 졈은 적으로브터 ᄌᆞ라매 밋처 일즉
邪사僻벽ᄒᆞᆫ 일을 뵈디 아니ᄒᆞ더시다
孟軻之母ㅣ 其舍ㅣ 近墓ᄒᆞ더니 孟子之少也
에 嬉戲를 爲墓間之事ᄒᆞ야 踊躍築埋ᄒᆞ신대 孟
母ㅣ 曰此ㅣ 非所以居子也ㅣ라ᄒᆞ고 乃去舍市
ᄒᆞ니 其嬉戲에 爲賈衒ᄒᆞ신대 孟母ㅣ 曰此ㅣ 非
所以居子也ㅣ라ᄒᆞ고 乃徙舍學宮之旁ᄒᆞ니 其嬉
戲에 乃設俎豆ᄒᆞ고 揖讓進退ᄒᆞ신대 孟母ㅣ 曰
此ㅣ 真可以居子矣라ᄒᆞ고 遂居之ᄒᆞ니라 孟子
ㅣ 幼時에 問東家殺猪ᄂᆞᆫ 何爲오 母ㅣ 曰欲

啖汝ㅣ라니 既而悔曰吾聞호니 古有胎教ㅣ어늘
今適有知而欺之ᄒᆞ면 是ᄂᆞᆫ 教之不信이라ᄒᆞ시고
乃買猪肉ᄒᆞ야 以食之ᄒᆞ시니 既長就學ᄒᆞ야 遂成
大儒ᄒᆞ시니라

孟밍軻가 어마님이 그 집이 무덤에 갓갑
더니 孟밍子ᄌᆞㅣ 져거겨실제 놀음노리
를 무덤ᄉᆞ이 일을 ᄒᆞ야 뛰놀며 달고질ᄒᆞ
야 뭇는 양ᄒᆞ신대 孟밍母모ㅣ 골오ᄃᆡ 이
벼 아ᄃᆞᆯ 살릴 배 아니라 ᄒᆞ고 가져제 가 집
ᄒᆞ니 그 놀옴놀이 예 흥졍ᄒᆞ며 ᄑᆞᄂᆞᆫ 일을

ᄒᆞ신대 孟밍母모ㅣ 골오ᄃᆡ 이 ᄲᅥ 아ᄃᆞᆯ 살
릴 배 아니라 ᄒᆞ고 올마 學혹宮궁 겻ᄐᆡ 가
집을 ᄒᆞ니 그 놀옴놀이 예 俎조豆두 俎조豆두
ᄂᆞᆫ제거라 버리고 揖읍ᄒᆞ야 ㅅ讓양ᄒᆞ며 나ᄋᆞ
며 므르신대 孟밍母모ㅣ 골오ᄃᆡ 이 眞진
실로 가히 ᄲᅥ 아ᄃᆞᆯ 살렴즉 ᄒᆞ다 ᄒᆞ고 드듸
여 살ᄋᆞ시니라 孟밍子조ㅣ 아힛적의 무
르샤ᄃᆡ 東동녁 집의셔 도ᄐᆞᆯ 죽임은 므슴
호려 ᄒᆞᄂᆞ뇨 어마님이 골오ᄃᆡ 너를 먹이
고져 ᄒᆞᄂᆞ니라 이 옥고 뉘우처 골오ᄃᆡ 나

논드르니ᄯᅢ논비비여셔도ᄀᆞᄅᆞ침이잇거놀이제뵈야ᄒᆞ로아로미잇거늘소기면이논밋브디아니홈으로ᄀᆞᄅᆞ침이라ᄒᆞ고돗히고기롤사다가벼먹이니라이믜ᄌᆞ라글비홈애나아가드듸여큰션비되시니라

呂滎公의名은希哲이오字ᄂᆞᆫ原明이니中國正獻公之長子ㅣ라正獻公이居家ᄒᆞ되簡重寡默ᄒᆞ야不以事物로經心ᄒᆞ며而申國夫人이性嚴有法ᄒᆞ야雖甚愛公ᄒᆞ나然이나敎公ᄒᆞ되事事를循

蹈規矩ᄒᆞ니 더 甫十歲예 祈寒暑雨도라 侍立終
日ᄒᆞ야 不命之坐ㅣ어든 不敢坐也ᄒᆞ라 더 日必冠
帶ᄒᆞ야 以見長者ᄒᆞ며 平居에 雖甚熱ᄒᆞ나 在父母
長者之側ᄒᆞ야 不得去巾襪縛袴ᄒᆞ야 衣服을 唯
謹ᄒᆞ며 行步出入에 無得入茶肆酒肆ᄒᆞ며 市井
里巷之語와 鄭衛之音을 未嘗一經於耳ᄒᆞ며
不正之書와 非禮之色을 未嘗一接於目ᄒᆞ더
라 正獻公이 通判潁州예ㅣ 歐陽公이 適知州
事ㅣ니 러 焦先生千之伯強이 客文忠公所ㅣ러
니 嚴毅方正이어늘 正獻公이 招延之ᄒᆞ야 使敎

諸子ᄒᆞ니諸生이小有過差ㅣ어든先生이端坐ᄒᆞ야召與相對ᄒᆞ야終日竟夕토록不與之語ㅣ라가諸生이恐懼畏伏이라야先生이方略降辭色ᄒᆞ더라時에公이方十餘歲러니內則正獻公與申國夫人教訓이如此之嚴ᄒᆞ고外則焦先生化導ㅣ如此之篤ᄒᆞ니故로公이德器成就ᄒᆞ야大異衆人ᄒᆞ니라公이嘗言人生애內無賢父兄ᄒᆞ며外無嚴師友ㅣ오而能有成者ㅣ少矣라ᄒᆞ더라

呂려滎영公공의일홈은希희哲텰이오

字ᄌᆞᄂᆞᆫ原원明명이니申신國국正졍獻
헌公공일훔은公공著뎌ㅣ니申신은봉ᄒᆞᆫ싸히오교졍獻헌은시회니宋
송젹졍승이라의ᄆᆞᆺ아ᄃᆞᆯ이라正졍獻헌公공이
집의이실제簡간약ᄒᆞ며므거우며잡일
아니ᄒᆞ며잡말아니ᄒᆞ야일과온갓거스
로ᄆᆞᄋᆞᆷ애經경영티아니ᄒᆞ고申신國국
夫부人인이性셩이嚴엄ᄒᆞ고法법도ㅣ
이셔비록甚심히公공을ᄉᆞ랑ᄒᆞ나그러
나公공을ᄀᆞᄅᆞ쵸ᄃᆡ일일마다規규矩구
롤조차ᄇᆞᆲ드ᄃᆡ게ᄒᆞ더니계오열설에큰

치위와더위와비올제라도뫼셔셧기를
날이ᄆᆞᆺ도록ᄒᆞ야안ᄌᆞ라니ᄅᆞ디아니커
든敢감히안셔아니ᄒᆞ더라날마다반ᄃᆞ
시冠관帶ᄃᆡᄒᆞ야ᄲᅧ얼우신니ᄭᅴ뵈며샹
해이실제비록甚심히더우나父부母모
와얼운의겨틔이셔두巾건과보션과힝
뎐을벗디아니ᄒᆞ야衣의服복을오직삼
가며行ᄒᆡᆼ步보애나며들옴애차ᄑᆞᆫ뒤
와술ᄑᆞᆫ뒤드듸디아니ᄒᆞ며져제와ᄆᆞ올
햇말과鄭뎡衛위나라소릐를일즉ᄒᆞᆫ적

도 귀예 디내디 아니ᄒᆞ며 正정티 아니ᄒᆞᆫ
글월과 禮례 아닌 비ᄎᆞᆯ 일즉 ᄒᆞᆫ 적도 눈에
브티디 아니ᄒᆞ더라 正정獻헌公공이 穎
영州쥬ㅣ예 通통判판ᄒᆞ여실 제 歐구陽
양公공이 마초아 知디州쥬事ᄉᆞㅣ러니
焦쵸先션生싱 千쳔之지 伯빅強강이 文
문忠튱公공의 고대 손 되엿더니 ᄉᆡᆨᄉᆡᆨᄒᆞ
며 굿세여 方방正정ᄒᆞ거ᄂᆞᆯ 正정獻헌公
공이 블러 마자 ᄒᆞ여곰 모ᄃᆞᆫ 아ᄃᆞᄅᆞᆯ ᄀᆞᄅᆞ
치더니 諸제生싱이 젹으나 허믈이 잇거

든先션生싱이端단졍히안자블러더브
러서르對듸ᄒᆞ야날이ᄆᆞᄎᆞ며나조히ᄆᆞᆺ
도록더브러말을아니ᄒᆞ다가諸제生싱
이저허항伏복ᄒᆞ여야先션生싱이보야
ᄒᆞ로져기말ᄉᆞᆷ과ᄂᆞᆺ빗출ᄂᆞᄌᆞ기ᄒᆞ더라
그제公공이뵈야ᄒᆞ로여라믄설리러니
안ᄒᆞ로ᄂᆞᆫ正졍獻헌公공과다ᄆᆞᆺ申신國
국夫부人인의教교訓훈이이러ᄐᆞ시식
식ᄒᆞ고밧ᄀᆞ로ᄂᆞᆫ焦쵸先션生싱의교化
화와인導도홈이이러ᄐᆞ시독실ᄒᆞ니이

러모ᄅᆞ公공의德덕된그르시이러크게
모든사ᄅᆞᆷ의게다ᄅᆞ니라公공이일즉닐
오ᄃᆡ人인生ᄉᆡᆼ애안ᄒᆞ로어딘아비와兄
형이업고밧그로싁싁ᄒᆞᆫ스승과벗이업
고能능히일옴이이시리젹으니라ᄒᆞ더
라

齊義繼母者ᄂᆞᆫ齊二子之母也라當宣王時
ᄒᆞ야有人이鬪死於道者ㅣ어ᄂᆞᆯ二子ㅣ立其傍
이러니吏問之어ᄂᆞᆯ兄曰我ㅣ殺之호라弟曰非兄
也ㅣ라乃我ㅣ殺之호라期年을不能決ᄒᆞ야言之

於王ᄒᆞᆫ대 王曰試問其母ᄒᆞ라 能知子의 善惡ᄒᆞ리
니 聽其所欲殺活者ᄒᆞ라 其母ㅣ泣而對曰殺
少者ᄒᆞ쇼셔 又問ᄒᆞᄃᆡ 夫少子者ᄂᆞᆫ 人之所愛也
ㅣ어늘 今欲殺之ᄂᆞᆫ 何也오 其母ㅣ對曰少者
ᄂᆞᆫ 妾之子也오 長者ᄂᆞᆫ 前妻之子也ㅣ니 其父
ㅣ疾且死之時에 屬之於妾曰善養視之ᄒᆞ라ᄒᆞ
야늘 妾曰諾이라ᄒᆞ니 今에 旣受人之託ᄒᆞ야 許人
以諾ᄒᆞ고 豈可忘人之託ᄒᆞ야 而不信其諾邪ㅣ리
잇고 且殺兄活弟ᄒᆞ면 是ᄂᆞᆫ 以私愛로 廢公義也ㅣ
오 背言忘信ᄒᆞ면 是ᄂᆞᆫ 欺死者也ㅣ니 夫言不約

東ᄒᆞ며 己諾이 不分이면 何以居於世哉리고 잇子

ㅣ雖痛乎ㅣ나 獨謂行애 何오ᄒᆞ고 泣下沾襟ᄒᆞᆫ대

王이 義其義ᄒᆞ며 高其行ᄒᆞ샤 皆赦ᄒᆞ시고 而尊其

母ᄒᆞ야 號曰義母ㅣ시니라ᄒᆞ니라

齊제의 義의 옛繼계母모ᄂᆞᆫ 齊제國국ᄂᆞ

이 子ᄌᆞ의 어미라 宣션王왕 시졀을 當당

ᄒᆞ야 사ᄅᆞᆷ이 길헤 ᄡᅡ화 죽으니 잇거ᄂᆞᆯ 二

이 子ᄌᆞㅣ 그 겨ᄐᆡ 셧더니 吏니 무러ᄂᆞᆯ 吏니

ᄂᆞᆫ구잇최시라 兄형이 닐오ᄃᆡ 내 죽이롸 아이 닐

오ᄃᆡ 兄형이 아니라 내 죽이롸 ᄒᆞᆫ 히를 決

결뎌 몸ᄒᆞ야 王왕씌 ᄉᆞᆯ온대 王왕이 닐ᄋᆞ
샤ᄃᆡ 試시험ᄒᆞ여 제 어미ᄃᆞ려 무로다 能
능히 그 아ᄃᆞᆯ의 善션惡악을 알리니 제 죽
이고져 ᄒᆞ며 사로고져 호믈 드르라 그 어
미 울고 對ᄃᆡᄒᆞ여 ᄀᆞᆯ오ᄃᆡ 져 그니를 죽이
쇼셔 ᄯᅩ 무로ᄃᆡ 져근 아ᄃᆞᆯ은 사ᄅᆞᆷ의 ᄉᆞ랑
ᄒᆞᄂᆞᆫ 배어ᄂᆞᆯ 이제 죽이고져 호믄 엇디오
그 어미 對ᄃᆡᄒᆞ여 ᄀᆞᆯ오ᄃᆡ 져 그니ᄂᆞᆫ 내 아
ᄃᆞᆯ이오 무ᄃᆞᆫ 前젼妻쳐의 아ᄃᆞᆯ이니 제 아
비 병ᄒᆞ야 죽을 재 내게 맛뎌 닐오ᄃᆡ 잘 기

르라ᄒᆞ야놈내닐오ᄃᆡ그리호마호니이
제임의사ᄅᆞᆷ의맛디믈바다사ᄅᆞᆷ의게그
리ᄒᆞ마許허ᄒᆞ고엇디可가히사ᄅᆞᆷ의맛
디믈니저그리호마홈을밋비아니ᄒᆞ리
잇고또兄형을죽이고아올사로면이ᄂᆞᆫ
私ᄉᆞᄉᆞ랑으로ᄡᅥ公공번된義의를ᄇᆞ
림이오말ᄉᆞᆷ을背븨반ᄒᆞ며信신을니ᄌᆞ
면이ᄂᆞᆫ죽으니를소기ᄂᆞᆫ디니말을언約
약대로몯ᄒᆞ며이믜그리홈아ᄒᆞᆫ일이分
분명티아니ᄒᆞ면엇디ᄡᅥ世세간애이시

리잇고아ᄃᆞᆯ이비록셜우나홀로行힝실
에엇더ᄒᆞ리잇고ᄒᆞ고우러옷기시저즌
대王왕이그義의ᄅᆞᆯ아ᄅᆞᆷ다이너기며그
行힝실을놉히녀기샤다赦샤ᄒᆞ시고그
어미ᄅᆞᆯ尊존ᄒᆞ야일홈을義의母모ㅣ라
ᄒᆞ시니라
魏芒慈母者ᄂᆞᆫ魏孟陽氏之女ㅣ니芒卯之後
妻也ㅣ라有三子ᄒᆞ더니前妻之子ㅣ有五人호ᄃᆡ
皆不愛어ᄂᆞᆯ慈母ㅣ遇之甚異호ᄃᆡ猶不愛어ᄂᆞᆯ慈
母ㅣ乃令三子로不得與前妻子로齊衣服

飮食호ᄃᆡ 猶不愛러니 於是에 前妻中子ㅣ 犯魏
王令ᄒᆞ야 當死ㅣ어늘 慈母ㅣ 憂戚悲哀ᄒᆞ야 帶圍
減尺ᄒᆞ야 朝夕에 勤勞ᄒᆞ야 以救其罪어늘 有人謂
慈母曰人不愛母ㅣ 至甚也어늘 何爲勤勞憂
懼ㅣ 如此오 慈母ㅣ 曰如妾親子ㅣ 雖不愛
妾이라도 猶懼其禍而除其害온 獨於假子而
不爲ᄒᆞ면 何以異於凡母ㅣ리오 其父ㅣ 爲其孤
也ᄒᆞ야 而使妾으로 爲其繼母ᄒᆞ니 繼母者ᄂᆞᆫ 如母
也ㅣ니 爲人母而不能愛其子ㅣ면 可謂慈乎아
親其親而偏其假ㅣ면 可謂義乎아 不慈且無

義면何以立於世리오彼雖不愛나妾은安可
以忘義乎ㅣ리오ᄒᆞ고遂訟之ᄒᆞᆫ대魏安釐王이聞
之ᄒᆞ시고高其義曰慈母ㅣ如此ᄒᆞ니可不赦其
子乎아ᄒᆞ시고乃赦其子ᄒᆞ고復其家ᄒᆞ니自ᄉᆞᆼ此로
五子ㅣ親附慈母ᄒᆞ야雍雍若一커ᄂᆞᆯ慈母ㅣ以
禮義之漸으로率導八字ᄒᆞ야咸爲魏大夫卿士
ᄒᆞ야各成於禮義ᄒᆞ니라
魏위芒망慈ᄌᆞ母모ᄂᆞᆫ魏위ㅅ나라孟밍陽
양氏시의ᄯᆞᆯ이니芒망卯묘의後후妻쳐
ㅣ라세아ᄃᆞᆯ을두엇더니前젼妻쳐의아

ᄃᆞᆯ이다ᄉᆞ시이쇼ᄃᆡ다ᄉᆞ랑티아니커ᄂᆞᆯ
慈ᄌᆞ母모ㅣᄃᆡ졉을甚심히각별히ᄒᆞᄃᆡ
오히려ᄉᆞ랑티아니커ᄂᆞᆯ慈ᄌᆞ母모ㅣ세
아ᄃᆞᆯ로前젼妻쳐의아ᄃᆞᆯ과衣의服복飮
음食식을ᄀᆞ티못게ᄒᆞᄃᆡ오히려ᄉᆞ랑티
아니터니이에前젼妻쳐의가온대아ᄃᆞᆯ
이魏위王왕의令녕을犯범ᄒᆞ야죽게되
엿거ᄂᆞᆯ慈ᄌᆞ母모ㅣ근심ᄒᆞ고슬허ᄒᆞ야
ᄯᅴ홀자히주려朝됴夕셕에브즈런히슈
고ᄒᆞ야ᄲᅥ그罪죄를救구ᄒᆞ거ᄂᆞᆯ사ᄅᆞᆷ이

慈ᄌᆞ母모 ᄃᆞ려 닐오ᄃᆡ 사ᄅᆞᆷ이 어미 ᄉᆞ랑
티 아니ᄒᆞ미 至지極극히 甚심커늘 엇디 ᄇᆞ
ᄌᆞ러니 슈고ᄒᆞ며 근심ᄒᆞ고 두려ᄒᆞ기를
이러ᄐᆞ시 ᄒᆞᄂᆞ뇨 慈ᄌᆞ母모ㅣ 닐오ᄃᆡ 내
親친아ᄃᆞᆯ이 비록 나를 ᄉᆞ랑티 아니ᄒᆞ야
도 오히려 그 禍화를 저허 그 害해를 업게
ᄒᆞᆯ셔 온ᄒᆞᆯ로 假가子ᄌᆞ의게 아니ᄒᆞ면 엇
디 샹녯 어믜게셔 다ᄅᆞ리오 제 아비 어미
업스믈 爲위ᄒᆞ야 날로 繼계母모를 삼으
니 繼계母모ᄂᆞᆫ 친어미 ᄀᆞᄐᆞ니 ᄂᆞᄆᆡ 어미

되야셔能능히그아ᄃᆞᆯ을ᄉᆞ랑티아니ᄒᆞ
면가히慈ᄌᆞㅣ라니ᄅᆞ라그親친을親친
히ᄒᆞ고그假가를偏편벽히ᄒᆞ면가히義
의라니ᄅᆞ랴慈ᄌᆞ티아니며義의업스면
엇디뻐世세간의셔리오뎌비록ᄉᆞ랑티
아니ᄒᆞ나나ᄂᆞᆫ엇디가히義의를니ᄌᆞ리
오ᄒᆞ고ᄠᅳ듸여발괄ᄒᆞᆫ대魏위安안釐리
王왕이들으시고그義의를놉히너겨니
ᄅᆞ샤ᄃᆡ慈ᄌᆞ母모ㅣ이곤ᄒᆞ니可가히그
아들을赦샤티아니ᄒᆞ라ᄒᆞ시고그아ᄃᆞᆯ

을赦샤ᄒᆞ시고그집을復복호ᄒᆞ시니일
로브터다ᄉᆞᆺ아ᄃᆞᆯ이慈ᄌᆞ母모ᄅᆞᆯ親친히
븟조차화동ᄒᆞᆷ이ᄒᆞᆫ골ᄀᆞᆺ거늘慈ᄌᆞ母모
ㅣ禮례義의로ᄡᅥ여ᄃᆞᆲ아ᄃᆞᄅᆞᆯ거ᄂᆞ리인
도ᄒᆞ야다魏위예大대夫부卿경士ᄉᆞㅣ
되야各각각禮례義의예이니라

齊相田稷子ㅣ受下吏之貨金百鎰ᄒᆞ야以遺
其母ᄒᆞᆫ대母ㅣ曰子ㅣ爲相三年矣로되祿未
嘗多若此也ᄒᆞ더니豈脩士大夫之費哉리오安
所得此오對曰誠受之于下ᄒᆞ이다其母ㅣ曰

吾聞호니士ㅣ脩身潔行야不爲苟得며竭情
盡實야不爲詐僞야非義之事를不計於心
며非理之利를不入於家ㅣ니今君이設官샤
以待子시며厚祿으로以奉子시니當以盡力
竭能야忠信不欺며廉潔公正으로輔其君也
ㅣ어늘今子ㅣ反是니夫爲人臣不忠이是爲
人子不孝也ㅣ라不義之財非吾有也ㅣ며不孝
之子ㅣ非吾子也ㅣ니子ㅣ起야늘田稷子
ㅣ慙而出야反其金고自歸罪於宣王야請
就誅호대王이大賞其母之義샤遂赦稷子

之罪ᄒᆞ야 復其相位ᄒᆞ고 시 而以公金으로 賜毋ᄒᆞ시
니라
齊제 졍승 田뎐稷직子ᄌᆞㅣ 아랫사ᄅᆞᆷ의
金금百ᄇᆡᆨ鎰일을 바다 어미ᄅᆞᆯ 준대 어미
닐오ᄃᆡ 아ᄃᆞᆯ이 졍승되연디 三삼年년이
로ᄃᆡ 祿녹이 일즉 이ᄀᆞ티 하디 못ᄒᆞ더니
엇디 士ᄉᆞ大대夫부의 준거시리오 어ᄃᆡ
가 이ᄅᆞᆯ 어든다 對ᄃᆡᄒᆞ야 ᄀᆞᆯ오ᄃᆡ 진실로
아랫사ᄅᆞᆷ의게 바도이다 어미 닐오ᄃᆡ 나
ᄂᆞᆫ 드로니 士ᄉᆞㅣ 몸을 닷ᄀᆞ며 行ᄒᆡᆼ실을

조히ᄒᆞ야苟구차히어듬을아니ᄒᆞ며情
졍을다ᄒᆞ며實실을다ᄒᆞ야거즛일을아
니ᄒᆞ야義의아닌일을ᄆᆞ음애혜디아니
ᄒᆞ며理니아닌利니롤집의드리디아니
ᄒᆞᆯᄊᆡ니이젠님금이벼슬을베퍼ᄡᅥ너를
되졉ᄒᆞ셔며두터온祿녹으로ᄡᅥ너를주
시ᄂᆞ니맛당히힘을다ᄒᆞ며能능을다ᄒᆞ
야忠튱셩저으며밋비ᄒᆞ야소기옵디아
니ᄒᆞ며쳥廉념ᄒᆞ며조ᄒᆞ며公공正졍ᄒᆞ
욤으로ᄡᅥ그님금을갑ᄉᆞ올셔어늘이제

네이과샹反반ᄒᆞ니놈의臣신해되여忠
튱셩티아니홈이이사ᄅᆞᆷ의子ᄌᆞ식되여
孝효도티아니홈이라義의아닌財지믈
이내둘거시아니며孝효도아니ᄒᆞᄂᆞᆫ아
ᄃᆞᆯ이내아ᄃᆞᆯ이아니니아ᄃᆞᆯ이니러가라
ᄒᆞ야ᄂᆞᆯ田뎐稷직子ᄌᆞㅣ붓그려나가그
金금을도로보내고宣션王왕ᄭᅴ졔罪죄
ᄅᆞᆯᄉᆞᆯ와죽어지이다請쳥ᄒᆞᆫ대王왕이그
엄의義의를ᄀᆞ장과ᄒᆞ샤稷직子ᄌᆞ의罪
죄를赦사ᄒᆞ샤그졍승位위을復복ᄒᆞ시

고구읫솜금으로버어미롤주시니라

唐崔玄暐(偉위音)母盧氏嘗戒玄暐曰吾見姨

兄屯田郎中辛玄馭(ᄒᆞ니)曰兒子從官者(를)有

人(이)來云(호되)貧乏(ᄒᆞ야)不能存(이라ᄒᆞ면)此ㅣ是好

消息(이어니와)若聞貲貨ㅣ充足(ᄒᆞ며)衣馬ㅣ輕肥

(라ᄒᆞ면)此(ᄂᆞᆫ)惡消息(이라ᄒᆞ더니)吾ㅣ常以爲確論

(이라ᄒᆞ노라)比見親表中(에)仕官者ㅣ將錢物(ᄒᆞ야)

上其父母(ᄒᆞ든야)父母ㅣ但知喜悅(ᄒᆞ고)竟不問

此物(은)從何來(오ᄒᆞᄂᆞ니)必是祿俸餘資(ㅣᆫ댄)誠亦

善事ㅣ(어니와)如其非理所得(인댄)此ㅣ與盜賊(으로)

何別이리오 縱無大咎ᄒᆞᆫ들 獨不內愧於心가ᄒᆞ니

玄暐遵奉敎戒ᄒᆞ야 以清謹으로 見稱ᄒᆞ니라

唐당崔최玄현暐위의어미盧노氏시일즉玄현暐위ᄅᆞᆯ경戒계ᄒᆞ야골오ᄃᆡ내姨이兄형(어미겨집동싱에난뭇오라비라)屯둔田뎐郎낭中듕辛신玄현馭어ᄅᆞᆯ보니屯둔田뎐郎낭中듕은벼슬이라일홈골오ᄃᆡ子조식이벼슬ᄒᆞ여ᄃᆞᆫ니ᄂᆞᆫ일를사름이이셔와닐오ᄃᆡ가난ᄒᆞ야군핍ᄒᆞ야能능히보존티못ᄒᆞ더라ᄒᆞ면이ᄂᆞᆫ됴ᄒᆞᆫ그별이어니와만일쟈믈이차

足족ᄒᆞ며옷과몸이가ᄇᆡ얍고ᄉᆞᆯ지다ᄒᆞᆷ

을드르면이ᄂᆞᆫ사오나온괴별이라ᄒᆞ니

내샹해ᄲᅥ確확실ᄒᆞᆫ의論논이라ᄒᆞ노라

요ᄉᆞ이보ᄂᆡ親친表표中듕에親친同동姓성이오 表표異이ᄂᆞᆫ姓성이라 벼ᄉᆞᆯᄒᆞ니천냥잇거ᄉᆞᆯ가져

다가父부母모ᄭᅴ올려ᄃᆞᆫ父부母모ㅣ다

만깃거ᄒᆞᆯ줄만알고내죵내이거시어ᄃᆡ

려조차오뇨묻디아니ᄒᆞᄂᆞ니반ᄃᆞ시이

祿녹봉애나모ᄌᆞ믈인댄진실로ᄯᅩ죠ᄒᆞᆫ

일이어니와만일非비理리에어든배면

이盜도賊적으로더브러엇디골ᄒᆡ리오
비록큰허므리업스나홀로안ᄒᆞ로ᄆᆞᅀᆞᆷ
애붓그렵디아니ᄒᆞ랴ᄒᆞᆫ대玄현暐위ㅣ
로ᄃᆞ쳐경戒계ᄒᆞ믈조차밧ᄌᆞ와淸청렴ᄒᆞ
고삼가므로ᄡᅥ일ᄏᆞ로몰보니라

伊川先生의母侯夫人은仁恕寬厚ᄒᆞ야撫愛
諸庶ᄒᆞ되不異己出ᄒᆞ니從去聲叔幼姑를夫人
이存視ᄒᆞ되常均己子ᄒᆞ며治家ㅣ有法ᄒᆞ야不嚴
而整ᄒᆞ며不喜笞扑奴婢ᄒᆞ야視小臧獲ᄒᆞ되如兒
女ᄒᆞ며諸子ㅣ或加呵責이어든必戒之曰貴賤

이雖殊ᄒᆞ나人則一也ㅣ니汝ㅣ如是大時예能
爲此事아否아先公이凡有所怒ㅣ어든必爲
之寬解ᄒᆞ되唯諸兒ㅣ有過則不掩也ᄒᆞ야常曰
子之所以不肖者ᄂᆞᆫ由母ㅣ蔽其過而父不
知也ㅣ라ᄒᆞ니라夫人男子六人에所存이惟二
니其愛慈ㅣ可謂至矣언마ᄂᆞᆫ然於敎之之道
애不少假也ᄒᆞ더라纔數歲예行而或踣이어든音
匐家人이走前扶抱ᄒᆞ야恐其驚啼어늘夫人이
未嘗不呵責曰汝ㅣ若安徐ᄒᆞ면寧至踣乎ㅣ리
오ᄒᆞ더라飮食을常置之坐側ᄒᆞ더니常食絮勅慮反

羹이어늘 即叱止之曰 幼求稱去聲欲ᄒᆞ면 長上聲當
何如오 雖使令輩라도 不得以惡言罵之故로
順盈之反 兄弟平生에 於飮食衣服에 無所擇
ᄒᆞ며 不能惡言罵人은 非性이 然也ㅣ라 教之使
然也ㅣ라 與人爭忿이어든 雖直이라도 不右曰患
其不能屈이어든 不患其不能伸이라 ᄒᆞ니라 及稍
長ᄒᆞ야 使從善師友遊ᄒᆞ며 雖居貧ᄒᆞ나 或欲延客
이어든 則喜而爲之具ᄒᆞ더라
伊이川쳔先션生ᄉᆡᆼ의 어마님 侯후夫부
人인은 仁인恕셔ᄒᆞ며 寬관厚후ᄒᆞ야 모

든庶셔子ᄌᆞ를ᄉᆞ랑호ᄃᆡ내나ᄒᆞ니와달리
아니ᄒᆞ더니아자비와져믄아ᄌᆞ미를夫
부人인이간ᄉᆞ호되常샹해내子ᄌᆞ식ᄀᆞ
티ᄒᆞ며집을다ᄉᆞ리미法법이이셔嚴엄
슉ᄒᆞ아니ᄒᆞᆯ셰라도整졍졔ᄒᆞ며奴노婢
비티믈즐겨아니ᄒᆞ야져믄臧장獲획장臧
獲획은奴노婢비라을보되아ᄒᆡ셜ᄀᆞ티ᄒᆞ며모든
子ᄌᆞ식돌히혹ᄡᅥ짓거든반ᄃᆞ시경戒계
ᄒᆞ야닐오ᄃᆡ貴귀賤쳔이비록다ᄅᆞ나사
ᄅᆞᆷ은ᄒᆞᆫ가지니네이만큰시절에能ᄂᆞᆼ히

이일을ᄒᆞ던다몯ᄒᆞ던다先션公공이怨
노ᄒᆞ샤미잇거든 先션公공은伊이川천 아바님을닐옴이라
반ᄃᆞ시爲위ᄒᆞ야누겨프로ᄃᆡ오직모든
아ᄒᆡ돌히허믈잇거든둣덥디아니ᄒᆞ야
샤해닐오ᄃᆡ子조식의不블肖쵸ᄒᆞᆫ바ᄂᆞᆫ
어미ㅣ고허믈을ᄀᆞ리와아비아디몯ᄒᆞᄂᆞᆫ
탓시라ᄒᆞ더니라夫부人인의아ᄃᆞᆯ여스
세ᄊᆞ랏ᄂᆞ니ᄃᆞᆯ히니그ᄉᆞ랑ᄒᆞ며어엿비
녀기미可가히조지극다니ᄅᆞ련만은그
러나ᄀᆞᄅᆞ치ᄂᆞᆫ道도ㅣ애죠고메도ᄂᆞᆺ추디

아니ᄒᆞ더라계오두어셜애ᄃᆞ니다가혹
업더디겨든집의사ᄅᆞᆷ이ᄃᆞ라가아나놀
랄가두려ᄒᆞ거놀夫부人인이ᄯᅮ지저닐
오ᄃᆡ네만일편안히날호여ᄃᆞ니면엇디
업더디리오ᄒᆞ더라飮음食식을샹해안
ᄌᆞ겨희두더니밥먹을제羹깅을고ᄅᆞ거
롤ᄯᅮ지저말려닐오ᄃᆡ졉어셔ᄒᆞ고져홈
을맛게ᄒᆞ려ᄒᆞ면ᄌᆞ라ᄂᆞᆫ엇더리오비록
불이ᄂᆞᆫ사ᄅᆞᆷ이라도사오나온말로ᄯᅮ짓
디몯ᄒᆞ게ᄒᆞᄂᆞᆫ故고로順이兄형弟뎨平

평生ᄉᆡᆼ에 (願이ᄂᆞᆫ 伊이川쳔先션生ᄉᆡᆼ의일ᄒᆞᆷ이라) 飮음食식
衣의服복에ᄀᆞᆯᄒᆡ디아니ᄒᆞ며사오나온
말로사ᄅᆞᆷᄭᅮ짓디아니ᄒᆞᆷ은性셩이그러
ᄒᆞᆫ주리아니라ᄀᆞᄅᆞ치미그러케ᄒᆞᆯ시니
라다못사ᄅᆞᆷ과ᄃᆞ토아忿분로ᄒᆞ거든비
록올ᄒᆞ야도올타아니ᄒᆞ야닐오ᄃᆡ能능
히屈굴티몯ᄒᆞᆷ을근심ᄒᆞᆯᄯᅵ언뎡펴디몯
ᄒᆞᆷ을근심말라ᄒᆞ더라져기ᄌᆞ라매미처
어딘스승과벗들조차놀게ᄒᆞ며비록가
난ᄒᆞ나손을맛고져ᄒᆞ거든깃거머글거

싣ᄀᆞᆺ초더라
二義者ᄂᆞᆫ珠崖令之後妻와及前妻之女也ㅣ러니女名은初ㅣ오年이十三이러니珠崖多珠ㅣ어늘繼母ㅣ連大珠ᄒᆞ야以爲繫臂ㅣ러니及令이死ᄒᆞ야當送喪이러니法애內珠入於關者ㅣ死ㅣ러니繼母ㅣ棄其繫臂珠ᄒᆞᆫ대其子男이年이九歲러니好去聲而取之ᄒᆞ야置之母鏡奩中ᄒᆞ야ᄂᆞᆯ皆莫之知러니遂奉喪歸ᄒᆞ야至海關ᄒᆞᆫ대關候士吏搜索ᄒᆞ야得珠十枚於繼母鏡奩中ᄒᆞ야吏曰嘻라此ㅣ值法ᄒᆞ니無可奈何ㅣ로소니誰當坐오

女初ㅣ在左右가라顧心恐母ㅣ忘置鏡奩中이라ᄒᆞ야 乃曰初ㅣ當坐之니라 吏曰其狀이如何오 對曰君이不幸이어시늘 夫人이解繫臂棄之ᄒᆞ야시늘 初ㅣ心惜之ᄒᆞ야 取而置夫人鏡奩中ᄒᆞ니 夫人은不知也ᄒᆞ시이다니 繼母ㅣ聞之ᄒᆞ고 遽疾行問初ᄒᆞᆫ대 初ㅣ曰夫人所棄珠를初ㅣ復取之ᄒᆞ야 置夫人奩中ᄒᆞ니 初ㅣ當坐之니다 이 母意에 亦以初로爲實然ᄒᆞ나 憐之ᄒᆞ야 乃因謂吏曰 願且待ᄒᆞ야 幸無劾兒ᄒᆞ쇼셔 兒ㅣ誠不知也ᄒᆞᄂᆞ니 此珠ᄂᆞᆫ妾之繫臂也ㅣ러니 君이不幸이어시늘 妾

이解去之而置奩中ᄒᆞ고迫奉喪道遠ᄒᆞ고與弱
小俱라忽然忘之ᄒᆞ니妾當坐之니다이初ㅣ固
曰實初ㅣ取之ᄒᆞ다이繼母ㅣ又曰見ㅣ但讓
耳언뎡實妾이取之ᄒᆞ호고이다因涕泣不能自禁
ᄒᆞ놀거女ㅣ亦曰夫人이哀初之孤ᄒᆞ샤欲強活
孤耳언뎡夫人이實不知也ᄒᆞ다ᄒᆞ시고니이又因哭
泣ᄒᆞ야泣下交頤어늘送葬者ㅣ盡哭哀慟거늘傍
人이莫不為酸鼻揮涕ᄒᆞ며關吏執筆書劾ᄒᆞ되
不能就一字ᄒᆞ며關侯ㅣ垂泣終日ᄒᆞ야不能決
ᄒᆞ야乃曰母子ㅣ有義如此ᄒᆞ니吾寧坐之언뎡不

忍加文이로다 且又相讓ᄒᆞᄂᆞ니 安知孰是ᄒᆞ리오
遂棄珠而遺之ᄒᆞ니 既去後에 乃知男이 獨取
之也ᄒᆞ니라
二이義의ᄂᆞᆫ 珠쥬崖애 원의 後후妻쳐와
前젼妻쳐의 ᄯᆞᆯ이러니 ᄯᆞᆯ의 일홈은 初초
ㅣ오 나히 열세히러니 珠쥬崖애 에구스
리 만커ᄂᆞᆯ 繼계母모ㅣ 큰구슬을 連련ᄒᆞ
여 ᄑᆞᆯ히 미엿더니 그 원이 죽으매 미처 送
송喪상을 當당ᄒᆞ엿더니 法법에 구스ᄅᆞᆯ
關관애 드린 사ᄅᆞᆷ이 죽더니 關관은 行ᄒᆡᆼ 人인考고察

찰ᄒᆞᄃᆡ라 ᄂᆞᆫ繼계母모ㅣ ᄭᅮᆯᄒᆡ미엿던구슬을
ᄇᆞ린대그아ᄃᆞᆯ의나히아홉이러니됴히
녀겨가져다가엄의거울집의녀흐되다
ᄆᆞᆯ랏더니ᄃᆞ되여상ᄉᆞ를밧드러도라가
海ᄒᆡ關관애니른대關관候후와아젼이
搜수索식ᄒᆞ야어더 關관候후ᄂᆞᆫ 관원이라 구슬열낫
출繼계母모의거울집의셔어더吏니닐
오ᄃᆡ슬프다法법을범ᄒᆞ니可가히엇디
홈이업도소니뉘맛당히坐좌최ᄒᆞ료ᄯᅡᆯ
初초ㅣ左좌右우의잇다가ᄆᆞᄋᆞᆷ의어미

닛고거울집의녀흔가ᄒᆞ야저허날오ᄃᆡ
初초ㅣ맛당히좌죄ᄒᆞ리이다吏니날오
ᄃᆡ그리홈은엇디오對ᄃᆡᄒᆞ야골오되아
비不블幸ᄒᆡᆼ커놀夫부人인이풀히미엿
다가글러ᄇᆞ리셔놀初초ㅣᄆᆞ옴애앗가
이녀겨가져다가夫부人인거울집의녀
ᄒᆞ니夫부人인은아디몯ᄒᆞ시니이다繼
계母모ㅣ듣고셜리가初초ᄃᆞ려무론대
初초ㅣ닐오ᄃᆡ夫부人인이ᄇᆞ리신구슬
울내도로가져다가夫부人인거울집의

녀ᄒᆞ니 初초ㅣ 맛당히 坐좌죄ᄒᆞ리이다
엄어ᄩᅳ메 ᄯᅩ 初초ㅣ 實실로 그리ᄒᆞ니라
ᄒᆞ나 여엿비 녀겨 이에 因인ᄒᆞ야 吏니ᄃᆞ
려 닐오ᄃᆡ 願원컨대 져기 기들워야 힛거
슬 져주디 마ᄅᆞ쇼셔 아ᄒᆡ 實실로 모ᄅᆞ니
이 구슬은 내 폴ᄒᆡ 미얏던 거시러니 지아
비 不블幸ᄒᆡᆼ커시ᄂᆞᆯ 내 글러 거울집의 녀
코 喪상ᄉᆞ 밧ᄃᆞᆯ기 밧브고 길도 멀고 져므
아ᄒᆡ ᄃᆞ려오노라 ᄒᆞ야 忽홀然연히 니ᄌᆞ
니 내 맛당히 坐좌ᄒᆞᆯ소이다 初초ㅣ 구틔

여닐오딕實실로初초ㅣ녀호이다繼계
母모ㅣ또닐오되아히오직ᄉᆞ讓양홀ᄯᆞᆯ
ᄅᆞᆷ이언뎡實실로내가지이다ᄒᆞ고인ᄒᆞ
야울기롤금티몯ᄒᆞ거놀ᄯᆞᆯ이또닐오딕
夫부人인이初초의어버이업ᄡᅳ믈어엿
비녀기샤구티여나롤사로고져ᄒᆞ실ᄲᅮᆫ
이언뎡夫부人인이實실로모로ᄂᆞ니이
다ᄒᆞ고또인ᄒᆞ야울어눈믈이ᄯᅮ애흘으
거놀送송葬장ᄒᆞᄂᆞᆫ者쟈ㅣ다울며셜워
ᄒᆞ거놀겻틧사ᄅᆞᆷ이쿄홀싀여ᄒᆞ며눈믈

쓰리디아니ᄒᆞ리업스며關관吏니ᄇᆞᆺ을
잡아다딤ᄡᅳ되ᄒᆞᆫ字ᄌᆞ도일우디몯ᄒᆞ며
關관候후ㅣ졈으도록우러決결티몯ᄒᆞ
야닐오ᄃᆡ어미와ᄌᆞ식이義의이쇼미이
끈ᄐᆞ니내출하리坐좌죄ᄒᆞᆯ떠언뎡ᄎᆞᆷ아
법문을더으디몯ᄒᆞ리로다또서르ᄉᆞ讓
양ᄒᆞᄂᆞ니뉘올ᄒᆞᆫ줄을엇디알리요ᄒᆞ고
구슬을ᄇᆞ리고보내니임의관後후에야
이에아ᄃᆞᆯ이홀로가진줄을아니라

敦睦章第六

女教에云ᄒᆞᄃᆡ唯姒與娣如弟共昆ᄒᆞ니情義之
篤이難倂他人이니라或逢淑賢ᄒᆞ야感慕興起
ᄒᆞ야竭力爲善ᄒᆞ야期與之齒ᄒᆞ고或遇兇頑ᄒᆞ야安
意相加ㅣ어든但知自責이니遑恤乎他ㅣ리오兩
剛이共鬪ᄒᆞ면必有一折ᄒᆞᄂᆞ니應之以柔ᄒᆞ야야
庶全其缺이니我唯執恭이오任其狠傲ᄒᆞ며我唯
先施오不責其報ㅣ니毋競小利ᄒᆞ야以乖至親
이어다至親이難得이니利何足云이오라或夭或
壽를不可逆計니力奪而有ᄒᆞᆫ들後知誰繼리오
共聚百年이須刻애即過ᄒᆞᄂᆞ니爭長競短ᄒᆞ야

欲如之何오

女녀敎교애닐오ᄃᆡ姒ᄉᆞ와娣뎨 姒ᄉᆞᄂᆞᆫ믈며느리오娣뎨ᄂᆞᆫ아ᄋᆞ며느리라 兄형弟뎨ᄀᆞᄐᆞ니情정과義의도타오미다ᄅᆞᆫ사ᄅᆞᆷ과ᄀᆞᆮᄒᆞᆷ이어려우니라혹어디니를만나感감동ᄒᆞ야ᄉᆞ모ᄒᆞ야興흥起긔ᄒᆞ야힘뻐善션을ᄒᆞ야더브러늘그믈긔약ᄒᆞ고혹兇흉頑완을만나 兇흉頑완은모질고ᄆᆞ음사오나온사ᄅᆞᆷ이라 妄망령엣드드로서르더으거든다만ᄉᆞᄉᆞ로責칙호몰아ᄅᆞᆯ써니언이ᄉᆞ이예남을근심ᄒᆞ리

오두剛강ᄒᆞᆫ거시ᄒᆞᆷ며싸호면반ᄃᆞ시ᄒᆞ
나히것거디ᄂᆞ니應응호ᄃᆡ부드러움으
로ᄡᅥᄒᆞ예야거의그이저딤을보젼ᄒᆞ리
니내오직온공호몰잡고노ᄒᆞ야업슈이
텨기믈任임他타ᄒᆞ며내오직몬져ᄒᆞ고
그가프몰責칙망티마롤ᄡᅥ니죠고맛利
니롤ᄃᆞ토아ᄡᅥ至지親친을어긔게마롤
ᄡᅥ어다至지親친이어드미어려오니利
니롤얻디足족히니ᄅᆞ리오矣요졀ᄒᆞ며
或혹댱壽슈호몰거스리혜아리디몰ᄒᆞ

리니힘으로아사둔돌後후에뉘니을줄
을알리오ᄒᆞᆫ가지로뫼화百ᄇᆡᆨ年년이頃
경刻극에즈시디나ᄂᆞ니길믈ᄃᆞ토며뎔
오몰ᄃᆞ토아므ᄉᆞ숨ᄒᆞ고져ᄒᆞ료
曾子ㅣ曰親戚이不悅이어든不敢外交ᄒᆞ며近
者를不親이어든不敢求遠ᄒᆞ며小者로不審이어든
不敢言大니라故로人之生也ㅣ百歲之中
에有疾病焉ᄒᆞ며有老幼焉ᄒᆞ니故로君子ᄂᆞᆫ思
其不可復者ᄒᆞ야而先施焉ᄒᆞᄂᆞ니親戚이既沒
ᄒᆞ면雖欲孝ㅣᄃᆞᆯ 誰爲孝ㅣ며年既耆艾면雖欲悌

ᄂᆞᆯ 誰슈爲위悌뎨오 故고로 孝효有유不블及급ᄒᆞ며 悌뎨有유不블時시라흠

어 其此之謂歟인뎌

曾증子ᄌᆞ ㅣ ᄀᆞᆯᄋᆞ샤ᄃᆡ 어버이와 권당이 깃거티 아니ᄒᆞ거든 감히 밧긔 가 사괴디 말며 갓가온 이ᄅᆞᆯ 親친티 못ᄒᆞ얏거든 감히 먼ᄃᆡ 가 求구티 말며 쟈그니ᄅᆞᆯ 솔피디 몯ᄒᆞ거든 감히 크니ᄅᆞᆯ 니ᄅᆞ디 마ᄅᆞᆯ 써니라 이런고로 사ᄅᆞᆷ의 사로미 빅세ᄊᆞ온대 疾질病병이 이시며 늘근적과 어린적 잇ᄂᆞ니 이런고로 君군子ᄌᆞ는 그 可가히 다

시몸ᄒᆞᆯ줄을싱각ᄒᆞ야몬져시힝ᄒᆞᄂᆞ니
親친戚척이임의업스면비록孝효코져
ᄒᆞᆫ들누를爲위ᄒᆞ야孝효ᄒᆞ며나히임의
늘그면비록悌뎨코져ᄒᆞᆫ들누를爲위ᄒᆞ
야悌뎨ᄒᆞ리오이러모로孝효ᄒᆞᆷ이밋디
못ᄒᆞᆷ이이시며悌뎨ᄒᆞᆷ이새예몯ᄒᆞᆷ이잇
다ᄒᆞᆷ이이를닐옴인뎌
柳開仲塗ㅣ曰皇考ㅣ治家되ᄒᆞ샤孝且嚴ᄒᆞ더
시니旦望애弟婦等이拜堂下畢고ᄒᆞ即上手低
面ᄒᆞ야聽我皇考訓誡ᄒᆞ니더曰人家兄弟無

義者ㅣ마언ᄂᆞᆫ 盡因娶婦入門ᄒᆞ야 異姓이 相聚ᄒᆞ야
爭長競短ᄒᆞ야 漸漬日聞ᄒᆞ야 偏愛私藏ᄒᆞ야 以致
背戾ᄒᆞ야 分門割户ᄒᆞ야 患若賊讎ᄒᆞᄂᆞ니 皆汝婦
人의 所作이니라 男子剛腸者幾人이 能不爲
婦人言의 所惑고 吾見이 多矣로니 若等은 寧
有是耶ㅣ리오 ᄒᆞ시든 退則惴惴ᄒᆞ야 不敢出一語
爲不孝事ᄒᆞ니 開輩ㅣ 抵此賴之ᄒᆞ야 得全其家
云ᄒᆞ라 ᄒᆞ니라

柳류開ㅣ 仲듕塗도ㅣ 닐오ᄃᆡ 아바님이
집을다ᄉᆞ리샤ᄃᆡ 孝효도ᄒᆞ며 ᄯᅩ 싁싁ᄒᆞ,

더시니초ᄒᆞᆯ롤보롬애아이며며ᄂᆞᆫ리돌
히堂당아래셔절ᄒᆞ기를못ᄒᆞ고곧손을들
고ᄂᆞᆺ촐수겨우리아바님訓훈誡계를듯
ᄌᆞᆸ더니니ᄅᆞ샤ᄃᆡ사롬의집의兄형弟뎨
義의롭디아니ᄒᆞ니업건마ᄂᆞᆫ다며ᄂᆞ리
를어더門문에들오몰因인ᄒᆞ야다ᄅᆞᆫ姓
셩이서르모다길기를ᄃᆞ토며뎔으기를
ᄃᆞ토아ᄀᆞ만ᄒᆞᆫ할이날로들어ᄉᆞᄉᆞ셰간
을치앗겨ᄢᅥ등지며베여디믈니뤼여門
문올ᄂᆞᆫ호며집을베혀두리믈도賊적과

원讎슈ᄀᆞ티ᄒᆞᄂᆞ니다너희婦부人인의
저즈ᄂᆞᆫ배니라男남子ᄌᆞㅣ애구ᄃᆞ니며
사ᄅᆞᆷ이能능히婦부人인의말의惑혹ᄒᆞᆫ
배되디아니ᄒᆞ료내보기를만히ᄒᆞ엿노
니너희아엇뎐이럴주리어시리오ᄒᆞ야
시ᄃᆞ믈러와두리워감히ᄒᆞᆫ말도내여不
블孝효에일을ᄒᆞ디아니ᄒᆞ니우리ᄂᆞᆫ일
로힘닙어시러곰집을보全젼호라

司馬溫公이與其兄伯康으로友愛尤篤ᄒᆞ더니
伯康이年將八十이어늘公이奉之호ᄃᆡ如嚴父

ᄒᆞ고 保之ᄒᆞᄃᆡ 如嬰兒ᄒᆞ야 每食少頃이어든 則問曰
得無饑乎아ᄒᆞ며 天이 少冷이어든 則拊其背曰
衣得無薄乎아ᄒᆞ더라

司ᄉᆞ馬마溫온公공이 그 兄형 伯ᄇᆡᆨ康강
과ᄉᆞ랑호ᄆᆞᆯ 더옥 도타이ᄒᆞ더니 伯ᄇᆡᆨ康
강이 나히 쟝ᄎᆞᆺ 여든이어ᄂᆞᆯ 公공이 위와
드되 아비ᄀᆞ티ᄒᆞ고 保보호ᄒᆞ되 어린아
ᄒᆡᄀᆞ티ᄒᆞ야 미양 밥 먹언디 져근덧ᄒᆞ야
든 곧 무러 ᄀᆞᆯ오ᄃᆡ 아니 ᄇᆡ골ᄑᆞ니 잇가ᄒᆞ
며 하ᄂᆞᆯ히 져기 ᄎᆞ거든 곳 그 등을 ᄆᆞᆫ져 ᄀᆞᆯ

오ᄃᆡ오시아니열우니잇가ᄒᆞ더라

唐英公李勣이貴爲僕射ᄒᆞ되其姊ㅣ病이어든必親爲然火ᄒᆞ야煑粥ᄒᆞ니火焚其鬚ᄒᆞᆫ대姊ㅣ曰僕妾이多矣니何爲自苦ㅣ如此오勣이曰豈爲無人耶ㅣ리오顧今에姊ㅣ年老ᄒᆞ고勣이亦老ᄒᆞ니雖欲數爲姊煑粥ᄒᆞᆫ들復可得乎아

唐당英영公공李니勣적이貴귀ᄒᆞᆷ이僕복射야ㅣ되야쇼ᄃᆡ 僕복射야ᄂᆞᆫ벼슬일홈이라 그믓누의病병들거든반ᄃᆞ시親친히爲위ᄒᆞ야

야블일러粥쥭쑤더니블이그나롯세븓
거ᄂᆞᆯ누의닐오ᄃᆡ죵이만ᄒᆞ니엇ᄯᅵ스스
로苦고롭기이러틋ᄒᆞᄂᆞ뇨勣적이닐오
ᄃᆡ엇ᄯᅵ사ᄅᆞᆷ업스믈為위홈이리오보건
대이제누의나히늙고勣적이ᄯᅩ늘거시
니비록ᄌᆞ조누의ᄅᆞᆯ為위ᄒᆞ야粥쥭을쑤
고져ᄒᆞᆫ둘ᄯᅩ가히어드랴

晉咸寧中에大疫ᄒᆞ니庾袞의二兄이俱亡
ᄒᆞ고次兄毗復危殆ᄒᆞ야癘氣方熾ᄒᆞᆯ시父母諸弟
皆出次于外어ᄂᆞᆯ袞이獨留不去ᄒᆞᆫ대諸父兄

이強之대ᄒᆞᆫ乃曰袞은性不畏病ᄒᆞ노이다ᄒᆞ고遂親
自扶持ᄒᆞ야晝夜不眠ᄒᆞ며其間에復撫柩ᄒᆞ야哀
臨不輟ᄒᆞ니如此十有餘旬에疫勢ㅣ既歇
커ᄂᆞᆯ家人이乃反ᄒᆞ니毗病이得差ᄒᆞ며袞亦無恙
ᄒᆞ니父老ㅣ咸曰異哉라此子ㅣ여守人所不
能守ᄒᆞ며行人所不能行ᄒᆞ니歲寒然後에야知松
栢之後凋ᄒᆞ나니始知疫癘之不能相染也ㅣ로
다

晉진咸함寧녕中듕에크게려疫역ᄒᆞ더
니庾유袞곤의두兄형이다죽고버근兄

형毗비ᄯᅩ위틔로와癘려역긔운이보야
ᄒᆞ로熾치셩ᄒᆞᆯᄉᆡ父부母모와모ᄃᆞᆫ아ᄋᆞ이
다밧긔나갓거놀衮곤이홀로머므러나
가디아니ᄒᆞ더니모ᄃᆞᆫ父부兄형돌히구
틔여나게ᄒᆞᆫ대닐오ᄃᆡ衮곤은性셩이病
병을젓티아니ᄒᆞ노이다ᄒᆞ고드듸여親
친히스스로扶부持디ᄒᆞ야낫과밤의조
오디아니ᄒᆞ며그ᄉᆞ이예ᄯᅩ판을모져슬
피울기를그치디아니ᄒᆞ더니이리홈이
여라ᄆᆞᆫ열ᄒᆞᆯ에병勢셰임의歇헐커늘집

사ᄅᆞᆷ이도라오니毗비의病병이시러곰
됴ᄒᆞ며衮곤도ᄯᅩ병이업ᄉᆞ니라父부老
로ㅣ다닐오되그異이ᄒᆞᆯ샤이사ᄅᆞᆷ이여
사ᄅᆞᆷ의能능히딕희디몯ᄒᆞᆯ바ᄅᆞᆯ딕희며
사ᄅᆞᆷ의能능히行ᄒᆡᆼ티몯ᄒᆞᆯ바ᄅᆞᆯ行ᄒᆡᆼᄒᆞ
니히치운後후에야솔과잣이後후에다
ᄂᆞᆫ줄을아ᄂᆞ니疫역癘녀의能능히서르
染염티몯ᄒᆞᄂᆞᆫ줄을비로소알리로다
隋吏部尚書牛弘의弟弼이好酒而酗ᄒᆞ더니
嘗醉ᄒᆞ야射殺弘의駕車牛더니弘이還宅거ᄂᆞᆯ其

妻ㅣ迎謂弘曰叔이射殺牛ᄒᆞ이다弘이聞ᄒᆞ고
無所怪問ᄒᆞ야直答曰作脯ᄒᆞ라坐定거늘其妻又
曰叔이射殺牛ᄒᆞ니大是異事ㅣ라ᄒᆞ야ᄂᆞᆯ弘이曰
已知쾌라ᄒᆞ고顏色이自若ᄒᆞ야讀書不輟ᄒᆞ더라
隋슈吏니部부尚샹書셔牛우弘홍의아
ᄋᆞ弼필이술를즐기며쥬졍ᄒᆞ더니일즉
醉취ᄒᆞ야弘홍의술의메ᄂᆞᆫ쇼ᄅᆞᆯᄡᅩ아죽
엿더니弘홍이집의도라오나ᄂᆞᆯ그안해
마조弘홍더려닐오ᄃᆡ아자비쇼ᄅᆞᆯᄡᅩ아
죽여이다弘홍이듣고怪괴이히녀기디ᄆᆞᆺ

논배업서다만되答답호되脯포육지으
라坐좌를定뎡커놀그안해ᄯᅩ닐오되아
자비쇼를볿아죽이니크게고異이효일
이라ᄒᆞ야놀弘홍이닐오되블셔알안노
라ᄒᆞ고ᄂᆞᆺ빗치自ᄌᆞ若약ᄒᆞ야글닑기를
그치디아니ᄒᆞ더라
范文正公이爲參知政事時예告諸子曰吾
ㅣ貧時예與汝母로養吾親시ᄒᆞᆯ汝母ㅣ躬執
爨ᄒᆞ되而吾親甘旨를未嘗充也ㅣ러니今而得
厚祿ᄒᆞ야欲以養親ᄒᆞ니親不在矣며汝母ㅣ亦

已早世ᄒᆞ니 吾所最恨者ㅣ라 忍令若曹로 享富
貴之樂也아 吾吳中에 宗族이 甚衆ᄒᆞ니 於吾
애 固有親疎ㅣ어니와 然이나 吾祖宗이 視之則均是
子孫이라 固無親疎也ㅣ니 苟祖宗之意에 無親
疎則飢寒者롤 吾ㅣ 安得不恤也ㅣ리오
范범文문正졍公공이 參참知디政졍事
ᄉᆞ 되야 실제 여러 아ᄃᆞᆯᄃᆞ려 告고ᄒᆞ야 닐
오ᄃᆡ 내 가난ᄒᆞ야 실제 네 어미로 더브러
내 어버이를 養양ᄒᆞᆯ 제 네 어미 親친히 밥
짓기를 잡으되 내 어버의게 맛난 거슬 일

즉치오디못ᄒᆞ더니이제厚후ᄒᆞᆫ祿록을
어더ᄡᅥ어버이ᄅᆞᆯ養양ᄒᆞ고져ᄒᆞ나어버이
잇디아니ᄒᆞ시며네어미도ᄯᅩ볼셔업스
니내ᄀᆞ장恨ᄒᆞᆫᄒᆞᄂᆞᆫ배라ᄎᆞ마너희무리
로富부貴귀의樂락을누리게ᄒᆞ랴우리
몃오中듕에곁에甚심히만ᄒᆞ니내게아
진실로親친ᄒᆞ니疎소ᄒᆞ니잇거니와그
러나우리祖조宗종이보실작이면ᄒᆞᆫ가
지이子ᄌᆞ孫손이라진실로親친ᄒᆞ니疎
소ᄒᆞ니업스니진실로祖조宗종ᄡᅳ데親

친ᄒᆞ니疎소ᄒᆞ니업슬딘댄주리며치워
ᄒᆞ나니를내엇디시러곰어엿비녀기디
아니ᄒᆞ리오
魯義姑姊者ᄂᆞᆫ魯野之婦人也ㅣ니라齊攻魯
至郊ᄒᆞ야見一婦人이抱一兒ᄒᆞ고攜一兒行ᄒᆞ다
가軍且及之어늘棄其所抱ᄒᆞ고抱其所攜而走
於山ᄒᆞ니兒ㅣ隨而啼ᄒᆞ되婦人이遂行不顧어늘
齊將이執而問之ᄒᆞᆫ대對曰所抱者ᄂᆞᆫ妾兄之
子也ㅣ오所棄者ᄂᆞᆫ妾之子也ㅣ니見軍之至ᄒᆞ고
力不能兩護故로棄吾之子ᄒᆞ다이齊將이曰

子之於母에 其親愛也ㅣ 痛甚於心이어늘 今에 釋之하고 而反抱兄之子는 何也오 婦人이 曰 己之子는 私愛也오 兄之子는 公義也ㅣ니 夫背公義而嚮私愛하며 亡兄子而存妾子하야 幸而得免인들 獨謂義예 何오 故로 忍棄子而衍義하고 不能無義而立於世로다 於是예 齊將이 按兵而止하야 使人言於齊君而還호대 魯君이 聞之하고 시 賜束帛百端하고 신 號曰義姑姊시니라 公正誠信하야 果於行義하니 夫義는 其大矣哉ㄴ뎌 雖在匹婦하야도 國有賴之온 況

以禮義로治國乎아

魯로나라義의姑고姊ᄌᆞᄂᆞᆫ魯로ᄃᆞ르헷

婦부人인이러니齊제ㅣ魯로ᄅᆞᆯ터城셩

밧긔니르러ᄒᆞᆫ婦부人인이ᄒᆞᆫ아희란안

고ᄒᆞᆫ아희란잇그러가다가軍군이밋처

오거ᄂᆞᆯ그안으니란ᄇᆞ리고그잇그럿던

이를아나뫼ᄒᆞ로ᄃᆞᆯᄋᆞ니아희조차가며

울으되婦부人인이도라보디아니코가

거ᄂᆞᆯ齊제將쟝帥슈ㅣ자바다가무론대

對ᄃᆡᄒᆞ야골오ᄃᆡ안ᄋᆞ니ᄂᆞᆫ내兄형의아

ᄃᆞᆯ이오ᄇᆞ리니ᄂᆞᆫ내아ᄃᆞᆯ이니軍군의오
ᄉᆞᆯ보고힘이能능히ᄃᆞᆯ흘간ᄉᆞ티몯ᄒᆞ므
로내아ᄃᆞᆯ을ᄇᆞ리이다齊제장쉬닐오ᄃᆡ
子ᄌᆞ식이어믜게親친코ᄉᆞ랑홈이ᄆᆞᄋᆞᆷ
애지극ᄒᆞᆫ거시어ᄂᆞᆯ이제ᄇᆞ리고도로혀
兄형의아ᄃᆞᆯ을안ᄋᆞ믄엇디오婦부人인
이닐오ᄃᆡ내아ᄃᆞᆯ은私ᄉᆞᄉᆞᄉᆞ랑이오兄
형의아ᄃᆞᆯ은公공번된義의니公공번된
義의란背ᄇᆡ반ᄒᆞ고私ᄉᆞᄉᆞᄉᆞ랑의嚮향
ᄒᆞ며兄형의아ᄃᆞᆯ으란일코내아ᄃᆞᆯ을두

어횡혁免면ᄒᆞ몰어ᄃᆞᆯ홀로義의예엇
더ᄒᆞ뇨이러모로太마아ᄃᆞᆯ을ᄇᆞ려義의
롤行힝ᄒᆞ고義의업시世세ㅣ샹애셔기
를몰ᄒᆞ노이다이에齊제將쟝쉬군ᄉᆞ를
잡바그쳐사ᄅᆞᆷ을齊제님금ᄭᅴ브려ᄉᆞᆲ고
도라간대魯로님금이드르시고깁百ᄇᆡᆨ
필을주시고일홈을義의姑고姊ᄌᆞㅣ라
ᄒᆞ시니公공正졍ᄒᆞ며誠셩信신ᄒᆞ야義
의를行힝ᄒᆞ몰결단히ᄒᆞ니義의ᄂᆞᆫ그큰
뎌비록ᄒᆞᆫ겨집비라도나라히오히려힘

넙거든ᄒᆞ믈며禮례義의로ᄡᅥ나라ᄒᆞᆯ다
ᄉᆞ리미ᄯᆞ녀

廉儉章第七

孔子ㅣ曰賢哉라回也여一簞食와一瓢飲으로在陋巷을人不堪其憂ㅣ어늘回也ㅣ不改其樂ᄒᆞ니賢哉라回也여

孔공子ᄌᆞㅣ골ᄋᆞ샤ᄃᆡ賢현ᄒᆞ뎌回회여ᄒᆞᆫ바고닛밥과ᄒᆞᆫ박믈로더러운ᄆᆞ올희사로몰사ᄅᆞᆷ이그근심을견ᄃᆡ디몯ᄒᆞ거늘回회ㅣ그즐거옴을고티디아니ᄒᆞᄂᆞ니

賢현홀셔回회여

胡文定公이曰人은須是一切世味예淡薄

이라야方好ᄒᆞ니不要有富貴相이니라孟子ㅣ謂

堂高數仞과食前方丈과侍妾數百人을我

ㅣ得志라도不爲라ᄒᆞ시니學者ᄂᆞᆫ須先除去此等

이오常自激昂ᄒᆞ여야便不到得墜墮ᄒᆞ리라常愛

諸葛孔明이當漢末ᄒᆞ야躬耕南陽ᄒᆞ야不求聞

達ᄒᆞ더니後來예雖應劉先主之聘ᄒᆞ나宰割山

河ᄒᆞ야三分天下ᄒᆞ야身都將相ᄒᆞ야手握重兵이어

니亦何求不得이며何欲不遂ㅣ리오마ᄂᆞᆫ乃與後

主로言호ᄃᆡ成都애有桑八百株와薄田十五
頃ᄒᆞ니子孫衣食이自有餘饒ᄒᆞ리이다臣身在外
ᄒᆞ야別無調度ᄒᆞ야不別治生ᄒᆞ야以長尺寸ᄒᆞ노니
若死之日에不使廩有餘粟ᄒᆞ며庫有餘財ᄒᆞ야
以負陛下ㅣ라ᄒᆞ더니及卒ᄒᆞ야果如其言ᄒᆞ니如此
輩人은真可謂大丈夫矣로다
胡호文문定뎡公공이닐오ᄃᆡ사ᄅᆞᆷ은모
로매一일切졀世셰간엣마ᄉᆞᆷ淡담薄박
ᄒᆞ여야비아ᄒᆞ로됴ᄒᆞ니모로매富부貴
귀相샹을두디아닐디라孟ᆡᆼ子ᄌᆞㅣ니

ᄋᆞ샤ᄃᆡ 집 노ᄑᆡ 두어 仞인과 仞인은 여ᄃᆞᆲ 자히라 음
식이 알ᄑᆡ 열잣 너ᄇᆡ를 버림과 뫼신 妾쳡
이 數수百ᄇᆡᆨ 사ᄅᆞᆷ을 내 ᄯᅳᆮ 들어 더도 ᄒᆞ디
아니호리라 ᄒᆞ시니 ᄇᆡ호ᄂᆞᆫ 사ᄅᆞᆷ은 모로
매 몬져 이 톄엿 일을 더러 ᄇᆞ리고 샹해 ᄉᆞ
ᄉᆞ로 힘ᄡᅥ 激격昻앙ᄒᆞ여야 激격昻앙은 ᄆᆞ음 니르혀
미라 플벼러 디기예 니르디 아니ᄒᆞ리라 샹
해 됴히 너기기ᄂᆞᆫ 諸제葛갈孔공明명이
漢한 나라 내죵을 當당ᄒᆞ야 南남陽양애
셔 손조 밧 가라 들리기를 求구티 아니ᄒᆞ

더니後후에비록劉뉴先션主쥬의聘빙
녜롤應응ᄒᆞ나聘빙은幣폐帛빅보내뫼야禮례로브름이라
히며믈을베벼ᄒᆞ려天텬下하롤세헤ᄂᆞᆫ
ᄒᆞ아몸이將쟝슈지샹소임에이셔ᄉᆞᆫ애
重두ᄒᆞᆫ兵병마롤자밧거니와므어슬求
구ᄒᆞ야못得득ᄒᆞ며므어슬ᄒᆞ고져ᄒᆞ야
못일우리오마ᄂᆞᆫ後후主쥬뫼셔닐오ᄃᆡ
成셩都도애ᄲᅩᆼ나모八팔百빅株듀와사
오나온받열다ᄉᆞᆺ이랑이잇ᄂᆞ니子ᄌᆞ孫
손의옷밥이ᄌᆞ연有유餘여ᄒᆞ리이다내

몸이밧긔이셔각별이쟝만ᄒᆞᆫ것업서각
별히生성계분별ᄒᆞ야尺척寸촌만것도
기로디아니ᄒᆞ노니만일죽을날애廩름
에나모ᄡᆞᆯ아이셔며庫고애나모지믈이
이셔벼陛폐下하룰져ᄇᆞ리디아니호리
라ᄒᆞ더니죽옴매밋처果과연그말ᄀᆞᄐᆞ
니이ᄢᅵᄐᆞᆫ무리사ᄅᆞᆷ은진실로가히大대
丈댱夫부ㅣ라닐올쎠로다
楊震의所擧荊州茂才王密이爲昌邑令ᄒᆞ야
謁見ᄒᆞᆯ시懷金十斤ᄒᆞ야以遺震ᄒᆞᆫ대震이曰故人

은知君이어늘君不知故人은何也오密이曰
莫夜ㅣ라無知者니라震이曰天知神知我知子
知어니何謂無知리오密이愧而去ᄒᆞ니라
楊양震진의거쳔ᄒᆞᆫ바荊형州쥬茂무才
지직좌만탄말이니선비쳔거ᄒᆞᄂᆞᆫ뎨목이라王왕密밀이昌
챵邑읍원을ᄒᆞ여뵐시金금열斤근을품
어버震진을조대震진이골오ᄃᆡ故고人
인은그ᄃᆡ롤알거놀그ᄃᆡ는故고人인을
아디못ᄒᆞ모엇디오密밀이닐오ᄃᆡ어두
은밤이라알리업스니라震진이골오ᄃᆡ

하ᄂᆞᆯ이아ᄅᆞ시고귀신이알고내알고그ᄃᆡ알거니엇디알리업다니ᄅᆞ리오密밀이븟그려가니라

溫公이曰吾家ㅣ本寒族이라世以淸白相承ᄒᆞ고吾性이不喜華靡ᄒᆞ야自爲乳兒時로長者ㅣ加以金銀華美之服이어든輒羞赧棄去之ᄒᆞ더니年二十에忝科名ᄒᆞ야聞喜宴에獨不戴花ᄒᆞ니同年이曰君賜ㅣ라不可違也ㅣ라ᄒᆞ야ᄂᆞᆯ乃簪一花호라平生애衣取蔽寒ᄒᆞ며食取充腹호ᄃᆡ亦不敢服垢弊ᄒᆞ야以矯俗干名이오但順吾性

而已로라

溫온公공이ᄀᆞ올오ᄃᆡ우리집이본ᄃᆡ가난ᄒᆞᆫ결레라세세로淸청白ᄇᆡᆨ으로ᄡᅥ서르닛고내性셩품이빗나고샤치ᄒᆞᆫ거ᄉᆞᆯ깃거아니ᄒᆞ야젓먹ᄂᆞᆫ아ᄒᆡ되여실적브터얼운이金금銀은과빗난됴ᄒᆞᆫ오ᄉᆞ로ᄡᅥ더으거든므득붓그려ᄇᆞ려앗더니나히스믈힌제급뎨예모텸ᄒᆞ야聞문喜희연급뎨ᄒᆞᆫ잔ᄎᆡ라에ᄒᆞ올로곳촐곳디아니ᄒᆞ니同동年년이ᄀᆞ올오ᄃᆡ님금주신거시라가히어

그ᄅᆞᆫ디 몸ᄒᆞ리라 ᄒᆞ야 놀ᄒᆞᆫ 곳 ᄎᆞᆯ고 조라
平평生ᄉᆡᆼ애 오ᄉᆞᆯ 치위 ᄀᆞ리옴만 取ᄎᆔᄒᆞ
며 음식을 ᄇᆡ 예 ᄎᆞ올만 ᄎᆔᄒᆞ호ᄃᆡ 또 감히 더
러오며 ᄒᆞ야딘 것 닙어 ᄡᅥ 세쇽을 소겨 일
홈을 求구티 아니ᄒᆞ고 다만 내 性셩을 順
슌홀 ᄯᆞᄅᆞᆷ이로라

○先公이 爲羣牧判官에 客至어든 未嘗不置
酒ᄒᆞ시ᄃᆡ 或三行ᄒᆞ며 或五行ᄒᆞ며 不過七行ᄒᆞ호ᄃᆡ 酒
沽於市ᄒᆞ고 果止梨栗棗柿오 肴止於脯醢菜
羹이오 器用甆漆ᄒᆞ더니 當時士大夫ㅣ 皆然ᄒᆞ이

人不相非也ᄒᆞ니會數而禮勤ᄒᆞ며物薄而情厚ᄒᆞ더니라近日士大夫家ᄂᆞᆫ酒非內法이며果非遠方珍異며食非多品이며器皿이非滿案이어든不敢會賓友ᄒᆞ야常數日營聚然後에아敢發書ᄒᆞᄂᆞ니苟或不然이면人爭非之ᄒᆞ야以爲鄙吝ᄒᆞ니故로不隨俗奢靡者ㅣ鮮矣니라嗟乎ㅣ라風俗頹弊如是ᄒᆞ니居位者ㅣ雖不能禁이나忍助之乎아

先선公공 주ᇰ은아비ᄅᆞᆯ 닐옴이라 이羣군牧목判판官관ᄒᆞ야겨실제손이오나ᄃᆞᆫ일즉술을

두디아니티아니ᄒᆞ더시니혹세슌ᄒᆞ며
혹다ᄉᆞᆺ슌ᄒᆞ며닐곱슌에녀므디아니호
ᄃᆡ술은져제가사고과실은ᄇᆡ과밤과대
쵸와감만이오안쥬ᄂᆞᆫ포육과젓과ᄂᆞᄆᆞᆯ
국만이오그르ᄉᆞᆫ사긔와옷칠ᄒᆞᆫ거슬ᄡᅳ
더니그ᄢᅢ士ᄉᆞ大대夫부ㅣ다그러ᄒᆞᆫ디
라사ᄅᆞᆷ이서르외다아니ᄒᆞ니믓ᄀᆞ지ᄂᆞᆫ
조조ᄃᆡ禮례도ᄂᆞᆫ브즈런ᄒᆞ며음식은薄
박호ᄃᆡ情정은厚후ᄒᆞ더니라요ᄉᆞ이士
ᄉᆞ大대夫부의집은술이궐ᄂᆡ法법이아

니며과실이먼뎌貴귀ᄒᆞᆫ거시아니며飲
음食식이가지하디아니ᄒᆞ며그르시상
의ᄀᆞ독디아니커든감히손과벗을모도
더못ᄒᆞ야샹해두어날경영ᄒᆞ야보돈後
후에야감히유무롤내ᄂᆞ니진실로혹그
리아니ᄒᆞ면사ᄅᆞᆷ이ᄃᆞ토와그ᄅᆞ다ᄒᆞ야
뻐더러워앗긴다ᄒᆞ니그러모로시쇽을
조차샤치ᄒᆞ며화미아니ᄒᆞ리져그니라
슬프다風풍俗쇽이믄허뎌ᄒᆞ야ᄃᆞᆷ이이
ᄀᆞ트니벼ᄉᆞᆯ에잇ᄂᆞ니비록能능히禁금

티몯ᄒᆞ나ᄎᆞ마도오라

張文節公이爲相ᄒᆞ야自奉을如河陽掌書記時ㅣ러니所親이或規之曰今公이受俸不少而自奉이若此ᄒᆞ니雖自信淸約이라도外人이頗有公孫布被之譏ᄒᆞ니公이宜少從衆이니라公이歎曰吾今日之俸이雖擧家錦衣玉食인ᄃᆞᆯ何患不能이리오마ᄂᆞᆫ顧人之常情이由儉入奢ᄂᆞᆫ易ᄒᆞ고由奢入儉은難ᄒᆞ니吾今日之俸이豈能常有ㅣ며身豈能常存이리오一旦에異於今日이면家人이習奢已久ㅣ라不能頓儉ᄒᆞ야必至

失所ᄒᆞ리 豈若吾의 居位去位身存身亡에
如一日乎ㅣ리오
張댱文문節졀公공이 지샹이 되여셔 스
스로 봉양ᄒᆞ기ᄅᆞᆯ 河하陽양 고을히니졀도ᄉᆞ잇ᄂᆞᆫᄃᆡ
라 掌쟝書셔記귀 일제평ᄉᆞᄀᆡ토벼ᄉᆞ리라 적기티ᄒᆞ
더니 親친ᄒᆞᆫ 바 사ᄅᆞᆷ이 혹 規규諷풍ᄒᆞ야 골
오ᄃᆡ 이제 公공이 록봉 밧ᄂᆞᆫ 거시 적디 아
니호ᄃᆡ 스스로 봉양홈이 이ᄀᆞᄐᆞ니 비록
스스로 쳥렴코 검약호몰 미돌ᄃᆡ라도 밧
사ᄅᆞᆷ이 ᄌᆞ못 公공孫손의 뵈니블 그롱이

이시니 한적승 公공孫손弘홍이 뵈니블을ᄒᆞ여 검박ᄒᆞ뎨ᄒᆞ거늘 汲급
黯암이고간사ᄒᆞ 줄올괴롱ᄒᆞ니라 公공이 맛당히 져기놈
을조참즉ᄒᆞ니라 公공이 歎탄ᄒᆞ야 골오
ᄃᆡ 내오ᄂᆞᆯ날록봉이 비록 온집이 錦금衣
의 玉옥食식을ᄒᆞ돌 엇디 能능히 못ᄒᆞ믈
근심ᄒᆞ리오마ᄂᆞᆫ 도라보건대 사ᄅᆞᆷ의 常
샹情졍이 검박으로 말미아마 샤치ᄒᆞᄃᆡ
들기ᄂᆞᆫ 쉽고 샤치로 말미아마 검박ᄒᆞᄃᆡ
들기ᄂᆞᆫ 어려오니 내 오ᄂᆞᆯ 날록봉이 엇디
能능히 덜덜디 이시며 몸이 엇디 能능히

덧덧디 이시리오 ᄒᆞᄅᆞ아ᄎᆞᆷ애 오ᄂᆞᆯ날과
다ᄅᆞ면 집사ᄅᆞᆷ이 샤치예 닉언디 임의오
란디라 能능히 믄득 검박디 못ᄒᆞ야 반ᄃᆞ
시 失실所소ᄒᆞ매 니르리니 엇디 내의 벼
슬에 이시며 벼슬에 ᄠᅥ나며 몸이 이시며
몸이 업ᄉᆞᆷ애 ᄒᆞᆫ 날ᄀᆞ툼만 ᄀᆞᄐᆞ리오
包孝肅公이 尹京時에 民有自言ᄒᆞᄃᆡ 以白金
百兩으로 寄我者ㅣ 死矣어ᄂᆞᆯ 予其子ᄒᆞ니 不肯受
ᄒᆞᄂᆞ니 願召其子ᄒᆞ야 予之ᄒᆞ쇼셔 尹이 召其子ᄒᆞᆫ대
辭曰亡父ㅣ 未嘗以白金委人也ㅣ라ᄒᆞ고 兩人

이相讓久之ᄒᆞ더라 呂滎公이聞之ᄒᆞ고曰世人
이 喜言無好人三字者ᄂᆞᆫ可謂自賊者矣로다
古人이言人皆可以爲堯舜이라ᄒᆞ니 蓋觀於此
而知之로다

包포孝효肅슉公공이京경에尹윤되여
실젹빅셩이스스로닐오ᄃᆡ白빅金금百
빅兩량으로ᄡᅥ내게브티이죽거ᄂᆞᆯ그아
ᄃᆞᆯ를주니즐겨밧디아니ᄒᆞᄂᆞ니願원컨
대그아ᄃᆞᆯ을블러주쇼셔尹윤이그아ᄃᆞᆯ
을브ᄅᆞᆫ대ᄉᆞ양ᄒᆞ야골오ᄃᆡ죽은아비일

즉白ᄇᆡᆨ金금으로뻐사ᄅᆞᆷ을맛디디아녀
ᄂᆞ니라ᄒᆞ고두사ᄅᆞᆷ이서ᄅᆞ ᄉᆞ양ᄒᆞ기를
오래ᄒᆞ더라呂려滎영公공이듯고골오
되세샹사ᄅᆞᆷ이됴ᄒᆞᆫ사ᄅᆞᆷ업다ᄒᆞᄂᆞᆫ세字
조ᄅᆞᆯ즐겨니ᄅᆞᄂᆞᆫ이ᄂᆞᆫ가히스ᄉᆞ로賊적
해ᄒᆞᄂᆞ니라너ᄅᆞᆯ이로다녯사ᄅᆞᆷ이닐오
되사ᄅᆞᆷ이다가히뻐堯요舜슌이되리라
ᄒᆞ니이예보매알리로다
李文靖公이治居第於封丘門外ᄒᆞ되廳事前
이僅容旋馬ㅣ러니或言其太隘ᄒᆞᆫ대公이笑曰

居第ᄂᆞᆫ當傳子孫이니此ㅣ爲宰輔廳事애誠
隘거니와爲大祝奉禮廳事則己寬矣니라
李니文문靖졍公공이살집을封봉丘구
門문밧긔지오ᄃᆡ廳텽압피계요몰도롬
을용납ᄒᆞᆯ만ᄒᆞ더니或혹이그너모좁은
줄을닐ᄅᆞᆫ대公공이웃고ᄀᆞᆯ오ᄃᆡ살집은
맛당히子ᄌᆞ孫손의게傳뎐ᄒᆞᆯ거시니이
ᄌᆡ샹의廳텽이되오매ᄂᆞᆫ진실로좁거니
와大대祝츅奉봉禮례의廳텽이되옴애
ᄂᆞᆫ너모너르니라

文中子之服이儉以絜ᄒᆞ고無長物焉ᄒᆞ니ᄃᆡ綺
羅錦綉로不入于室ᄒᆞ야曰君子ᄂᆞᆫ非黃白不
御ㅣ오婦人則有靑碧라ᄒᆞ니
文문中듕子ᄌᆞ의 옷시 검박호ᄃᆡ 벼조케
ᄒᆞ고 너모 거시 업더니 綺긔羅라錦금綉
슈ᄅᆞᆯ 집의 드리디 아니ᄒᆞ야 ᄀᆞᆯ오ᄃᆡ 君군
子ᄌᆞᄂᆞᆫ 누른 것과 흰 거시 아니어든 닙디
아니ᄒᆞ고 婦부人인은 프른 것과 프른 거
시 잇ᄂᆞ니라
楚狂接輿ㅣ耕以爲食ᄒᆞ니ᄃᆡ妻ㅣ從市來ᄒᆞ야

曰先生이少而爲義러니豈將老而遺之哉리오
門外車跡이何其深也오接輿ㅣ曰王이不
知吾의不肖也ᄒᆞ샤欲使我로治淮南ᄒᆞ샤遣使
者(去聲)ᄒᆞ샤持金駟來聘이로다其妻曰得無許之
乎아接輿ㅣ曰夫富貴者ᄂᆞᆫ人之所欲也ㅣ니
子ㅣ何惡(去聲)我의許之矣오妻曰義士ᄂᆞᆫ非
禮不動이라不爲(去聲 下同)貧而易操ᄒᆞ며不爲賤而
改行(去聲)ᄒᆞᄂᆞ니妾이事先生ᄒᆞ야躬耕以爲食ᄒᆞ며
親績以爲衣ᄒᆞ야食飽衣煖ᄒᆞ고據義而動ᄒᆞ니其
樂이亦自足矣어늘若受人重祿ᄒᆞ며乘人堅良

ᄒᆞ며 食人肥鮮이면 而將何以待之리오 接與ㅣ曰

吾ㅣ不許也호리라 妻曰君使不從이 非忠也

ㅣ오 從之又違非義也ㅣ니 不如去之라ᄒᆞ야ᄂᆞᆯ 夫負

釜甑ᄒᆞ며 妻戴紝器ᄒᆞ고 變姓易名而從ᄒᆞ니 莫知

所之ᄒᆞ니라

楚초狂광接졉與여ㅣ 밧가라 벼 먹기를

ᄒᆞ더니 接졉與여ᄂᆞᆫ 楚초國국 사ᄅᆞᆷ의 일홈이니 거ᄌᆞᆫ 미친 톄ᄒᆞ고 세상을

피ᄒᆞ니 시절 사ᄅᆞᆷ이 닐오ᄃᆡ 楚초狂광이라 ᄒᆞ더라 妻쳐ㅣ 져제로

셔 조차와 골오ᄃᆡ 先션生ᄉᆡᆼ이 先션生ᄉᆡᆼ은 接졉與

여ᄅᆞᆯ 닐옴이라 져머셔 義의ᄅᆞᆯ ᄒᆞ더니 엇디 쟝ᄎᆞᆺ

늙거야ᄇᆞ리라오門문밧긔술의자최엇
디기프뇨接접輿여ㅣ골오ᄃᆡ님금이내
의ᄆᆞᆺ디아니믈아디몯ᄒᆞ샤날로ᄒᆞ여곰
淮회南남을다ᄉᆞ리과다ᄒᆞ샤淮회南남은ᄯᅡ일홈
이라使ᄉᆞ를보내여金금과ᄆᆞᆯ을가져와쳥
ᄒᆞ시ᄂᆞᆫᄯᅩ다그妻쳐ㅣ골오ᄃᆡ아니許허
ᄒᆞ시니잇가接접輿여ㅣ골오ᄃᆡ富부貴
귀ᄂᆞᆫ사ᄅᆞᆷ의ᄒᆞ고져ᄒᆞᄂᆞᆫ배니그ᄃᆡ엇디
내의許허호믈아쳐ᄒᆞᄂᆞ뇨妻쳐ㅣ골오
ᄃᆡ용ᄒᆞᆫ사ᄅᆞᆷ은禮례아니어든움즉이디

아니ᄒᆞᆫ디라간난을爲위ᄒᆞ야志지操
조ᄅᆞᆯ밧고디아니ᄒᆞ며賤쳔호믈爲위ᄒᆞ
야ᄒᆡᆼ실을고티디아니ᄒᆞᄂᆞ니妾쳡이先
션生ᄉᆡᆼ을셤겨몸소밧가라뻐밥을ᄒᆞ며
親친히질삼ᄒᆞ야뻐옷슬ᄒᆞ야밥이비브
르며옷시덥고올ᄒᆞᆫ일을의거ᄒᆞ야움족
기니그즐거오미또스스로足족ᄒᆞ거늘
만일사ᄅᆞᆷ의重듕ᄒᆞᆫ祿록을바ᄃᆞ며사ᄅᆞᆷ
의구든술의와됴ᄒᆞᆫᄆᆞᄅᆞᆯᄐᆞ며사ᄅᆞᆷ의술
지고됴ᄒᆞᆫ고기ᄅᆞᆯ먹으면장ᄎᆞᆺ엇디뻐ᄃᆡ

졉ᄒᆞ리오椄졉與여ㅣ곧오ᄃᆡ내許허티
아니호리라妻처ㅣ골오ᄃᆡ님금의브리
시믈좃디아니홈이忠튱이아니오좃고
ᄯᅩ어긔루츔이義의아니니감만ᄀᆞ디몯
ᄒᆞ니라ᄒᆞ야ᄂᆞᆯ남진은가마와실롤지고
겨집은질삼그르슬이고姓셩을변ᄒᆞ고
일홈을고텨올무니간바롤아디몯ᄒᆞ니
라

內訓卷第三 終

恭惟我
仁粹王大妃殿下ㅣ自在
世祖大王潛邸로承事
兩宮ᄒᆞ샤晝夜靡懈ᄒᆞ더시니及冊爲
嬪에尤謹婦道ᄒᆞ샤躬執
御饌ᄒᆞ샤不離左右ᄒᆞ시니
世祖大王이常稱孝婦ᄒᆞ샤造賜孝婦圖書ᄒᆞ샤
以顯孝爲ᄒᆞ시니라
天資ㅣ嚴正ᄒᆞ샤所育
王孫等이少有過失ᄒᆞ면略不掩護ᄒᆞ시고卽

正色誠飭ᄒᆞ시실

兩宮이戲名暴

嬪ᄒᆞ시더라

世祖大王은稱我

主上殿下曰我子시라ᄒᆞ고

大王大妃는稱月山大君ᄒᆞ샤曰吾子라ᄒᆞ샤ᄒᆞ

以慰爲ᄒᆞ시더니嚴教ㅣ如此ᄒᆞ샤以至今日ᄒᆞ니

可勝言哉아承歡

長樂之餘애患女婦之無知ᄒᆞ샤孜孜訓誨ᄒᆞ시

나然이나烈女와女教와明鑑와小學等書

ㅣ卷秩이浩繁ᄒᆞ야初學이病爲시일
親自睿斷ᄒᆞ샤撮其切要ᄒᆞ야揔成七章ᄒᆞ샤名曰
內訓이라ᄒᆞ시고繼以諺譯ᄒᆞ샤使之易曉ᄒᆞ샤雖
至愚騃라도一覽애瞭然ᄒᆞ야以便習誦ᄒᆞ시게ᄒᆞ니
라臣이竊觀歷代賢妃ᄒᆞ니勤事舅姑ᄒᆞ야以
盡仁孝之德ᄒᆞ고嚴於教子ᄒᆞ야以成國家之
慶者ㅣ多而躬撰訓書ᄒᆞ야垂誡者ᄂᆞᆫ鮮矣
니是書之作이奚啻
仁粹殿下之教玉葉耶리오以至閭巷愚婦라도
女工之暇애朝習暮誦ᄒᆞ야於心玩味ᄒᆞ면則

漸知克家之道ᄒᆞ리니 其於風化에 豈小補
云이리오 嗚呼至哉샷다
恭공惟유我아
仁인粹슈王왕大대妃비殿뎐下하ㅣ
世세祖조大대王왕潛즘邸져의계심으로
븟허니어
兩냥宮궁을셤기샤晝듀夜야에게어르지
아니ᄒᆞ더시니밋冊칙봉ᄒᆞ야
嬪빈이되시매더옥婦부道도를삼가샤
몸소

御어饌찬을잡으샤左좌右우예셔나지아
니ᄒᆞ시니
世셰祖조大대王왕이미양孝효婦부ㅣ라
일ᄏᆞ르샤孝효婦부圖도書셔를ᄆᆞᆫᄃᆞ라
주샤ᄡᅥ孝효도ᄅᆞᆯ나타내시니라
天텬資ᄌᆞㅣ嚴엄正뎡ᄒᆞ샤育육ᄒᆞ신바
王왕孫손等등이져기過과失실이이시
면죠곰도掩엄護호ᄒᆞ치아니ᄒᆞ시고곳
正뎡色ᄉᆡᆨᄒᆞ야誡계飭칙ᄒᆞ실ᄉᆡ
兩냥宮궁이희롱ᄒᆞ야暴포ᄒᆞᆫ

嬪빈이라일홈ᄒᆞ시더라
世셰祖조大대王왕은우리
主쥬上샹殿뎐下하ᄅᆞᆯ일ᄀᆞ라곧ᄋᆞ샤ᄃᆡ내
의子ᄌᆞㅣ라ᄒᆞ시고
大대王왕大대妃비ᄂᆞᆫ月월山산大대君군
울일ᄀᆞ라곧ᄋᆞ샤ᄃᆡ내의子ᄌᆞㅣ라ᄒᆞ샤
ᄡᅢ위로ᄒᆞ시더니嚴엄敎교ㅣ이ᄀᆞᄐᆞ샤
ᄡᅥ오ᄂᆞᆯ날에니르니可가히이긔여니ᄅᆞ
랴즐거옴을
長쟝樂락에밧ᄌᆞ온길을애女녀婦부의無

무知지ᄒᆞ믈근심ᄒᆞ샤從조從조히訓훈
誨회ᄒᆞ시나그러나烈녈女녀와女녀敎
교와明명鑑감과小쇼學흑等등書셔ㅣ
卷권秩딜이浩호繁번ᄒᆞ야初초學흑이
병되이녀길시
親친히스ᄉᆞ로睿예斷단ᄒᆞ샤그切절要요
롤撮찰ᄒᆞ샤아오로七칠章쟝을일우샤
일홈ᄒᆞ야ᄀᆞᆯ오ᄃᆡ內내訓훈이라ᄒᆞ시고
니어諺언文문으로ᄡᅥ번역ᄒᆞ샤ᄒᆞ여곰알
기쉽게ᄒᆞ샤비록지극ᄒᆞᆫ愚우騃애라도

ᄒᆞᆫ번보매瞭뇨然연ᄒᆞ야ᄡᅥ習습誦숑ᄒᆞ
미便편케ᄒᆞ시니라臣신이그으기歷력
代ᄃᆡ賢현妃비ᄅᆞᆯ보오니부즈런이舅구
姑고ᄅᆞᆯ셤겨ᄡᅥ仁인孝효의德덕을극진
이ᄒᆞ고子ᄌᆞᄀᆞᄅᆞ치기ᄅᆞᆯ嚴엄히ᄒᆞ야ᄡᅥ
國국家가의慶경을일우ᄂᆞᆫ재만ᄒᆞ나몸
소訓훈書셔ᄅᆞᆯ지어경계ᄅᆞᆯ드리우ᄂᆞᆫ쟈
ᄂᆞᆫ드무니이글의지음이엇지다만
仁인粹슈殿전下하의玉옥葉엽을ᄀᆞᄅᆞ치
실ᄲᅮᆫ이리오ᄡᅥ閭녀巷항愚우婦부에셔

르러도女녀工공겨틀에아ᄎᆞᆷ의녁이고
져녁의외와ᄆᆞᄋᆞᆷ의玩완味미ᄒᆞ면곧뎌
뎌克극家가ᄒᆞᆯ道도ᄅᆞᆯ알리니그風풍化
화에엇지져근補보익이리오嗚오呼호
ㅣ라적극ᄒᆞ샷다
成셩化화乙을未미孟밍冬동十십月월
十십有유五오日일尙상儀의臣신曹조
氏시敬경跋발